职教云地图文库

青春向未来

来自职业教育一线的思考

梁国胜　周建松◎主编

2022

光明日报出版社

图书在版编目（ＣＩＰ）数据

青春向未来 : 来自职业教育一线的思考. 2022 / 梁
国胜，周建松主编. -- 北京 : 光明日报出版社，2022.9
ISBN 978-7-5194-6800-2

Ⅰ. ①青… Ⅱ. ①梁… ②周… Ⅲ. ①职业教育－文
集 Ⅳ. ① G71-53

中国版本图书馆 CIP 数据核字 (2022) 第 167817 号

青春向未来 ： 来自职业教育一线的思考 . 2022

QINGCHUN XIANG WEILAI:LAIZI ZHIYEJIAOYU YIXIAN DE SIKAO. 2022

主　　编：梁国胜　　周建松

责任编辑：杨　茹　　　　　　责任印制：曹　诤
封面设计：李彦生　　　　　　责任校对：慧　眼

出版发行：光明日报出版社
地　　址：北京市西城区永安路 106 号，100050
电　　话：010-63169890（咨询），010-63131930（邮购）
传　　真：010-63131930
网　　址：http://book.gmw.cn
E— mail：gmrbcbs@gmw.cn
法律顾问：北京市兰台律师事务所龚柳方律师
印　　刷：德富泰（唐山）印务有限公司
装　　订：德富泰（唐山）印务有限公司
本书如有破损、缺页、装订错误，请与本社联系调换，电话：010-63131930
开　　本：170mm×240mm
字　　数：300 千字　　　　　印　　张：18.5
版　　次：2022 年 10 月第 1 版
印　　次：2022 年 10 月第 1 次印刷
书　　号：ISBN 978-7-5194-6800-2
定　　价：49.80 元

本书编委会

主　编：梁国胜　周建松

编　委：（排名不分先后）

马树超　王旭明　姜大源

俞仲文　黄达人　董　刚

前　言

又是一年毕业季。离别之际，高职院校的毕业致辞成为这个季节里一道独特的文化景观，不仅彰显学校的办学理念和治学精神，更蕴含丰富的教育价值。校长（书记）在学生毕业这一刻，殷殷嘱托、谆谆教导，不仅展现他们的高度、深度、温度、气度和效度，还能激发毕业学子的价值追求，为其指明现实行动的路径。

"我们要像种子一样，永远向着太阳的方向。精神的灯塔就会更加璀璨，前进的步伐就会更加坚定，奋斗的姿态就会更加耀眼。把对理想信念的追寻、对知识技能的渴求装进行囊，在青春的赛道上奋力跑出最好的成绩！"无锡科技职业学院孙兴洋校长寄语学生，这样的"最后一课"，既是一种临别叮嘱，表达出对他们的殷切期待，更是传送一种价值力量，打通了大学精神与时代使命，让他们拥有了笃定远行的力量。

在这个毕业季，高职学校书记、校长以家国、匠心、青春、梦想等为关键词，以大学精神与时代价值感染、引导学生的案例，把满腔热忱倾注于"毕业典礼"致辞。例如，东莞职业技术学院院长贺定修以《筑梦有痕逐梦飞翔》为题勉励学子，"永远珍藏大学生活的难忘时光，珍惜彼此结下的深情厚谊，用青春的激情、执着的信念、过硬的本领，开创更加绚丽的人生"。娄底职业技术学院院长张征澜则告诫毕业学生："就业，只是人生大剧的序曲，序曲还不是高潮，更多激动人心的章节还在后边，一切该面对的都无法逃避，一切该经历的都得自己经历，不要犹豫，不要畏惧，坚定信心，奋勇前行！"在这里，没有假大空的话语，没有居高临下的说教，都是实实在在的叮嘱、入情入理的家常话，阐述大学精神与教育理念，重申时代责任与个人使命，直面社会现实与时代期待，以期塑造有社会担当和健全人格、有匠心精神和职业技能、有人文情怀和科学素养、有历史眼光和全球视野、有创新精神的时代新人。

《青春向未来——来自职业教育一线的思考（2022）》是高职院校2022年度毕业致辞的一个收集、整理，也是对职业教育的另外一种记录、观察和推动。依稀记得，自2016年起，在周建松书记、孙兴洋校长的提议和支持下，每年收集高职校长（书记）的毕业致辞，并集聚成书，得到很多学校的支持。今年，本想打退堂鼓，但很多校领导告诉我，疫情下，毕业典礼更需要推动和记录。周建松书记直接与我说："毕业典礼需要推动，毕业致辞需要记录，这件事情应该坚持10年甚至更长，形成品牌。"为此，这项工作每年都在开展。从去年开始，有人向我索要近几年的毕业致辞，想从文本上分析高职教育的时代特征，并据此撰写研究论文；有人向我索要前几年出的书，说是供学习、研究和收藏，令我很是感动。

毕业致辞的收集并编辑成书，是一项繁锁的工作。其实，我并没过多考虑这项工作的价值有多大。只是了解到，有校长从开年就开始思考这一年的毕业典礼致辞主题，毕业典礼三个月前就开始策划、撰写致辞内容。媒体关于毕业典礼的报道，这才有了高职院校的一席之地。高职院校的毕业典礼，从无到有，从有到受到格外重视，走过了一个让人欣慰、惊喜的过程。

希冀《青春向未来——来自职业教育一线的思考（2022）》的出版，能在知识传授和社会主义核心价值观的贯穿融合中，有效增强职教学子践行社会主义核心价值观的思想自觉和行动自觉，真正促使他们在未来人生中更独立地思考，更坚定地自省，更纯粹地发展，更勇敢地担当，内化于心，外化于行，最终肩负起自我人生与时代的使命。

疫情下，高职院校也诸多不易。唯愿，我们"奋斗正青春，一起向未来"。

梁国胜

2022.9.20

目　录

第一章

家国

第二章

匠心

第三章 青春

第四章

奋斗

第五章

梦想

第一章

家国

你若不勇敢，谁替你坚强；你若不奋进，谁替你奔跑。就业，只是人生大剧的序曲，序曲还不是高潮，更多激动人心的章节还在后边，一切该面对的都无法逃避，一切该经历的都得自己经历，不要犹豫，不要畏惧，坚定信心，奋勇前行！

以平实之心就业
以奋斗之姿作为

张征澜

3 年的大学时光即将结束，你们就要毕业了。今天，我们在这里举行毕业典礼，用一种隆重的仪式见证这个重要时刻，祝贺你们顺利完成学业，开启人生新的征程。

3 年一瞬。难忘你们课堂上探讨知识、实验实训室里摸索操作、图书馆里凝神思考的可爱模样，难忘你们疫情期间线上学习、校外实习时的自律和坚守，难忘你们在军训操练、校院球赛、拔河比赛中此起彼伏的呐喊声与锣鼓喧天的青春力量，难忘你们在技能竞赛、创新创业大赛、研究性学习成果展示竞赛中的自信与从容，难忘你们三五成群阳光跑、手里兜里揣着多部手机的"友爱互助"精神，难忘你们课桌前的小瞌睡、广场上的小打闹、风雨中的小情绪、交流时的小脾气，难忘你们映天湖畔的身影、励志广场的脚印、食堂里的长龙、晚会上的歌声……你们的点点滴滴，老师记得，校园记得，"国家乡村振兴人才培养优质校""全国民族团结进步模范集体""湖南省文明高等学校"等成绩单记得。

当我们在这里庆贺的时候，世界许多地方正经受着冲突与危机，百年变局叠加世纪疫情，经济全球化遭遇逆流，时局日趋复杂严峻，经济下行压力加大，社会用工需求大幅放缓，加上我国今年高校毕业生达 1076 万人，同比净增 167 万，创历史新高，就业难度前所未有。可以说，同学们尚未迈出校门就被推到了时代大潮的风口浪尖，你们一代人的就业问题受到社会的广泛关注。看着整装待发的你们，我满怀希望，满怀美好愿景，同时也满怀"儿行千里"的担忧、"临行密密缝，意恐迟迟归"的挂肚牵肠。今天，在这里，纵有万语千言，我都不说，只想聚焦就业问题，跟同学们说说心里话，希望大家"以平实之心就业，以奋斗之姿作为"。

就业是民生之本，你们的就业工作牵动着共和国的心，要积极主动，莫负国家。习近平总书记对高校毕业生就业工作念兹在兹，强调必须高度重视高校毕业生就业工作，必须重点解决高校毕业生就业问题，必须促进高校毕业生多渠道就业创业，必须引导青年学生转变择业就业观念，必须做实做细就业指导服务；同时希望高校毕业生保持平实之心，客观看待个人条件和社会需求，从实际出发选择职业和工作岗位。近一个月，党中央、国务院先后召开了全国稳就业工作电视电话会议、2022 届全国普通高校毕业生就业创业工作电视电话会议、中央教育工作领导小组专题会议，专门研究、部署和推进高校毕业生就业创业工作。所以，同学们是幸运的，这种幸运不是因为你出生在这个世界，而是因为你生活在这个国家。我们享受着党和国家的关心和温暖，就要积极响应号召，努力就业，自食其力，有所作为，而不是无所事事，消受本不属于当下的安逸。更要看到，我们就业，对自己来说是工作，对亲人来说是安慰，对社会来说是责任，对国家来说是贡献，大家要把"小我"融入"大我"，从日常细小的方方面面体现"强国有我"的精神境界和时代担当。

就业的态度检验你对人生的态度，要迎难而上，莫负韶华。今年就业比以往难，同学们压力大、焦虑多，可以理解。但这只是我们走出校门步入社会的第一道小小考题，当前就业难，也没有难到找不到工作的地步，无非就是岗位比以往紧张一点、就业可能没那么顺利一点，只要坚持，有定力，肯定是可以找到工作的。关键不能有"摆烂"情绪，不能有"躺平"心态，不能有当"啃老族""尼特族"的想法，不能自甘"缓就业""慢就业"甚至"不就业"，导致"毕业即失业"。"躺平"走不出"内卷"，"佛系"也等不来好工作。时间之河川流不息，每一代青年都有自己的际遇和机缘，都要在自己所处的时代条件下谋划人生、创造历史。作为新时代的青年，要有朝气、有理想、有担当，以就业激扬青春，以创业开拓人生，以事业奉献社会，书写无愧于时代的壮丽篇章。最近，在第二届"青春正当时 三湘追梦人"湖南省高校大学生就业创业优秀典型人物评选中，全省所有高校，包括53所本科院校、75所高职院校，总共遴选出60人，我校入选2人，同学们要相信自己，我校的毕业生不比别人差，让我们为这两名同学鼓掌，同时也为我们自己鼓劲加油。

　　——愿同学们脚踏实地，务实"择业"。从今天起，你们离开学校庇护，不再有"学生"这个标签，开始独立闯荡人生。要转变择业就业观念，怀着一颗平实之心，综合考虑自身条件和社会需求，找工作要理性务实，不要挑三拣四、这山望着那山高，一味盯着高档、高管、高薪，防止高不成、低不就。合适的才是最好的。所有的成功都有一个艰辛的开始，不要幻想平步青云、一飞冲天，不要只想去大城市、好岗位，不要只想当白领、做高管，先解决"有没有"的问题，再考虑"好不好"的问题。生活中，大家都是平凡、普通的人，选择的绝大多数也是平凡、普通的岗位，千万不能好高骛远，要愿意从平凡工作、普通事情做起。择业还要有情怀，乐于"自讨苦吃"，甘愿去艰苦地区、基层单位和祖国建设的第一线，通过艰难困苦的磨炼、摔打，夯实人生的基础；乐于"无偿做事"，甘愿去当志愿者，去完成一些没有薪酬而有益于社会的事情，以此厚积自己人生的底蕴。"失之东隅，收之桑榆"，所有付出终有报偿，付出劳动，收获果实；付出热心，收获笑脸；付出艰辛，收获意志；付出奉献，收获品格。收获不能简单以物质、金钱去衡量，比这更加宝贵的东西有很多很多。

　　——愿同学们负重前行，坚忍"就业"。未来已来，就业在即。同学们即将奔赴祖国经济社会发展的主战场，成为各行各业建设的生力军。就业不是去享受，是上岗入职，是恪尽职守，是坚守奋斗，不可能轻轻松松、自在舒适，随时有繁重复杂的任务等在前边。逆风的方向更适合飞翔，大家要有充分的心理准备。从了解的情况看，已经有半数左右的同学找到了心仪的工作，真是令人欣慰。还没有找到工作的同学，要积极主动，调整心态、放低姿态，先找一件事做，薪酬低一点、工作累一点，都不要紧，力气使完了还会有，但长期懒散、不干事，人就会懈怠颓丧。哪怕从最基层、最基础的工作干起，从车间、工地、医院，或是田间、乡间、直播间的工作干起，都应欣然前往，只要有发挥力量的地方，就坚定地先就业不失业。也不要工作没多久就老想提拔、晋升，或者一下子取得巨大成果，所有的成功都是"熬"出来的，是需要等待和积累的。我们现在所做的每一件事情，都会在不久的将来产生影响。那些能静下心来下苦功夫，持之以恒朝着理想奋进的人，必定能达到光辉的顶点。

——愿同学们勇于创新，奋力"创业"。就业孕育创业，就业成就事业。同学们不要静态地对待就业，只是机械地、按部就班地完成每天的事情。要把就业、创业、事业贯通起来，把就业当作事业来干，在就业过程中不断寻找创业的灵感和契机，做一个有思想、有目标的工作者。一个创业能力强的大学毕业生，不会过于受就业压力的影响，相反还能通过创业来增加就业岗位，缓解社会就业压力。同学们要增强创业意识，提升创业能力，涵养创业精神，积聚创业资源，开拓进取、敢为人先，争做创业路上的奔跑者、追梦人。

你若不勇敢，谁替你坚强；你若不奋进，谁替你奔跑。就业，只是人生大剧的序曲，序曲还不是高潮，更多激动人心的章节还在后边，一切该面对的都无法逃避，一切该经历的都得自己经历，不要犹豫，不要畏惧，坚定信心，奋勇前行！

时代属于你们，未来属于你们，世界属于你们！

（作者系娄底职业技术学院院长）

毕业不是曲终人散，而是奔向更广阔、更有为的天地。今后，希望你们相信信仰的力量，相信初心的力量，相信梦想的力量，扬起信念之帆，掌好人生之舵，踔厉奋发，勇毅笃行，逐梦山河大海，赢得光明未来。

踔厉奋发新时代 一起逐梦向未来

梁 裕

朝夕相处纵有千般不舍，依依惜别终将如期而至。昨晚，我们欢唱在学校足球场，举办草坪音乐会，为离别作序；今天，我们相聚在文体馆，举行毕业典礼，为启程壮行。在这个特殊的日子里，我代表学校全体师生员工，向 2022 届 6124 名学有收获的毕业生同学们、10 名国际学生以及 90 名"专本衔接"自考本科生表示最热烈的祝贺。

你们是特殊的一届毕业生。三年前，你们刚准备开始多姿多彩、自由自在的大学生活，开始享受学校成功获评"中国特色高水平高职学校和专业建设计划"高水平专业群建设单位、国家优质高职院校的发展红利，突如其来的新冠肺炎疫情就影响了你们正常的学习生活。3 年来，不能正常返校，长时间网课学习，校园管控、错峰生活、限制接触，已经成为常态，其中的不易与艰辛不言而喻。但是，你们克服困难，勇毅前行，取得的成绩不比学长学姐们少，获得的成长更比他们多。你们十分理解、积极配合学校落实各项管控措施，在疫情防控志愿一线冲锋在前，充分展现了当代大学生的责任和担当，并以实干笃行推动了学校"双高计划"建设，促使学校获评国家乡村振兴人才培养优质校。你们是学校的荣光，学校以你们为骄傲。

凡是经历，皆是馈赠；凡是过往，皆为序章。今天过后，你们将会有一个新的身份，就是"广职校友"。在大家即将步入人生的新轨道时，我有几句话送给大家，和大家共勉。

始终坚守初心，走稳人生新赛道。当前，国际国内形势复杂多变，国家面临的风险挑战之严峻前所未有，大家未来的路可能会比在大学时更加艰辛。社会错综复杂，诱惑形形色色，要始终保持平实之心，学会自我约束，理性对待，谨慎选择；世间千姿百态，人情冷暖，要始终保持真诚之心，学会坚持本真，坚定立场，坚守底线；道路阡陌交通，人生起伏，要始终保持勇敢之心，坦然面对，百折不挠，奋发有为。星辰大海，道阻且长，面对人生道路上的困难、挫折、问题，希望你们不忘初心，锚定目标，无所畏惧，笃定前行，用力地去干，大胆地去闯，一步步成长，一点点蜕变，在新时代的人生新赛道上行稳致远。

不懈奋斗拼搏，创造幸福新生活。习近平总书记曾指出，"我们比历史上任何时期都更接近中华民族伟大复兴的目标"。我们有幸生在中国、长在中国，有幸见证伟大祖国强大和参与伟大祖国宏伟蓝图的建设。习近平总书记在庆祝中国共青团成立100周年大会上号召广大团员青年："用青春的智慧和汗水打拼出一个更加美好的中国！"在未来的职业生涯中，希望你们牢记领袖嘱托，秉承"弘毅开拓、勤勉善成"的学校精神，认真践行"以德立人、以技立业"校训，水磨忍耐、精益求精的"工匠精神"，奋发进取、踏实肯干，从点滴做起，一步一个脚印，稳扎稳打，不断锤炼真本领，持续砥砺强技能，创造出属于自己的幸福生活。要相信，你所流出的每一滴汗都会成为你走向成功的"源头活水"，你所付出的每一份努力也必定会在你将来人生中的某个阶段结出"丰硕果实"。

学会创造价值，拓展人生新境界。当今，社会科技快速发展，思想观念日新月异，生活生产急剧变革，社会形态不断重塑，面对时代的宏大变化，很多人会感觉自己很渺小、很孤独，个人价值和存在感微弱。但是我想说的是，历史是每一个个体生命汇聚的，时代正是由每个鲜活的个体所创造的，社会和个人从来不是对立的关系。你们不是无奈接受网课的"牺牲者",你们是学校人才培养模式改革和高等教育数字化转型的参与者;你们不是坐在屏幕前聆听天安门广场"请党放心,强国有我"献词的旁观者,你们是赋予献词现实含义的青春力量。社会现象正似海上的浪花,虽然热闹翻腾,但总有不变的机理,只要掌握了它,就可以成为冲浪的高手,享受风口浪尖上的精彩。希望你们在时代的湍湍急流中,能透过迷雾,回归本质,正视自我、肯定自我、完善自我,把握不变,主动应变,善于求变,以满足社会需求为导向,不断提升自身创造力和价值,拓展人生新境界。

　　毕业不是曲终人散,而是奔向更广阔、更有为的天地。今后,希望你们相信信仰的力量,相信初心的力量,相信梦想的力量,扬起信念之帆,掌好人生之舵,踔厉奋发,勇毅笃行,逐梦山河大海,赢得光明未来。

　　我衷心地祝愿你们云程发轫,万里可期!一路平安、一生幸福!

(作者系广西职业技术学院院长)

希望大家用千锤百炼的方式活出自己，用百炼成钢的耐心奋力拼搏，和差积商，用心解答未知方程，点线面体，大胆追求幸福空间。

在人生的转弯处拥抱未知

何　辉

看过教学楼下广玉兰的灿烂绽放，听过下课铃的钟声回荡响起，穿过月牙亭的鲁班像，校训广场的鲁班锁，回忆的泡沫滑落，终于到了跟校园里的建筑大师挥挥手说"再见"的时刻。

今天，我们通过线下线上同步的方式，隆重举行 2022 届毕业典礼，送别 4127 名同学，共同见证你们人生历程中这一庄严而又神圣的时刻。

此时此刻，看着台下你们一张张青春闪光的面庞，我不禁想起了前几天有人问我，又一届学子将要离开校园，你的心情如何？我的回答：不舍、兴奋而又焦虑，就和我此时在你们脸上看到的心情一样。因为，现在的你们，正站在人生的转弯处等待开启下一段未知的旅程，你会为前一段的离别感到不舍，会为所有等待着你的东西感到兴奋，也当然会为这段旅程可能带你去哪里而感到焦虑。这个转弯处，对你们而言是学业的结束、职业的开始和事业的启航。

时光飞逝，3 年一瞬，不如让我们把回忆的齿轮一起拨回到 2019 年 9 月 26 日的夜晚，属于我们的故事在开学典礼庄严的国歌声中拉开了帷幕。你们佩戴上校徽，成为一名"建院"人，并励志要以"格物求新，致远求实"的校训和"融天下建设于心，担建设天下于肩"的情怀，承载起浙江建设职业技术学院的使命和荣光。但当时的我们还不知道，仅仅几个月后，一场全球性的新冠肺炎疫情就开始以无法想象的方式考验我们，甚至持续而又深远地影响着近3年的学校生活。你们在这里，不仅是学校开启一校三区日新月异、欣欣向荣发展的见证者，中国特色高水平高职学校（A档）的参与者，更是与学校同舟共济共同抗疫，守护校园安全的护航者。感谢你们与学校一路相伴、共同成长，感谢你们相知相守，用责任和担当书写了独特的青春记忆。身处未知的"疫情时代"，你们表现出了如此非凡的韧性和耐心，你们的毅力、包容和理解让我发自内心觉得没有比2022届毕业生更能让我感到骄傲的一届，也让我坚信今后的你们一定会在青春的赛道上奋力拼搏，赢得出彩的人生。

所以，未知又有什么可怕？

习近平总书记说过，"人的一生只有一次青春。现在，青春是用来奋斗的；将来，青春是用来回忆的"。现在的你们，站上了职业生涯的起点，可能一些人已经在校园里找到了自己的激情和目标，并打算将毕生都投身于这份事业。或者你们中的一些人仍在寻找，你可能有了一份稳定的工作，但在你的内心，你仍会担心这是否是正确的人生轨迹，或者你是否会成功。40年前的今天，当我和你们一样从这所学校的前身——浙江省建筑工业学校毕业时，我也从来没有想过自己会一直留在这里，并最后以校长的身份目送一届又一届的鲁班传人进来又离开。谁知道呢？没准你们当中的某一位多年后也会站上这个位置甚至更高的地方，和我一样在毕业生面前侃侃而谈。

这，或许就是未知的魅力吧。它将充满各种矛盾和无数次的选择，为你带来成功的喜悦，也将不可避免地为你的人生带来几次失败，但也请你不要太过担心。张开双臂勇敢地拥抱未知，大胆创新激情地创造未来，勇立潮头争当"四要四做"的"建院人"。

一要志存高远，充满情怀，做一个建设天下、筑就中国的"建院人"。习近平总书记指出："青年志存高远，就能激发奋进潜力，青春岁月就不会像无舵之舟漂泊不定。"17岁的毛泽东写下"孩儿立志出乡关，学不成名誓不还"，展现了与常人不同的思维、格局、气魄与胸怀。

我们要做一个有志气有志向的社会人。有志向的人自信自强，"君子量不极，胸吞百川流"；有志向的人心有远方，"及时当勉励，岁月不待人"；有志向的人珍惜时光，"感时思报国，拔剑起蒿莱"；我们要意识到，个人选择和时代发展之命运是密切相关的，如果你纯粹是为了自己去做某种选择，可能就是逆潮而纵；如果你心中厚植家国情怀、心系"国之大者"，你做任何选择都会恰如其分，因为它沿着一个正确的方向。希望每一位毕业生都能将小我之理想融入大我之使命，担起建设天下、筑就中国的使命，与伟大的时代同频共振、同心同行，才能创造出无愧于时代的功业，才能走得更高、更实、更远、更好。

二要奋楫学海，专注有恒，做一个敏于思考、精于专业的"建院人"。每个人都是自带无穷潜力降生的人间奇迹，自信应该是所有人的生命底色。我们常说，"活到老，学到老"，这话在今天看来尤为重要，只有不断学习才能跟上时代的日新月异，才能赶上发展的变化节奏。前几天，我去头部咨询企业调研，一个毕业6年的同学，主动要求去贵州、安徽等现场做全咨询管理，得到从上到下充分认可，成为企业业务骨干。在同他现场视频时，我请他对即将走上岗位的学弟学妹说说赠言，他说出4个"能否"是打开成功之门的关键钥匙。能否具有沉下心来、蹲下身段的定力，能否具有善于积累、勤于思考的习惯，能否具有虚心好学、主动想学的品质，能否具有敢于去做、勇于去创的胆识。希望你们锚定目标，持之以恒地不懈努力，顺境时不忘乎所以，逆境中不自暴自弃，通过十年甚至几十年的磨炼，不断充实、不断积累、不断更新，努力从新手、生手成为熟手、能手和领军人才，为行业振兴与社会发展做出自己的贡献，让生活工作变得充实、踏实、幸福而有意义。

三要躬身入局，诚信笃实，做一个格物求新、致远求实的"建院人"。清朝名臣曾国藩多次说："天下事，在局外呐喊议论，总是无益，必须躬身入局，挺膺负责，方有成事之可冀。"无论干什么事情，光是站在局外讨论，注定是没有用的，必须积极投身其中，挺起胸膛担负起该担的责任。在大学的学习时期，你们在"学、问、思、辩"中不断进步，不断提高，接下来我们要做的重点就是笃行之，即踏踏实实、一心一意、坚持不懈地践行所学，将学到的科学知识与技术技能全部用到工作之中，学会适应变革，学会沟通协作，学会磨炼心性，少投机取巧，少斤斤计较，少拈轻怕重。脚踏实地、知行合一，奋力度过"适应期"，不断积攒"经验值"，一起为"安得广厦千万间"，实现美好共同富裕的生活而贡献自己的力量。

四要敢于亮剑，开拓创新，做一个厚积薄发、矢志奋斗的"建院人"。"志不求易者成，事不避难者进。"如果把整个人生阶段比作一场持久战的话，光有直面困难的勇气还远远不够，还要学会逆势而上。困难再大，要敢于应战，你们要敢于向困难亮剑，狭路相逢勇者胜。新时代的建院青年，要让行动自觉和责任自觉成为人生追求的境界，不怕失败，相信"水滴石穿"；不惧困苦，相信"铁杵磨针"；不畏结局，相信"舍我其谁"；以"仰天大笑出门去，我辈岂是蓬蒿人"的信念，把智慧、勇气和力量转化为责任与担当，开拓创新，在执着坚守、脚踏实地中勇于担当、矢志奋斗。

"三载建院缘，一生建院情。"3年前，我们迎来你们满怀憧憬的笑脸，今天又将目送你们厚实的背影，无论你们走向何方，一生的情缘已系上，希望你们时刻不忘母校以你为荣。借此机会，送给大家8句话，希望同学们能做一个"有八度的社会人"。

第一句话：在思想意识上有"暮色苍茫看劲松，乱云飞渡仍从容"的高度。

第二句话：在格局视野上有"会当凌绝顶，一览众山小"的广度。

第三句话：在认识事物上有"胸中有丘壑，眼里存山河"的宽度。

第四句话：在实现价值上有"乘风破浪会有时，直挂云帆济沧海"的深度。

第五句话：在直击困难上有"志不求易者成，事不避难者进"的韧度。

第六句话：在面对收获上有"纸上得来终觉浅，绝知此事要躬行"的厚度。

第七句话：在落实工作上有"黄沙百战穿金甲，不破楼兰终不还"的力度。

第八句话：在对待交友上有"疾风知劲草，烈火见真金"的亮度。

这8个度，是我作为校长、教师、学长对大家的深深祝愿，希望大家用千锤百炼的方式活出自己，用百炼成钢的耐心奋力拼搏，和差积商，用心解答未知方程，点线面体，大胆追求幸福空间。

请同学们记住，无论将来飞得多高、走得多远，你们永远都是浙江建设职业技术学院大家庭的一员。你们的每一点进步，母校都希望与你们共同分享；你们的每一份创业艰辛，母校更愿意同你们一起分担。母校永远牵挂大家，祝福大家，这里永远是你们幸福的港湾，坚强的支持，母校永远和你们心心相随。

愿所有的欢乐都陪伴着你，仰首是春，俯首是秋；愿所有的幸福都追随着你，月圆是画，月缺是诗；愿古人不散，愿结果遂愿，愿有缘相见，愿同学们多年归来仍是少年！

祝愿 2022 届全体毕业生，前程似锦，幸福快乐，一路阳光，一路顺利！

（作者系浙江建设职业技术学院院长）

人生路漫漫，你们才刚刚开始，前行的路上还会出现许多未知的艰难困苦。希望你们在任何时候，都要牢记"艰苦奋斗 永不放弃"的学校精神，不要让磨难阻止你们前进的脚步。

践行"真善美" 堪为"资环人"

郑绍忠

今天，我们在这里隆重集会，为 2022 届 6224 名毕业生举行毕业典礼。这是一个值得铭记和珍藏的时刻，你们即将从这里出发，踏上新的人生征程。

3 年前，你们怀揣梦想，从五湖四海相聚于兰州资源环境职业技术大学。岁月流转，你们把青春活力挥洒在窦家山上，学习知识、历练心智、增长才干，美好的校园生活和真挚的师生情谊不仅是你们人生中最珍贵的青春记忆，也将成为学校办学历史中的珍贵收藏。3 年来，我们热烈庆祝了中华人民共和国成立 70 周年、中国共产党建党 100 周年，亲历了学校成功入选国家"双高计划"建设高校行列，也共同参与了抗击新冠肺炎疫情。你们与学校相互见证：3 年来学校的一草一木、一花一树见证了你们从青涩走向成熟，在体育场挥洒汗水，在舞台上展现青春魅力，在全国、全省职业技能大赛中尽显专业素养；你们也见证了学校的各项发展建设，见证了学校转设为职业技术大学。你们与学校共同成长：3 年来学校督促你们认真学习、茁壮成长，你们也通过"校长信箱"、学生座谈会、抖音等社交平台留言为学校发展积极建言献策，为学校增添了亮丽风景，注入了青春活力。70 年职业学院奋斗路，一朝成功创建职业技术大学。你们是兰州资源环境职业技术大学的首届毕业生，今日的学校是我们共同的学校，它的每一份荣光都凝固着我们每一个人奋斗的汗水。

3年时光飞逝，你们结束了在学校的求学生涯，即将步入社会征途。在临别之际，作为你们的师长，有"真、善、美"三字箴言，与大家共勉。

一是希望大家立志高远，学做真人。"真"是立身之本。人民教育家陶行知先生说："千教万教，教人求真；千学万学，学做真人。""求真"是实事求是，追求真理；是力求真知识、练就真本事、做到真追求。力求真知识，就是要勤学好问、勇于探索，在自己的工作岗位上稳扎稳打、勤学苦练，以一步一个脚印的姿态踏踏实实走好每一步；练就真本事，就是要脚踏实地、奋斗不息，练就过硬技术、掌握精湛技能是你们的立业之本，要以永不放弃的斗志向着大国工匠的奋斗目标发起冲刺和挑战；做到真追求，就是要真抓实干、赤胆报国，制造强国建设需要大批高素质技术技能人才，要以时不我待的精神把握机遇、施展抱负，为中国制造转型升级添砖加瓦、献智出力。"真人"是光明磊落，以诚待人。期待同学们都能真情实意、真诚相待，怀揣崇真之心，力求真知识、练就真本事、做到真追求。

二是希望大家坚守内心，向善而行。善是立德之基。孟子曰："人性之善也，犹水之就下也。人无有不善，水无有不下。""人之初，性本善。"自古以来，崇善向善都是中华传统文化中的主流思想。通过善意的眼睛去感知，通过善意的心去体会，善无分高低，凡在手边的、面前的，都应随力、随时去做，勿以善小而不为。青年是社会发展的重要推动者，你们放出的每一点、每一滴善意都能为他人的生命带来希望和光明。我校优秀学生党员雒旺旺在圆满完成学校学习和企业实习之后，毅然报名西部计划成为家乡礼县的志愿者，投身基层，挥洒青春。作为一名共产党员，他牢记使命，一心向党、一马当先，努力成长为黄土地上忠诚担当的青年党员。这就是新青年对新时代尚善向善、担当奉献的回应。我希望同学们无论生活有多少纷扰，都能坚守内心安宁、直面人性善意，以善行浇灌人生之树，以"小我"之心为"大我"之举，修身齐家、兼济天下。

三是希望大家丰盈内心，美美与共。费孝通先生提出"各美其美、美人之美、美美与共、天下大同"的16字箴言。"各美其美"就是要深入了解内在、了解自我，了解自己的个性、性格、偏好、性情。在探索世界和通向自我认识的旅途里，用内在的心灵之眼去发现美，去了解自我，伴随着人生的展开，越来越活成率性的自己，越来越通达心灵的自由。"美人之美"就是面对未知能够承认和尊重差异，坦然追寻和而不同、携手共进。"美美与共"就是在完善自己、铸就美好人生的同时，不忘以增进民生福祉、促进社会进步和推动人类发展为出发点和落脚点，抱定人类命运共同体的宗旨，共同创造"天下大同"的温暖世界。生活本身就是一门关于"美"的学问，微末之中都蕴藏着丰富的人生智慧，希望你们广结良友、用心生活，培养更多元的兴趣爱好和隐藏技能，体悟万物可期、人间值得。希望你们敬畏生命、爱惜身体、规律作息，去阅读、去运动、去亲近自然、去关爱家人，用内心的坦然与丰盈，从容不迫地面对扑面而来的一切。

千言万语，难诉衷情。人生路漫漫，你们才刚刚开始，前行的路上还会出现许多未知的艰难困苦。希望你们在任何时候，都要牢记"艰苦奋斗 永不放弃"的学校精神，不要让磨难阻止你们前进的脚步。

分别有时，情谊无穷。一声"资环"人，一生"资环"人。学校现在是你们的大学，以后是你们的大学，永远都是你们的大学，也永远是你们的坚强后盾！

此去经年，天涯路远。祝愿你们在新的征程中一帆风顺，佳音频传！同学们再见！

（作者系兰州资源环境职业技术大学党委书记、校长）

希望你们站稳青春C位，做仰望星空的"追梦人"，用青春和奋斗担负起历史的重任，让青春绽放在祖国最需要的地方，以"后浪"之韧势、劲势、锐势，在青春C位释放青春之光。

勇做青春的奋进者和追梦者

颜永强

仲夏时节，万物并秀；彩虹校园，梦想启航。在这最美的季节，在喜迎党的二十大召开之际，今天，5421名学子完成学业，即将踏上人生的新征程。在过去的3年时光里，你们经受了疫情的严峻考验，但你们坚守初心、砥砺奋进，顺利完成了学业。

琅琅书声，犹如昨日；浓浓离愁，却上心头。不经意回眸，你们来到遵义职业技术学院已3年。3年来，我们共同迎来了职业教育"黄金发展期"。党中央、国务院召开了第一次全国职业教育大会，习近平总书记做出"职业教育前途广阔、大有可为"等重要指示，新职教法、国家"职教二十条"、"双高"计划、提质培优行动计划等政策措施相继实施，职业教育迈入了高质量发展的新阶段，成为孕育大国工匠的生机沃土。你们笃志奋进、创业修能，奋勇争先、超越自我，磨炼技艺、收获满满，通过专业学习和实践历练，养成了较好的职业素养，用执着和专注，磨炼深厚的职业技能。你们以认真和坚持立根铸魂，用执着和热爱诠释担当，用志气、骨气、底气书写了职教学子新篇章！引领广大学子争做新时代向上向善好青年！我想，这就是你们青春最美，也是我校最应该有的模样！

时光无声，青春留痕；重彩华章，定格永恒。今天你们毕业了，这是你们人生中最重要的时刻之一。人们都说，青春是一场有去无回的旅行，好的坏的都是风景。总有一天你也会明白，那些曾经让你感动和痛苦的青春，都会是漫漫人生中最刻骨铭心的珍藏和人生旅途最美妙的旋律。对我而言，我已经从教 32 年，很荣幸作为校长站在这里，为毕业生送上祝福。不经意间，你们已是我在这里送走的第四届毕业生，每年这个时候，我都能感觉到，重彩华章、鼓乐喧腾的背后，是潜藏在大家心底的淡淡悲伤和深深眷恋，身后消逝的岁月在这一刻相聚之时，一幕幕熟悉的场景浮现在脑海。曾记否，你们与战友在图书馆奋斗的日日夜夜，与朋友在食堂吃的每一顿可口的饭菜，与同窗在教学楼课桌前一次次天马行空的讨论，与三五好友在足球场或跑步打卡或闲聊漫步，与舍友在宿舍的彻夜长谈，与竞争对手在技能大赛上的精彩角逐。总有和学校诉不完的青春记忆和美好时光，此刻，我们只能举起相机，按下快门，让这段青春的旅程成为难忘的永恒。

在同学们成长的青春时光里，遵义职业技术学院也在上下求索，不断超越，与你们一同成长和进步，实现快速发展。今年，也刚好是我们建校 20 周年，所以，你们这一届是最特别也是最值得珍藏的一届学子。过去 3 年，学校顺利建成了贵州省优质学校、成功立项建设贵州省"双高"学校；教育部第一批全国样板示范党支部通过验收；成为全国百所乡村振兴人才培养优质校建设单位；成为全国"一校一品"校园文化建设基地、全国高职高专党委书记论坛主任委员会长征精神实践研修基地、中国高等教育学会职业技术教育分会全国职教联盟红色培训基地；第一届留学生也顺利毕业了。这 3 年，学校的社会影响力也在不断扩大，在各类大学排行榜的综合排名不断进位。这些成绩的取得源自全校师生锲而不舍的努力与拼搏。

古道长亭，终有一别。今天，在临行启程之际，我给同学们提 3 点希望：

一是永怀赤子之心，善做事业的主宰者和掌舵者。毕业之际，作为你们的校长，也作为你们在学校的"家长"，期待你们踏入社会后佳绩频传、喜讯不断。真诚地希望你们扣好踏入社会的人生第一粒扣子，树立正确的就业观，先就业、再择业，最后再立业。只有先就业了，才能更好地择业和立业。同时，大家要处理好立业与立德、立身的关系。立业，是一个人的生存所需，是一个人的价值体现，你们要以立德创大业、以立业谋福祉、以立身行天下。希望你们离开学校以后，能够早日融入社会、适应社会，选择好自己人生的第一个岗位。在求职的过程中客观分析自己，合理地设计求职目标，树立吃苦的精神，到真正能发挥自己才能的地方去，要克服择业心切、急于求成的思想。要正确定位自己，沉淀自己，保持积极进取的心态努力提升自我，切实增强工作的本领和才干，在人生赛场上取得更大的主动权。希望你们永存求真之心，做明理的学习者，在未来岗位上能有一颗求真之心，虚心向师傅请教、向同事学习，永远保持"人间清醒"，保持"空杯"心态，积极乐观、勤学苦练、终身学习、永远进步。希望你们把好人生方向盘，立大志，成大才，担大任，把个人的人生发展志向融入第二个百年奋斗目标，善做志向的主宰者和掌舵者，用青春践行责任和担当，用青春蓬勃的力量交出人生合格满意的答卷。

二是永葆进取之心，勇做青春的奋进者和追梦者。时代各有不同，但青春与奋斗一脉相承。青春是人生最美好的时光，青年最大的资本就是敢于逐梦、勇于拼搏，真正有意义的青春和人生，必然是用奋斗来打磨的。百舸争流，奋楫者先；千帆竞发，勇进者胜。希望同学们永葆进取之心，心怀鸿鹄志，争做追梦人，在时代的洪流中当一个"孤勇者"，哪怕没有光，也要做自己的英雄。勇做"笃学践行、崇德尚能"校训的践行者，踏实努力、知行合一，把学校的务实品质与奋斗精神传承下去。希望同学们在追逐梦想中绽放青春风采，将"个人梦"融入"中国梦"之中，在持续不断的筑梦圆梦中成为勇立潮头、堪当大任的社会栋梁，在坚守担当中凝聚青春力量，练造高超技艺、精湛工艺，向着成长蝶变为能工巧匠、大国工匠而不懈努力。希望同学们用你们的勤勉实干换取人民群众的岁月静好，用使命担当"武装"一颗勇敢的心，在青春的洪流中昂扬奋进，努力活出属于自己的"限量版人生"！以实际行动向全社会诠释职教人的"前途广阔、大有可为"，勇做走在时代前列的奋进者、开拓者、奉献者，在矢志奋斗中谱写新时代的青春之歌。

三是常怀感恩之心，争做时代的坚守者和传递者。希望你们常怀感恩之心。心存感恩，不仅是一种积极的人生态度，还是一种高尚的品格，更是一种大智慧、大修养、大格局。同学们要感恩父母、感恩家庭，是父母和家庭哺育你们长大成人，支持你们完成学业；要感恩社会、感恩祖国，是社会和祖国给予你们呵护，为你们提供安定的学习环境和优越的学习条件；要感恩学校、感恩老师，是学校和老师教授了你们知识，教给了你们做人的道理。希望你们常立感恩之德。感恩，是中华民族的传统美德，是构建社会主义和谐社会的基础，是实现出彩人生的精神动力。希望每一位毕业生都能感恩奋进勇争先，壮阔征程更向前，将小我之理想融入大我之使命，与伟大的时代同频共振、同心同行，勇做走在时代前列的奋进者、开拓者、奉献者，在青春的赛道上奋力跑出最好成绩。希望你们常行感恩之举。在感恩奋进中彰显青春价值，让感恩成为一种习惯，让感恩成为行动自觉，倾心打磨自己，精心雕刻自己，谱写青春华章、成就精彩人生。做一个正能量的发起者、传递者，负能量的终结者。在各自领域保持不甘人后、奋勇争先的锐气。保持披荆斩棘、敢于碰硬的勇气，不忘初心、逐梦奔跑，不负时代，不负韶华，为实现中国梦贡献自己的力量。

同学们正处在砥砺奋进的新时代，生逢其时、重任在肩，既是追梦者，也是圆梦人！习近平总书记说："青春由磨砺而出彩，人生因奋斗而升华。"希望你们站稳青春C位，做仰望星空的"追梦人"，用青春和奋斗担负起历史的重任，让青春绽放在祖国最需要的地方，以"后浪"之韧势、劲势、锐势，在青春C位释放青春之光。把牢人生方向，做命运的主人，将小我融入国家、民族乃至全人类的大我当中，以"我要扼住命运的咽喉"的铿锵誓言，与大时代民族复兴的主旋律同频共振，以永远奋进的青春为主线，谱写新时代的命运交响曲，共岁月峥嵘、留历史回响。

"青春做伴，记忆留夏。"你们一定要记住，母校是你们永远的家，母校会一直珍藏着你们在校园里留下的点点滴滴，会始终关注着你们远行的脚步。无论快乐与忧伤，无论成功与失败，都可以向母校诉说，母校将成为你们坚强的后盾。我也真诚希望你们都能在大有可为的时代书写更多"技能改变人生"的精彩故事。希望大家书写更多"遵职新故事"、宣传更多"遵职好声音",传承红色基因,擦亮精神底色,会聚复兴伟力,领航新征程。也希望大家永远与母校心连心,常回家看看,一如既往地关心母校、支持母校、帮助母校,为母校发展添砖加瓦,贡献智慧和力量!今天你们为母校而骄傲,明天母校为你们而自豪。

再见少年拉满弓,不惧岁月不惧风。愿你们在人生的旅途中一切安然无恙,愿你们在人生的冬天永远不缺暖阳,愿你们在诗与远方的追寻中不惧雨打风吹,愿你们的未来永远激情满怀,斗志昂扬!衷心地祝福全体毕业生前程似锦,事业有成,一生平安,一路生花。

（作者系遵义职业技术学院院长）

如今，你们即将成为远行的游子，此时的你们扬帆追梦正当时。在我们即将分别的时刻，我想提几点希望，与大家共勉：希望你们厚植家国情怀、坚定信念、矢志报国；希望你们永葆自强不息，脚踏实地、不懈奋斗；希望你们常怀赤子之心，修身立德、涵养品格。

厚植家国情怀　永葆自强不息

陈力捷

今天我们相聚在此，通过线上线下相结合的方式隆重举行学校 2022 届毕业生毕业典礼。

3 年来，学校和同学们一道共同亲历了中华人民共和国成立 70 周年、中国共产党建党 100 周年、中国共产主义青年团建团 100 周年，见证了全面建成小康社会、决战脱贫攻坚的辉煌成就及改革开放 40 多年后党和国家事业发生的翻天覆地的变化，经受住了两年多抗疫斗争的严峻考验，同时也见证了彼此的成长和进步。

学校成功获批成为全国高职高专优质校，成为全国 197 所之一、广东省 14 所之一、中山市唯一的"双高计划"建设院校；入选全国现代学徒制试点单位、全国党建工作样板支部；中国"互联网+"大学生创新创业大赛获奖数全省高职第二、全国高职院校"发明杯"大学生专利创新大赛获奖数全省高校第一；包装策划与设计、印刷媒体技术专业排名全国同类专业第一。学校的蓬勃发展，你们都是参与者、见证者和贡献者。

在这 1000 余个日日夜夜里，你们求知若渴、挥洒青春。在你们当中，有些同学在专业学习上勤勉努力，成绩斐然；有些同学在"挑战杯""互联网+"等大赛中摘金夺银，为学校增光添彩；有些同学在各类技能竞赛中大显身手，展现不凡。包装学院学生陈晓婷获"中国大学生自强之星"奖学金；健康产业学院学生陈秀娟获全国大学生数学建模竞赛广东省分赛二等奖；光电信息学院学生林晓怡获第七届中国国际"互联网+"大学生创新创业大赛总决赛铜奖；装备智造学院学生黄权浩参加"模具数字化设计与制造工艺"省赛获得一等奖；财经商贸学院学生黄欣锜被评为广东省优秀学生骨干；等等。你们当中还有115人光荣加入中国共产党。正是你们的拼搏进取、成长进步让中山火炬职业技术学院生机盎然、充满活力。

如今，你们即将成为远行的游子，此时的你们扬帆追梦正当时。在我们即将分别的时刻，我想提几点希望，与大家共勉：

希望你们厚植家国情怀，坚定信念、矢志报国。习近平总书记曾说："爱国，是人世间最深层、最持久的情感，是一个人的立德之源、立功之本。"知国才能爱国，方能更好地报国。在抗击新冠肺炎疫情的斗争中，我们看到了中华民族团结起来最真实的模样，最真切地感受到了祖国的强大和温暖，也真正懂得了"国是千万家，有国才有家"的家国情怀。3年来，同学们通过学习，丰富了知识、提升了能力、历练了成长，随着你们知识的积累和能力的增长，你们的身上也就多了一份对国家、对民族、对社会的责任与担当。未来道路上，你们每个人的职业选择可能都不一样、人生际遇也不尽相同。但不管身在何处、从事何业，希望你们将个人发展与民族复兴伟业紧密相连，笃定为国为民的理想信念，把个人的小我融入祖国的大我、人民的大我，胸怀家国理想，将个人奋斗与国家发展同频共振，在实现中国梦的伟大实践中书写精彩人生。

希望你们永葆自强不息，脚踏实地、不懈奋斗。今天的你们，既处在实现中华民族伟大复兴的崭新征程上，又处在世界百年未有之大变局之中；既拥有新时代中国改革开放的浩荡浪潮所带来的前所未有的发展机遇，又面临着新冠肺炎疫情对全国和全球经济社会发展带来的巨大影响，择业路上的艰辛、疫情防控的压力给你们走向社会、追逐梦想的人生道路带来了更多的挑战。但是，随着"职教二十条"的发布和新修订的《中华人民共和国职业教育法》的正式颁布实施，在全面建设社会主义现代化国家新征程中，职业教育前途广阔、大有可为。作为未来的产业生力军，你们应该满怀信心，以"天生我材必有用"的自信去打拼，以贵在勤奋、贵在有恒、贵在坚持的执着去创业，越是在困难的时候，越需要你们在危机的世界中开创人生的新机。希望你们每一个人都怀着自强不息的信念，不驰于空想、不骛于虚声，脚踏实地，从基层一线做起，不懈奋斗。

希望你们常怀赤子之心，修身立德、涵养品格。在纪念五四运动100周年大会上，习近平总书记勉励广大青年要把正确的道德认知、自觉的道德养成、积极的道德实践紧密结合起来，不断修身立德，打牢道德根基，在人生道路上走得更正、走得更远。人无德不立，国无德不兴。你们要从中华民族传统美德中汲取道德滋养，从英雄人物和时代楷模的身上感受道德风范，从自身内省中提升道德修为，追求更有高度、更有境界、更有品位的人生，始终明大德，守公德，严私德。要继续保持当年踏进校园时的那份纯洁，牢记学校教给你们做人做事的教诲，努力做到修身正心、立己达人、兼济天下，不随波逐流，不为个人名利所累、不计较眼前的利害得失，不触碰道德和法律的底线，守护好自己纯良的心灵家园，常怀律己之心，常修为人之德，砥砺意志品质，不惑外物，真正做到"时时勤拂拭，勿使惹尘埃"，不断提升自身修养，做一个高尚的人，对社会有益的人。

伟大的时代召唤你们，伟大的事业需要你们！从今天开始，你们就要奔赴下一场山海。无论你们身在何方，无论你们处于逆境或顺境，母校永远都是你们温暖的港湾，永远都是你们可以倚靠的精神家园，欢迎同学们常回家看看！也希望同学们时刻关注母校发展，为学校改革发展建言献策。

衷心祝愿同学们一帆风顺、前程似锦，未来可期！

（作者系中山火炬职业技术学院院长）

临别之际，我有3个期盼，也是祝福，要叮嘱大家。愿你们始终拥有自信心，始终拥有进取心，始终拥有平常心。

怀揣"三心" 向着未来出发

杨翠明

今天，我们在这里隆重举行湖南机电职业技术学院2022届毕业生毕业典礼。4559名学子学有所成，即将踏上崭新的人生旅程。

同学们，还记得3年前的9月16日，在开学典礼上与大家第一次见面，我很高兴，也很忐忑。高兴的是感谢你们在最好的时光里选择了这所学校，选择与学校共同成长；忐忑的是，后面的3年，我和我的同事怎样才能不负你们的选择。

3年来，我们尽最大努力，改善大家的生活和学习条件，改造了图书馆，在所有的教学场所安装了空调，每年投入2000万元改善实训条件，实施《教育教学改革三年行动计划》。老师们为了你们，不断探索教育教学改革，不断挑战自我，拼尽全力，在各类技能竞赛和教学比赛中积极进取，拼搏争先，为的就是不负大家的选择。

3年来，同学们怀赤子之心以明德，怀敬畏之心以修身，怀空杯之心以求知。把汗水洒在了实训场地，提高了专业技能；把汗水洒在了竞技场上，赢得了各项荣誉；把汗水洒在了社团活动的舞台，提高了综合素养；把汗水洒在"三下乡"的田野乡间，承担了社会责任；把汗水洒在了实习车间，获得了工作岗位。

3年来，你们乐观向上，绽放自我，激扬青春，在你们中间，涌现出了一批优秀代表。舒常平同学荣获"中国大学生自强之星"称号，贺惠娟、王明源、刘欢、向开平、邹成、薛皓灵、胡亮、阳芳艳、龚萍等同学在全国、全省职业院校技能大赛中获奖，蒋艳梅、戴乐一、陈志辉等同学在"互联网+"大学生创新创业大赛、黄炎培创业规划大赛、短视频大赛等比赛中获奖……在同学们的身上，展现了新时代青年的昂扬风貌，展现了我校学子孜孜以求的风采，展现了"机电精神"和"机电力量"。

正所谓天将降大任于斯人也，必先苦其心志，你们大学3年，两年半与疫情相伴。过去的日子，你们守纪律、顾大局，积极配合和参与疫情防控，积极转变学习方式，积极锻炼身体，按期完成了学业，充分体现了当代年轻人的责任与担当。在你们中间，阳力强、肖林丽、邓玟菲、曹宇轩、陈颖超、蒋伟健、李穗、朱小燕、陈洪武、江慧兰、陈秧、李瑶、罗奥、刘琴贤、田志国、肖亮、邓馨怡、唐青青、欧阳英、廖海霞、汪智健、邝开银22名同学，克服疫情影响，在封控区完成了岗位实习，实属不易，令人欣慰。

不一样的大学生活，注定会有不一样的收获、不一样的财富。在同新冠肺炎疫情的殊死较量中，中华民族和中国人民在中国共产党的领导下以敢于斗争、敢于胜利的气概，铸就了生命至上、举国同心、舍生忘死、尊重科学、命运与共的伟大抗疫精神。我们对中国共产党全心全意为人民服务的宗旨、中国特色社会主义制度的无比优越、中国政府强大的组织领导能力、共产党员的先锋模范带头作用、中华民族的团结一心都有了更加深刻的认识和理解。前进的征程上，无论遇到什么样的风险和挑战，只要我们在党中央坚强领导下，把亿万人民的智慧和力量凝聚在一起，我们的力量将无坚不摧，我们的事业将无往不胜。

湖南机电职业技术学院是一所成长中的高职院校，在成长的过程中必然有一些不完美的地方，比如，办学条件相对不足，因图书馆改造导致大家未能畅享借阅的便利，住宿和教学等条件也还不够好，建设创新创业大厦和机械楼的过程中有噪声，影响了同学们的日常生活；学校餐饮种类还不够丰富、味道不够可口；受疫情影响，有时线上教学有时线下教学，给同学们的学习带来不便，同时对大家的外出管理也较为严格，让同学们在体育场排长队配合做了很多次核酸检测……在这里，我谨代表学校，感谢同学们对学校的各种包容与体谅。

同学们马上就要离开学校，走入竞争激烈的社会，开启人生的新篇章。今天在这里举行毕业典礼，和大家告别，我也是既高兴又忐忑。高兴的是看到大家长大了、成熟了，浑身散发着青春的活力；忐忑的是，这一别我们何日再相逢，这一别你们一去可坦途？

临别之际，我有 3 个期盼，也是祝福，要叮嘱大家。

愿你们始终拥有自信心。初入社会，面对未知与挑战，你们可能会怀疑，会担忧，甚至会自卑，希望你们不要把"躺平"当作"弱者的武器"，而是怀有"自信人生二百年，会当水击三千里"的信心，以积极的心态面对社会、面对人生。在我们的校友中，有许多这样的标杆和榜样，凭借着持之以恒的钻研和努力，拥抱出彩人生。例如，今年年初从智能焊接技术专业毕业仅半年多的汪琪云，以"现场工程师"的新身份在中联重科正式上岗，专攻企业生产现场技术难题，以扎实的专业技能深受企业青睐；现任湖南宇环精密制造有限公司总经理的凌建军，和团队打造出宇环精密国内领先的机床研发模式，研发的机床在进入市场的第一年就为总公司创收 5 亿多元；数控技术专业毕业生晏斌，荣获全国五一劳动奖章、湖南省五一劳动奖章及"湖南省劳动模范""湖南省技术能手"等荣誉称号。希望同学们向标杆和榜样看齐，在人生路上勇敢追梦，自信走向未来，走出一条坚毅不凡的匠心筑梦、技能成才之路。

愿你们始终拥有进取心。志不求易，事不避难，迎难而上、知难而进，这就是进取精神。2022 年 5 月，习近平总书记在庆祝中国共产主义青年团成立 100 周年大会指出："奋斗是青春最亮丽的底色，行动是青年最有效的磨砺""追求进步，是青年最宝贵的特质，也是党和人民最殷切的希望。"近年来，学校一大批教师也不断挑战自我、勇攀技能高峰，取得了不俗的成绩，其中不乏你们的校友。如留校任教的杨国生老师，代表学校参加全省、全国技能大赛均获第一名，个人荣获湖南省五一劳动奖章和"全国技术能手""湖南省技术能手"等称号。留校任教的贺柳操老师，指导学生获国赛一等奖1项、二等奖1项，省赛一等奖3项、二等奖2项。还有燕峰老师，留校任教后从一名稚嫩的数控技术专业实践指导教师，成长为全国职业院校实践教学能手和湖南省高等学校骨干教师、湖南省在线精品开放课程主持人，主编的教材更是荣获全国优秀教材二等奖。希望同学们能够胸怀"国之大者"，自觉听从党和人民的召唤，践行"明德崇技、自强不息"的校训，在往后的日子能够立足岗位，热爱工作，攻坚克难，追求卓越，以青春之我建功新时代，做一朵奔涌的浪花，投身服务于第二个百年奋斗目标，以赤诚之心写下"我和我的祖国"的诗篇，以青春之名写好自己的奋斗之笔。

　　愿你们始终拥有平常心。凡是过往，皆为序章。过去3年，不论你们在学校期间获得了多少荣誉和成绩，或者是看似平庸，这都已经过去。今天，再走出校门，你们就换了一个身份，又会站在新的起跑线上。所以不要再纠结、再懊悔，而要坦然地迎接未来。人生路远，既会有晴空万里、阳光灿烂的日子，也会有乌云密布、阴雨绵绵的日子。通往成功的路途，也并非一马平川、风平浪静，可能有急流、有险滩、有泥泞、有崎岖。也许你们在今后的工作生活当中，要面对冷嘲热讽、责难挑剔、各种不理解和不体谅；也许你们在技术攻关时，一个个"拦路虎"会出现在面前；也许你们在向世界宣告和证明"我很优秀"的过程当中，慢慢地会意识到自己是一个普通的人、平凡的人……希望同学们能够有"世上无难事，只怕有心人"的勇敢，有"千磨万击还坚劲，任尔东西南北风"的坚忍，有"人间三千事，淡然一笑间"的洒脱，有"是非审之于己，毁誉听之于人"的清朗。淡泊名利、宁静致远，无论身处顺境还是逆境，都能拥有一颗自在安然的平常心，做一个拥有幸福能力的人，过好人生当中的每一天。

　　你们中的一员、网名"迁就你一生"的同学说：明明记得刚来学校，却转眼就要毕业离开。在这个即将离别的时刻，记得去看看华发早生的老师，去抱抱为我们操碎了心的辅导员，在以后的日子里，没有了他们的唠叨和提醒，愿大家依然自律、自省、自强。再到校园走走吧，这里承载过你们的欢声笑语，记录了你们的青葱岁月，今后离开的日子，它也在期待你们回家。

祝同学们前程似锦，未来可期，去拥抱属于你们的星辰大海！

（作者系湖南机电职业技术学院院长）

人生南北多歧路，天南海北自此分。感谢每一段遇合，成就了现在美好的自己。感谢每一次别离，让我们重整行囊再赴征程。愿你们保持热爱，奔赴山海。愿你们以梦为马，诗酒趁年华！

千里烟波天地阔
无问西东任君游

杨百梅

相逢人间六月天，云端聚首再话别。一年一度的毕业季如约而来，淄博职业学院 8326 名毕业生即将走出校园，以崭新的身份和姿态迎接下一段人生路程。

犹忆那些课堂上求知的热情、赛道上矫健的身姿、技能博弈时坚毅的眼神，仿若昨日，竟已匆匆尘封。你们的每一次坚持与进步、创新与突破都令我们动容，每一串从蹒跚到坚定的步伐都令我们欣喜不已。时光或许会隐去芜杂的碎片，但青春的勋章将更加熠熠生辉。立德楼会记得，一群群阳光少年在此立下过青春的誓言；听雨湖会记得，一颗颗赤子之心为梦想挥洒拼搏的汗水；小树林会记得，一双双求知的目光变得愈加沉静而又坚定。3 年非同寻常的大学生活，你们不仅见证了国家许多重要的历史时刻，投身疫情防控的全民战争，更是伴随学校迈入了"双高计划"和职教本科建设新时期。

临别之际，作为校长，我的内心有不舍和惦念、有期待和嘱托，也更想倾尽全力为你们拨开迷雾、看清前程。但原谅我也仅是一个生活的亲历者，虽欲为却力不能及。只是想起王国维先生所说的古之成大事者必经 3 种境界，以此相赠，也用之自勉。

要怀揣梦想，敢于独上高楼望尽天涯路。"志之所趋，无远弗届，穷山距海，不能限也"，人生海海，永远都不会是一世坦途，必然会有迷茫和孤独，会有失落和无助，但唯有心怀梦想和目标的人才是披坚执锐的勇者。正如鲁迅先生希望的那样，中国青年都要摆脱冷气，只是向上走，有一分热，发一分光，不必等候炬火。"躺平"和"佛系"从来都不该成为新时代青年的标签，哪怕是危楼高百尺，你们也要不惧艰险，勇于登攀。要胸怀"国之大者"，站在民族复兴和时代发展的高处去找寻自己的人生坐标。希望你们努力做一个眼有星辰大海、胸有丘壑万千、心有繁花似锦的孤勇者，把个人的志向同国家的命运紧密结合起来，把个人的追求同时代的使命紧密联系起来，在追求大我中坚守小我的航向。

要勇毅前行，即使为伊消得人憔悴亦不悔。"青春须早为，岂能长少年"，青年是社会中最有生气、最有闯劲、最少保守思想的群体，但青春的时光又如白驹过隙，倏忽而过。人生的路虽然很漫长，但最关键的地方往往就是青春年少时遇到的那几个路口，所以不要觉得自己还有大把的时光可以挥霍，有无尽的可能可以任性。同学们，"人生万事须自为，跬步江山即寥廓"，梦想和目标固然重要，但风雨兼程、一往无前的毅力和行动同样重要。希望你们努力做一个加速奔跑、绝不言弃的追梦人，常怀只争朝夕、时不我待的紧迫感，提升攻坚克难的勇气锐气，发扬拼搏的校训精神，精业笃行，在搏击风浪中锤炼意志、积累智慧、增长才干、施展才华，让青春无悔韶华不负。

要学会取舍，相信灯火阑珊处终有所得。在今年五四青年节上线的短片《趁青春，去舍得》中，我们看到了当下中国青年身上那股熊熊燃烧的光，感受到了他们睥睨一切俗事的傲气、颠扑一切陈规的心气。"向死而生"的尹烨，"全力而为"的张桂梅，以及"一往无前"的水庆霞，还有很多为时代、为他人、为社会倾尽全力的中国青年，他们在最美好的年华里舍去了普通人都很珍视的东西，比如利益，比如自由，比如家庭，却把平凡的人生演绎得无比精彩。只有舍弃那些与目标追求不相容的东西，你的世界才能风和日丽、晴空万里，你才有可能真正地领悟"舍得"的真谛。希望你们努力做一个心无旁骛、胸怀大爱、懂得取舍的新青年，正确地选择、辩证地看待得与失，舍得在提升自己、帮助他人、贡献社会上下功夫。相信在你拼尽全力又无愧于心的时候，回首望去，哪怕这一路曾经风雨萧瑟，竹杖芒鞋，也一定会收获也无风雨也无晴的喜悦和升华。

人生南北多歧路，天南海北自此分。感谢每一段遇合，成就了现在美好的自己。感谢每一次别离，让我们重整行囊再赴征程。愿你们保持热爱，奔赴山海。愿你们以梦为马，诗酒趁年华！老师们会在淄博职业学院等你们归来，母校的大门永远为你们敞开！

（作者系淄博职业学院院长）

> 一个人的志向和理想，本领和才干，勇气和担当，是下好人生这盘棋的"本手"。相信在机遇的加持下，同学们练好"本手"，未来"妙手"所到之处，一定会绽放最美理想之花！

志存高远　勇毅前行

喻友军

今天，同学们就要毕业了！这是属于你们每一位同学的毕业季，也是你们每一位同学终生难忘的美好时刻！作为校长，我向你们表示衷心的祝贺！

再过几个月，长沙职业技术学院即将迎来120周年隆重校庆。回望岁月，120年薪火相传、生生不息，120年风华英姿、硕果累累。此刻，同学们即将毕业，扬帆起航，挑战人生新的征程。你们是母校悉心孕育的一粒粒希望的种子，是书写无怨无悔青春的主角，是未来大国工匠的后备队，是美好时代的主力军。学校有你！未来有你！学校为你们感到骄傲和自豪！

窗间过马，急景流年，大学时光一晃而过，回首过去的3年，你们似乎成了疫情之下最"特殊"的一届学生。从入校到毕业，你们的大学生活附加了许多学姐学长们不曾体验的新项目：从居家隔离、线上教学到核酸检测、健康打卡、晨检午检……每一个看似普通的项目，都是筑牢师生平安的坚强护盾。诚然，疫情给你们的大学生活带来一些困难和挑战，但也折射出了同学们勇毅担当的个性品质。每一个核酸检测队伍中的志愿者、每一个在饭点默默执勤的"雷锋岗"，正是有你们每一个人的努力，我们才能在这场疫情防控阻击战中，取得阶段性胜利。感谢你们对学校疫情防控工作的配合与支持，你们用行动诠释了当代大学生强烈的社会责任感，证明了新时代的青年可堪大任。

3年的校园生活，除疫情带来的遗憾与失落外，更多的是成长和收获。你们当中，有345名同学光荣加入了中国共产党，有189名同学获国家奖学金、国家励志奖学金，有149名同学被授予省级"优秀毕业生"和"创新创业优秀毕业生"称号，有一大批同学顺利通过专升本考试，还有那些代表学校出征省赛、国赛获得喜人成绩的同学，你们用实际行动和优异成绩，向自己和学校交上了一份满意的答卷！那些看似被"耽误"的青春，也因努力和奋斗更加绚丽多彩。

伴随着同学们的成长成才，学校也在努力向特色高水平高校进军，标志性成果不断涌现。近年来，学校立项湖南省一流特色专业群3个，省级专业教学资源库3个，教育部1+X等级证书试点项目21个，省级现代学徒制试点项目2个，学校"有效"通过了省级教学质量诊改复核，获评湖南省高职院校"育人成效20强""教学资源20强"。这是全校师生共同努力的成果，也是我们的共同美好回忆。

追忆过去是为了更好地面对现在和未来。你们身处最好的时代，身在最伟大的中国。过去3年，你们见证了中华人民共和国成立70周年、中国共产党成立100周年、中国共产主义青年团成立100周年的伟大历史时刻；亲历了"两个一百年"奋斗目标的历史交汇；感受了中国脱贫攻坚，取得全面胜利的伟大奇迹；目睹了神舟十三、十四成功飞天，中国运动健儿在东京奥运会和北京冬奥会上为国争光的激情时刻……同学们，所有荣耀皆为过往，行路将至，千帆竞发，在离别之际，我还有几句话想要嘱托：

未来已来，希望你们擦亮底色、志存高远。

人生底色奠定人生格局。当今世界正处于百年未有之大变局，新冠肺炎疫情加剧了大变局之"变"，世界进入新的动荡变革期，不确定性不稳定性因素日益增加。面对错综复杂的外部环境，初入社会的你们，难免会感到不安和焦虑。怎样才能在这个唯变不变的时代不忘出发时的初心，保持不随物流、不为境转的定力？

答案就是，怀揣理想，自强不息，坚守人生底色。同学们要把理想信念融入党和国家事业之中去，把个人的"小我"融入祖国的大我之中去，把干事创业的青春热血，洒向这个一切皆有可能的伟大时代中去，不驰于空想，不骛于虚声，仰望星空，脚踏实地，与时代同行，与祖国同步！唯有这样，才能化危为机、乘势而为，才能于时代的变化中屹立不倒，才能勇敢战胜前进道路上的一切困难。

未来已来，希望你们磨炼自我、锤炼本领。

时间之河川流不息，每一代青年都有自己的际遇和机缘，都要在自己所处的时代条件下谋划人生、创造历史。当今时代，科技创新为整个人类社会带来了颠覆性变革，"元宇宙""引力波""人工智能""万物互联"……这些不断涌现的新词汇，开启了新世界的大门，这些新思想、新事物、新形势也在重塑技能型社会。今年5月1日起正式施行的新版职业教育法，首次明确了职业教育是一种与普通教育具有同等重要地位的教育类型，从根本上打破了长久以来职业教育"低人一等"的偏见，是职业教育发展史上的一个重要里程碑。

这是一个劳动光荣、技能宝贵、创造伟大的时代，技能人才是推动产业转型升级、经济发展迈进中高端的主力军。要想成就一番事业，就必须提升与时代同行的能力本领，树立终身学习的理念。在今后的工作、生活中，你们要勤于学习、敏于求知；要苦练本领、增长才干；要在干中学、在学中干，弘扬工匠精神，发挥个人聪明才智，要坚信拥有一技之长才是真正的铁饭碗。少知则迷、少思则怠，希望你们坚持"学向勤中得，萤窗万卷书"，笃学实干，练就一身本领！

未来已来，希望你们勇毅前行、担当作为。

奋斗是青春最亮丽的底色，习近平总书记在庆祝中国共产主义青年团成立100周年大会上，勉励青年人："青春孕育无限希望，青年创造美好明天……新时代的中国青年，生逢其时、重任在肩，施展才干的舞台无比广阔，实现梦想的前景无比光明。"一个时代有一个时代的主题，一代人有一代人的使命。我们所处的新时代，既是近代以来中华民族发展的最好时代，也是实现中华民族伟大复兴的关键时代。从"请党放心，强国有我"的青春誓言，到"清澈的爱，只为中国"的深情告白，都让我们看到了当代青年的勇气和担当。

正青春的你们，要珍惜当下、抓住现在，要认真对待自己的第一份工作，保持努力、虚心的态度，讲责任、勤奉献，懂得感恩成长路上为你指明方向、负重前行的人；要能吃苦、肯奋斗，去艰苦地方、基层一线磨砺成长；要以梦为马、勇于突破，不断开辟新领域、建立新功业，在矢志报国和服务人民中书写绚烂无悔的青春华章！行而不辍，履践致远，希望你们胸有凌云志，敢为天下先，努力奔跑，不负韶华。

一个人的志向和理想，本领和才干，勇气和担当，是下好人生这盘棋的"本手"。相信在机遇的加持下，同学们练好"本手"，未来"妙手"所到之处，一定会绽放最美理想之花！

再见，同学们！你们即将背上行囊，奔赴星辰大海！山迢路远，望你们不负梦想、一往无前！祝你们前程似锦，乘风破浪！

（作者系长沙职业技术学院院长）

今天，我希望同学们带着3样东西离开：左手青春，右手梦想和心中的热爱。相信你们一定能够在人生最美好的年华，振垂天之云翼，开万里之鹏程！

怀红船初心奔赴山海
立青衿之志逐梦浪潮

方俊良

几年磨一剑，弹指一挥间。今天，我们在此欢聚一堂，隆重举行2022届学生毕业典礼，共同见证3724名嘉兴职业技术学院学子圆满完成学业，开启人生新的篇章。

有人说，青春是一首回味无穷的歌，时而悠扬、时而激昂，既有欢快，也偶有惆怅。送别你们就像青春的骊歌，旋律婉转煽情，勾起太多的回忆和不舍。3年来，我们一起见证了党和国家许多具有里程碑意义的大事件——中华人民共和国成立70周年、中国共产党百年华诞和中国共产主义青年团建团百年、中华大地全面建成小康社会，我们感受到民族复兴的荣光和飞扬自信的青春一道焕发出勃勃生机；我们一起见证了全国职业教育大会强调"职业教育与普通教育是两种不同的教育类型，具有同等重要地位"，新修订的《中华人民共和国职业教育法》为推进现代职业教育高质量发展提供了法律保障，技能人才迎来了前途广阔、大有可为的发展新天地；我们一起见证了学校办学70周年庆典，悠悠七秩、风华赓续，嘉宾云集、英彦蔚起，凭借70余年办学的深厚积淀，学校乘势而上、追梦奔跑，"双高"创建实力蝶变，办学水平跃居第一梯队，高品质校园日新月异，社会美誉度、影响力不断攀升，走出了一条与地方经济社会高质量发展同频共振、深度融合的新路子；我们一起见证了抗击新冠肺炎疫情的全民战"疫"，家国一体、同舟共济，两年多来的世纪疫情虽然冲击了我们原本平静的校园生活，却也以一种特殊的方式将我们紧紧凝聚在一起……

天涯转角，缘聚校园。我们在最美好的时光相遇，从此，"嘉职人"就是大家人生旅途中的一个生动注脚。作为学校的一员，我和你们都是"同龄人"。2019年9月，我来到嘉兴职业技术学院工作，而你们正是我来校工作后报到的第一届学生。三年前的不约而同，让我们走进彼此的人生，一起分享这段最美好的时光。为你们上的开学第一课"初心"还记忆深刻，与大家在图书馆的座谈交流、在寝室里的闲话家常、在明德餐厅的集体生日也都历历在目。与你们一同成长的日子，将永远镌刻在校园的每个角落。今天，看到你们一个个茁壮成长，洋溢着自信的笑容，成就了属于自己的闪耀，我真的备感高兴、由衷自豪。2022届也是首批高职扩招班学生的毕业季。3年前，152名同学赶上了职业教育的好时代，得以圆梦大学。如今，已经有超过2/3的同学实现了岗位晋升和高质量再就业。你们都是命运的强者，我衷心地祝贺你们迎来破茧成蝶、华丽蜕变。

星光不负赶路人，江河眷顾奋楫者。3年来，同学们勤于学、善于思、敏于行，涌现出许多优秀典型、青年榜样。互联网学院的麻盛枫同学，在校期间连续两年闯入全国职业技能大赛并取得佳绩，2021年荣获"电子芯片产品级检测维修与数据恢复"赛项全国一等奖的优异成绩。文化与旅游学院的宋志超、王静雯、汪宇鹏、徐情芬同学，在第十一届全国大学生红色旅游创意策划大赛中，凭借扎实的专业素养和出色的设计理念荣获一等奖；现代商贸学院的金思远同学在全国跨境电子商务技能竞赛和全国跨境电商创新创业能力大赛中荣获两项二等奖；现代农业学院（城市建设学院）的楼一喆同学在浙江省第八届大学生中华经典诵读竞赛中，展现红船学子的浓厚文化底蕴，荣获一等奖；时尚设计学院的潘开心同学，在两届全国职业院校学生服装制版与工艺技能大赛中荣获二等奖；航空与轨道学院、智能制造学院的青年先锋突击队，在 2021 年寒假期间，响应号召，留"嘉"过年，发挥自身专业特长，为助力我市企业复工复产，彰显硬核担当；还有毛梦盼、缪翔鸿、韩一峰、腾万吉等同学，代表学校参加浙江省卡尔·马克思杯大学生理论知识竞赛，力压全场选手，以第一名的成绩荣获高职组一等奖。此外，在 2022 届毕业生中，有 11 人获得国家奖学金、203 人获得国家励志奖学金、117 人获得省政府奖学金，836 人获得校"三好学生""优秀学生干部""劳动实践标兵"等荣誉称号，112 人获评省优秀毕业生，较去年增加 22 人，261 人获评校优秀毕业生，较去年增加 51 人。截至目前，已经有 42 人走上了创业之路，505 人取得升学深造资格。你们用自己的努力取得了令人瞩目的荣誉和成绩，描绘了新时代红船青年应有的模样。

青春没有完美，遗憾正是常态。因为疫情，大家的在校时间大半都处于封闭状态。青春有几许，疫情占三年，纵然经历春暖花开，却没有机会面朝大海。这些都成为青春的遗憾。有的同学戏称"嘉兴职业技术学院是一所你来了就不让你走的学校"。"不让你走"的背后是无奈，是负责，更是担当，蕴藏的是全校教职员工的夙兴夜寐、辛勤付出；是辅导员老师日复一日的下寝走访、深夜送医；是班主任无微不至的谈心谈话、安抚疏导；是任课老师牺牲节假日的准备网课、兢兢业业；是广大后勤保障人员的开足马力、加班加点。这一切的努力和付出都是为了同学们能够专心学业、平安健康。

今天，离别的日子就在眼前，外面的世界很精彩，但母校的一人一物、一草一木都将与你们作别。在座的同学们，最后一次再去看一看母校的校园吧，看看明德大道的余晖，那里布满了旧日的足迹；看看"和和美美"的黑天鹅，曾带给我们许多欢声笑语；再去品尝一下母校食堂的饭菜，以后再高端的美食也吃不出记忆中的回味了；还有教室的座位、寝室的门牌、图书馆的书籍、报告厅的舞台、实训室的设备、田径场的草坪……这些都将永远地留在你们的青春岁月里，成为对大学生涯的恒久记忆。可惜的是，今天的毕业典礼，大多数同学仍只能在线上参加。你们可能还没有来得及好好地拥抱告别，甚至没有与想见的同学和老师拍一套满意的毕业照。为此，我代表学校承诺,没有现场参加毕业典礼的2022届嘉职毕业生可以在今后的任意一年,回母校参加毕业典礼,母校永远欢迎你们"回嘉"!

"人生万事须自为,跬步江山即寥廓。"推开学校的大门,步入缤纷的社会,希望你们像优秀的学长学姐一样,怀红船初心奔赴山海,立青衿之志逐梦浪潮。学校办学70余年来,培养了数以万计的优秀技能人才,其中不乏精益求精的红船工匠、尚德笃行的业界精英、实业报国的创业先锋。例如,2003届应用生物技术专业校友王娟,现任嘉兴碧云花园有限公司党支部书记、副总经理。在她和同事的共同努力下,碧云花园被评为国家AAAA级旅游景区、全国农业旅游示范基地、全国科普教育基地、全国十佳农庄。杭州小伙、2007届校友郑卓炜,带着对母校与嘉兴的深厚情感,选择了在嘉兴工作、创业和成家。现在,他的两家公司年产值都在6000万元以上,他却说这还是"小学阶段",他想把公司做到"大学",在不断成就自己的同时,也为社会贡献更多力量。2016届服装与服饰设计专业校友吴杰,他创办了嘉兴三素服装设计有限公司。4年来,他与公司一起快速成长,年营业额近700万元。他说:"我一直在为梦想制造翅膀,希望有一天能展翅高飞……"他们凭着自己的努力,踏着时代的浪潮,走出了一条技能成才、技能报国的康庄大道。他们是母校的骄傲,也是最生动的"金名片"。希望在不久的将来,母校也能以你们为傲,期待你们通过自身的成长不断擦亮"嘉职学子"这张"金名片"。

"浮云一别后,流水十年间。"在今天的最后一课上,作为你们的师长和校友,我还想再叮嘱几句,向大家提3点希望:

第一,希望你们以远大理想引领人生航向,投身奔涌的时代浪潮,淬炼初心的精度。青年兴则国家兴,青年强则国家强,青年有远大理想、坚定信念,一个国家、一个民族才能有无坚不摧的前进动力。当每一份青春的力量,都向着民族复兴的梦想汇流之时,就必将成为推动历史的磅礴力量。一要牢记殷殷嘱托。习近平总书记指出:"千百年来,青春的力量,青春的涌动,青春的创造,始终是推动中华民族勇毅前行、屹立于世界民族之林的磅礴力量!"每一代青年都有自己的际遇和机缘,同学们正值青春年少,必须肩负起时代赋予的使命,牢记总书记的殷殷嘱托,以奋斗之姿释放激情、追逐理想、以青春之我，闪耀信仰之光。二要立足复兴大局。100多年前的南湖红船上，一群青年先锋以磅礴之力鼓动了中国人民和中华民族实现民族复兴的志向和信心。百余年来，中国先进青年满怀对祖国和人民的赤子之心，接续奋斗、凯歌前行。今天，作为红船旁的学子，必将接过民族复兴大任关键一程的"接力棒"。希望你们，时刻心怀"国之大者"，努力争当"大国工匠"，把个人的成长和国家民族的前途命运紧紧联系在一起，以青春之我、奋斗之我，为国家富强"添砖加瓦"、为民族复兴"铺路架桥"。三要逐梦新的征程。同学们即将走出大学的象牙塔，走上各自的岗位，今后的路需要你们自己一步一个脚印地去走。党和国家对技能人才的重视前所未有，"人人皆可成才"的良好奋斗环境正日益形成，但"人人尽展其才"的美好前景需要靠你们自己的双手。只有"一粒一粒地种"，才有"满仓满屋地收"。温室里长不出参天大树，懈怠者干不成宏图伟业。在勤于圆梦的百年征途上，唯有做到"努力到无能为力"，才能向时代、向人民、向自己交出最问心无愧的答卷。

　　第二，希望你们以自强不息照鉴奋进之路，面向崭新的广阔舞台，打磨匠心的厚度。当前，百年变局叠加世纪疫情，新一轮科技革命与产业变革方兴未艾，新业态、新岗位、新技术不断涌现。作为一名初出茅庐的职场"新兵"，要以自身发展的确定性去应对不确定的外部环境，持之以恒、厚积薄发，以匠心致初心。匠心始于一丝不苟、精益求精的专注。要有"偏毫厘不敢安"的一丝不苟，要有"干一行钻一行"的精益求精，把每件事都做到极致，用极致演绎精品。"天下大事，必作于细。"大国工匠顾秋亮，人称"顾两丝"。43年来，他埋头苦干、踏实钻研、挑战极限，"蛟龙号"是中国首个大深度载人潜水器，有十几万个零部件，组装起来最大的难度就是密封性，精密度要求达到了"丝"级，而能实现这个组装精密度的只有钳工顾秋亮。他以大国工匠的专注，赢得了潜航员托付生命的信任，也见证了中国从海洋大国向海洋强国的迈进。匠心长于革故鼎新、固本开新的探索。工匠之所以为"匠"，在于他能赋予手中每个产品生命和活力，在于他的卓越追求。"七一勋章"获得者、坚守焊工岗位50多年的艾爱国，集丰厚的理论素养和操作技能于一身，半个多世纪以来，为我国冶金、军工、矿山等行业攻克焊接技术难关

400多个，改进工艺120多项，先后获得全国职工自学成才奖、中华技能大奖、全国五一劳动奖章。"千万锤成一器"，在每一次敲打中革固，在每一次锤击中开新，是每位匠人大胆探索、寻求突破、追求卓越的最好诠释。匠心终于"精诚所至，金石为开"的执着。一生一技，一技一生。对我们所从事的事业要有"择一事终一生"的执着，心无杂念、一以贯之。要耐得住寂寞，受得住诱惑，克服得了困难，数十年如一日，怀着至诚的态度，周而复始地付出与坚持。大国工匠高凤林被誉为火箭"心脏"焊接人，35年来，他为我国40%的运载火箭焊接过心脏——发动机喷管焊接。有的实验，需要在高温下持续操作，焊件表面温度达几百摄氏度，双手被烤得鼓起一串串水泡仍咬牙坚持。因为技艺高超，曾有人开出"高薪加两套北京住房"的诱人条件聘请他，他却说，我们的成果打入太空，这种民族认可的满足感用金钱买不到。他用35年的坚守，助力中国航天不断向深空探索，诠释了一个航天匠人对理想信念的执着追求。

第三，希望你们以赤子之心点亮星辰大海，无惧前方的风霜雨雪，永葆少年的温度。

经此一别，你们褪去稚气，打包行囊，去奔赴各自的星辰大海。生活的种种不如意也许扑面而来，社会是个大熔炉，不历经千锤百炼，怎能淬火成钢？希望你们始终保有青春的朝气，走出半生、历尽千帆，归来仍是少年。一要学会认识自己，校准"行"的方向。尼采曾说："离每个人最远的，就是他自己。"我们也常说"人贵有自知之明"。面对未来生活的挑战，我们首先要好好认识的人，是自己。知己者明，活得明白的人，往往会在经历中了解自己的优势和不足，从而选择更加正确的发展方向。只有不断地认识自己、审视自己，我们的内心才会变得更加淡定充盈，从容自在地应对未知的挑战。二要善于欣赏自己，鼓足"闯"的自信。国学大师季羡林曾说"百分之百完满的人生是没有的，不完满才是人生"。修好了欣赏自己的这门课，才能真正接纳自己。人生在世，最怕的就是把别人的眼光当成自己生活的唯一标准。到最后，既没有活成别人喜欢的样子，也没有活成自己想要的样子。我们只有接纳真实的自己，学会欣赏自己，热爱自己，偶尔"凡尔赛"一下，做到不卑不亢、不骄不躁，才会认识到自己的价值所在，才会真正热爱生活、热爱所从事的事业，从而活出自己的精彩，活成一道照亮他人的光。三要勇于超越自己，铆足"干"的劲头。电影《超越》中有句台词这样说道："你知道百米赛跑最美妙的是什么吗？是枪响后，这世界只剩你和终点。"真正的成长，正是不断优于过去的自己。生活中处处有竞争，我们总是奋力争先、不甘落后，但很多时候，我们的对手并不是别人，而是自己。人的一生，最大的敌人不在外面，而在于我们自己的内心。一个真正的强者，是能够战胜自己的弱点的人。留在原地做"卷心菜""小趴菜"很容易，但只有坚持突破自我，才会饱览登顶后的风景；只有敢于突破所谓的"天花板"，才能完成最华丽的转身。

全体2022届同学，确认过眼神，你们都是合格的毕业生！今天，我希望同学们带着3样东西离开：左手青春，右手梦想和心中的热爱。相信你们一定能够在人生最美好的年华，振垂天之云翼，开万里之鹏程！

再见了，亲爱的同学们！

（作者系嘉兴职业技术学院党委书记）

> 同学们要立志报效祖国、服务人民，养大德者方可成大业。作为新时代的有志青年，你们要锤炼品德修为，自觉用中华传统文化陶冶情操，用革命文化气质润心，用社会主义先进文化培根铸魂，让人生道路走得更正、走得更远。

坚定信仰　立志明德

范勇毅

"晴日暖风生麦气，绿阴幽草胜花时。"6月的校园格外生机盎然，恰似你们正茂的风华。今天，是一个值得铭记的日子，我们采用现场和云端相结合的方式，在新校区举办2022届毕业生毕业典礼，共同见证同学们圆满完成学业、迈向崭新的人生。

春生夏长，秋收冬藏，你们这届毕业生注定是不平凡的一届。成长在国家百年奋斗目标的历史交汇期，你们见证了建党百年、建团百年的重要历史时刻，参与了打赢脱贫攻坚战、胜利实现第一个百年奋斗目标的壮举，恰逢新《中华人民共和国职业教育法》贯彻落实；你们始终与"抗疫"相伴，一直在用自己的方式证明青春的智慧与力量。在你们当中，有刚刚通过专升本考试的优秀学子，有在工作岗位不畏艰难完成学业的扩招生，有与知名企业签约的职场新秀，有积极投身乡村振兴工作的建设者，有经验丰富的志愿者，有在各类大赛中崭露头角的参与者等，是你们每一个人的努力，让兴安职业技术学院变得更加美好，学校为你们骄傲，为你们自豪！

回首往昔，你们坚守初心、砥砺前行，把最美好的青春年华留在了兴安职业技术学院，用行动诠释了"勤勉励志、求索笃行"的校训精神。同时，你们也见证了学校的不断发展与壮大，见证了学校在全区"十四五"规划第一批创建本科院校计划里 C 位出道，见证了新校区正式搬迁并投入使用，见证了学校科研项目院士工作站签约落地转化，见证了学校教育教学改革不断取得新成果……当然，学校的发展还不够完美，新的图书馆还没有借到书，食堂的饭菜还难以满足你们多样的需求，选课系统有时也会挤到怀疑人生。但正是这些不完美，不断推动学校更加完善，我们有理由相信，学校的明天一定会更加美好！

作为院长，作为老师，作为你们的朋友，我将习近平总书记的 3 则殷切嘱托，在此分享，与君共勉。

一要坚定信仰。习近平总书记在会见第四届全国文明城市、文明村镇、文明单位和未成年人思想道德建设工作先进代表时强调，"人民有信仰，民族有希望，国家有力量"。读懂了信仰，便读懂了我党百年历经血与火的洗礼、直面生与死的考验，在民族解放和复兴的历史进程中写下不朽传奇的秘诀。教育的根本任务是立德树人，同学们作为建设者和接班人，要始终心怀"国之大者"，坚定"四个自信"，坚持以祖国和人民需要为己任，以奉献祖国和人民为宗旨，把自己的理想与民族的复兴结合在一起，将小我融入祖国大我，将个人梦融入中国梦，融入一言一行、一举一动，融入每一次选择与每一份坚守，在青春的赛道上留下无悔的足迹。

二要立志明德。习近平总书记在清华大学考察时强调，"广大青年要肩负历史使命，坚定前进信心，立大志、明大德、成大才、担大任，努力成为堪当民族复兴重任的时代新人，让青春在为祖国、为民族、为人民、为人类的不懈奋斗中绽放绚丽之花"。同学们要立志报效祖国、服务人民，养大德者方可成大业。作为新时代的有志青年，你们要锤炼品德修为，自觉用中华传统文化陶冶情操，用革命文化气质润心，用社会主义先进文化培根铸魂，让人生道路走得更正、走得更远。

三要砥砺奋斗。习近平总书记在中国人民大学考察调研时强调："希望全国广大青年牢记党的教诲，立志民族复兴，不负韶华，不负时代，不负人民，在青春的赛道上奋力奔跑，争取跑出当代青年的最好成绩！"当我看到，个别同学吃着送货上门的外卖，喝着"秋天的奶茶"，刷着网络直播，沉迷于"召唤师峡谷"和"皮卡多战场"，在压力面前选择逃避，在困难面前选择"躺平"的时候，我想告诉你，现实不一定如你所愿，要有承受挫折和遭受冷遇的心理准备，但更要仰望星空、脚踏实地、以梦为马、不负韶华，跑过迷茫的"弯道期"，跑出奋进的"加速度"，跑向信仰的"终点站"。

此时此刻，千言万语也难以表达母校对你们的不舍，但再不唠叨，就真的离别了。同学们，千万要记得更换网购的收货地址，乌察路160号与你的深情已永远定格此刻；千万要记得早点休息，毕业之后虽然没有熄灯后的聊天，但万家灯火终有属于你的一盏；千万要记得好好吃饭，打工人的日子，已经没有食堂的一日三餐。

我们总说毕业遥遥无期，可转眼就要各奔东西，你们永远是兴安职业技术学院的主人，母校永远牵挂你们，永远祝福你们：来日可待，未来可期，前程似锦，一路生花！

（作者系兴安职业技术学院院长）

没有什么可以阻挡，你追星赶月的脚步，正如篱笆阻挡不了攀爬的牵牛花，山川阻挡不了奔流的江河，风雨阻挡不了展翅的雄鹰。长空万里，好风正劲，祝各位同学怀揣理想，奔赴自己的星辰大海！

心怀家国　担当作为

马伯夷

今天，我们相聚云端，在线上隆重举办北京交通运输职业学院 2022 届学生毕业典礼，共同见证各位同学学业有成，开启人生新的奋斗征程。

因为疫情防控，你们无法亲历毕业现场，但这隔断不了母校对你们的祝福和牵挂，更带不走我们共同写就的"北交院记忆"。母校记载着你们的酸甜苦辣，你们也见证着母校的初心使命！让我们共同为这珍贵的、可爱的、难忘的，更是奋进的、成长的年华喝彩、点赞！

一、忆往昔：峥嵘岁月，砥砺同心

有人说，2022 届毕业生是艰难的一届，是不凡的一届。这 3 年，是新冠肺炎疫情肆虐、国际格局发生深刻调整与变革的 3 年，这是世界之变、时代之变、历史之变；这 3 年，也是中国恰逢中华人民共和国成立 70 周年、小康社会全面建成、中国共产党建党 100 周年的 3 年，这是大事之年、喜事之年、政治之年；这 3 年，还是我们学校先后被评为国家"双高"职业学院、北京特色职业高水平院校，同时成功验收北京市职业教育"一校一品"德育品牌的 3 年，这是新起点、新征程、新成就；这 3 年，更是我校学子将小我融入大我，与党和国家同向同行，踔厉奋进的3年。

2019年，我们不会忘记。在庆祝中华人民共和国成立70周年的隆重纪念活动中，活跃着我校502名师生志愿者的身影，我们将奉献、友爱、互助、进步的志愿精神践行到中华民族的精神传承中，也将自己努力拼搏、不懈奋斗的身影镌刻到共和国的历史记忆里。同样是2019年，在学校庆祝中华人民共和国成立70周年总结表彰大会上，留下了我们夙兴夜寐、团结协作的样子，它是我们为自己的青春加油的样子，也是我们为北京交通运输职业学院共同奋斗的最美模样。

2020年，我们不会忘记。在严峻的抗疫斗争中，无数医务人员舍生忘死，抢救病人；各科专家夜以继日，探索钻研。90后年青的一代，在自己的工作领域，挑起重任，逆行而上。在这群最勇敢的人当中，母校看到了你们的身影。汽车学院2017级保时捷1501班的侯智勇，作为学院红十字会学生分会会长，积极投身到首都疫情防控工作中，穿上厚厚的防护服，参与消杀工作，3次挽起衣袖无偿献血，下沉社区值岗服务，竭尽所能，为社会做出自己的一份贡献。他先后被推选为北京市志愿服务联合会五星级志愿者、北京市红十字会高校工作委员会优秀会员。岁月因青春慨然以赴而更加静好，世间因你们挺身向前而更加瑰丽。同样是2020年，在我校申报北京市"一校一品"德育品牌建设过程中，师生齐心协作，共同为"北交院 志愿蓝"德育金名片贡献力量，最终以初评、复评均第一的身份成功申报，也是我们为学校共同奋斗的最美的样子。

2021年，我们不会忘记。在中国共产党成立100周年的重大活动中，学院398名师生作为一线亲历者见证了共和国最耀眼的辉煌时刻，作为活动志愿者成就了生命历程中最精彩的人生篇章，这是母校之幸，更是青年人之幸，我们不负重托、不辱使命、全心全意、全力以赴，这其中也涌现出了许多优秀代表：张晓翀，2019级城市轨道交通学院2302班学生，多次被评选为优秀共青团员、三好学生和优秀在校退役大学生士兵等，并且荣获了国家励志奖学金，积极参与建党百年志愿服务保障，担任学生核心骨干，在天安门广场核心区圆满完成服务任务，作为职业院校优秀学生代表也是学院唯一代表，受到习近平总书记等党和国家领导人在人民大会堂的亲切接见，为校争光。

这几年，我们都不会忘记，你们的专业知识和技能水平突飞猛进，你们变得更加开朗、自信："志愿蓝""毛主席纪念堂志愿服务项目"展现了你们作为新时代大学生乐于奉献的形象；国际青年创新创业技能大赛，"挑战杯"首都大学生课外学术科技作品竞赛"红色实践专项赛"，中国国际"互联网+"大学生创新创业大赛等赛事检验了学院立德树人的丰硕成果，参与首都交通建设、交通强国建设等社会实践则更加明晰了母校办学的使命和责任。

回望历史问初心，千秋伟业谁扛鼎？壮志豪情应犹在，逐梦不止方年轻。

二、看今朝：千帆竞发，百舸争流

你们处在我国历史上发展最好的时期。政治安全、社会安定、人民安宁。但你们又是面临挑战的一代，处在"两个一百年"历史交汇期，全球疫情与大国博弈叠加，经济全球化遭遇逆流和地缘政治格局变革影响融合，数字化智能化驱动的产业革命汹涌而来，旧技术、旧产业、旧岗位转型升级与新技术、新职业、新岗位持续涌现交相辉映，我们的未来发展面临着诸多的不确定性。但我们同样又是觉醒的一代，始终坚定不移听党话、跟党走，不抱幻想、敢于斗争，为祖国富强、民族振兴而勇担使命、勇挑重担，为产业兴旺、人民富裕踔厉奋发、砥砺奋进。

你们身处伟大的时代。2022年北京冬奥会、冬残奥会成功举办，我校38名师生服务于北京冬奥会、冬残奥会，还有25名冬奥城市志愿者，见证了北京冬奥的精彩，为祖国、为人民、为学校赢得了荣誉，一片片洁白的雪花参与了、付出了、奉献了、收获了，也成长了。2022年是中国共产主义青年团成立100周年，100年来，共青团始终牢记坚定不移跟党走、为党和人民事业不懈奋斗的初心和使命，谱写了一曲曲与人民同命运、与祖国共奋进的青春之歌。"清澈的爱，只为中国"，这是年轻边防战士在皑皑雪山立下的铿锵誓言；"我们的征途是星辰大海"，这是年轻航天人探索宇宙抒发的豪情壮志；"请党放心，强国有我"，这是年轻学子发自心底的庄严承诺，也是当代青年自信自强的主流群像。

你们都在用自己的方式迎接挑战。面对困难不娇气，大是大非未含糊，关键时刻没"躺平"，两年多来我们共同搏击新冠肺炎疫情已充分证明了这点。

虽然在校期间经历了长时间的居家学习、云端研讨、线上交流，但同学们没有忘记初心，无论是在专业学习、社会实践中，还是在科技创新、竞赛大赛中，都能屡创佳绩。不少同学未毕业就已实现高质量就业，为自己的社会旅程开了个好头。城市轨道交通学院的黎明同学，思想积极进步，被党组织吸纳为中共预备党员，专业技能过硬，入围第十三届全国交通运输行业城市轨道交通列车司机（学生组）职业技能大赛国赛，在学院的积淀，使他顺利进入中国铁路北京局集团公司实习工作。像这样优秀的同学还有很多，你们用实际行动在平凡的岗位上勇于奉献，在急难险重的任务中勇毅前进，在创新创业中勇站排头，书写了不负韶华、不负时代、不负人民的青春赞歌。

三、展未来：任重道远，奋斗强国

一代人有一代人的使命。党的二十大即将召开，我们生逢其时，更是重任在肩。母校60多年来的职教传承、匠心筑梦，无论何时何地，始终以小我融入大我，将青春奉献给党、奉献给人民、奉献给祖国，熔铸成"理念、责任、合作、创新"的校训，踏上了修德、明辨、笃学、强技的成才之道，这就是北京交通运输职业学院学子血液中的基因传承。今后无论是顺程坦途，还是遇到荆棘坎坷，抑或身处困境，希望大家都不要丢掉这种精神和品格，任何时候都要走正路、行大道、踏实做事、清白做人。在你们即将扬帆远航之际，我由衷地祝福你们，愿为你们拨穗送别，送上3句赠言以做离校期望：

第一句，希望大家要理想不要彷徨，做一个有家国情怀的人。去年，大家都被一部主旋律电视剧《觉醒年代》所圈粉。有段剧情让人印象深刻：当青年毛泽东怀抱《青年杂志》在雨中奔跑出场时——"那个再造华夏的人来了""民族的希望来了""伟大领袖""超级英雄""劳苦人民的大救星""东方红太阳升"等弹幕满屏。此剧还带火了《毛泽东选集》《鲁迅全集》、印有《新青年》封面的T恤等一众产品。很多青年开始意识到，政治课上觉得十分遥远缥缈的东西，原来100多年前真的被一群人当作毕生理想去奋斗、去实践、去追寻、去牺牲。前程似锦，这个前程是我们每个人的，更是我们国家、民族的。希望你们胸怀大志，以"国家兴亡，匹夫有责"的情怀，自觉将个人理想融入国家富强、民族振兴、人民幸福的历史洪流中，勇挑报效祖国的重担，成为有使命感的人。

第二句，希望大家要自省不要自大，做一个有德行修养的人。面对复杂的世界大变局，要明辨是非、恪守正道，不人云亦云、盲目跟风。面对外部诱惑，要保持定力、严守规矩，用勤劳的双手和诚实的劳动创造美好生活，拒绝投机取巧、远离自作聪明。面对美好岁月，要有饮水思源、懂得回报的感恩之心，感恩党和国家，感恩社会和人民。面对成败得失，要学会摆正心态，积极面对，使顺境逆境都成为自己人生道路上的财富。同时，还希望大家能够注重个人身体锻炼，尤其在当前疫情防控期间，要养成健康、自律的生活方式，在体育锻炼中增强体质，锤炼意志，这样才能为将来健康工作、幸福生活打下坚实基础。

第三句，希望大家要奋斗不要"躺平"，做一个有担当作为的人。生命的意义在于奋斗不息，生活的精彩在于前行不止。从今天开始，同学们就要背起行囊、奔赴前程。在未来岁月里，面对家长亲朋的期待，我们要砥砺前行；面对新技术、新规则，我们要学习拥抱并运用；面对职场的重任、生活的重负，我们要坦然面对、迎难而上；面对关键领域的技术霸凌和"卡脖子"，我们要甘做默默无闻的"前行者"、脚踏实地的"奋斗者"。在此，我希望大家牢固树立技能成才的信心和技能报国的决心，练就真本领，掌握硬技术，在百舸争流、千帆竞发中勇立潮头，在报效祖国、服务人民中有所作为，在建设交通强国、立足岗位工作中实现价值，展现风采。

没有什么可以阻挡，你追星赶月的脚步，正如篱笆阻挡不了攀爬的牵牛花，山川阻挡不了奔流的江河，风雨阻挡不了展翅的雄鹰。长空万里，好风正劲，祝各位同学怀揣理想，奔赴自己的星辰大海！

（作者系北京交通运输职业学院院长）

> 未来的岁月里，我希望你们无论处于哪一个岗位，在干什么样的工作，都能做到知责于心、担责于身、尽责于行，用责任谱写人生的华丽壮美！

用责任点亮前行的路

侯长林

缤纷六月，万物繁茂。一年一度的毕业季再次如约而至。因为疫情的影响，2020届和2021届的毕业典礼和学位证书的颁发分别采用了不同、非常规的方式进行，虽然学校尽到了最大努力，但肯定给这两届同学留下了遗憾。在此，我作为校长向这两届毕业生表示深深的歉意！

今年，经过科学研判并做了充分准备，学校毅然决定用更具仪式感的线下毕业典礼，让同学们与青春做一场大学生涯应有的告别，也为即将奔赴更大舞台的最年轻的校友们折柳壮行。

4年前，在你们满怀憧憬进入铜仁学院时，我和大家交流过两个问题：大学是什么？怎样度过大学时光？突如其来的新冠肺炎疫情改变了我们习以为常的大学教育，也让同学们的大学时光多了一些波澜和曲折。但令我骄傲和自豪的是：几年来，面对疫情叠加的压力，你们秉承青春的责任，在教学楼里孜孜不倦、在图书馆里潜心研读、在实验室里求真探索、在社会服务里跌扑滚爬，用最美的年华生动诠释了大学的理想，让铜仁学院"苦心励志·追求卓越"的大学精神更加熠熠生辉！你们当中，有43名同学获得了"贵州省优秀大学毕业生"荣誉称号、318名同学在"挑战杯""互联网+"等学科竞赛中取得了佳绩、115名同学成功考取了硕士研究生、水产养殖学专业毕业班成为又一个"学霸班"。当然，在你们收获成长的这些年，学校发展也取得了可圈可点的成绩，成功新增为硕士学位授予单位，并同时获得了马克思主义理论一级学科和材料与化工、农业硕士3个硕士学位授权点，实现了从本科教育向研究生教育的精彩蝶变，让大学的责任如温文尔雅的锦江在黔东大地奔流不息！

大学时光镌刻了你们独有的青春记忆，如果岁月有年轮，我相信这段时光里所刻录的故事是深刻而难忘的。这段日子，在校园门口、图书馆前、明德湖畔、中和大道，到处都可以看到同学们在拍照留念。我知道，同学们在以这种方式告别自己彷徨过、拼搏过、痛苦过、感动过的大学生活，告别自己亲爱的老师和同学，更是在告别所有留在这里的青春记忆。

毕业是人生一个阶段性的句号，更是全新征程的开始。走向社会，立身的困难远比求学更难，修心的困惑远比校园更多。面对世界百年未有之大变局和中华民族伟大复兴的历史进程，作为校长，我希望你们扛起时代赋予青年的历史责任，把责任融入人生血脉、用责任点亮前行的路，在大潮奔涌的时代洪流中激越高歌！

用责任点亮未来，需要我们对自己负责。人生于天地间，各有责任，而生活的全部高尚寓于对责任的理解。梁启超先生曾说过："知责任者，大丈夫之始也；行责任者，大丈夫之终也。"每个人在不同年龄和不同岗位都有着明确的责任要求，而要成就一番事业，其根基就是要对自己负责。钱学森院士将"航空救国、科技强国"视为自己的责任，即便历经千辛万苦，仍初心不改，最终成就了"两弹一星"的宏伟事业；黄大年教授坚守"振兴中华，乃我辈之责"，为我国深地资源探测和国防安全建设做出了突出贡献。我校的梁正海、梁成艾、龙红霞、孙向阳和董世华等老师在人文社科领域，以及王晓旭、王晖、向笔群和崔德虎等老师在文学艺术领域，石维、冷森林、郭雷、米小其、高健强、李勇、杨传东和常军等老师在自然科学领域都做出了积极的贡献。一代人有一代人的责任，深度变革的时代赋予你们不凡的责任。我希望你们在未来的人生征程中，把责任看作磨砺，以对自己负责的态度走好人生的铿锵步伐！

用责任点亮未来，需要我们为社会担责。人不能脱离责任而生存。一个人如果放弃自己对社会的责任，就意味着放弃了自己在这个社会中更好的生存的机会。当然，责任有大有小、有轻有重。但只要我们每个人都把分内工作做好，那就不仅是对自己负责，也是在为社会担责。你不劳动我不劳动，谁来创造财富？你不担责我不担责，哪有什么美好生活？人只有在承担社会责任的进程中，才能彰显自己的价值。因此，歌德说："尽力履行你的职责，那你就会立刻知道你的价值。"把课讲好，是老师的责任；把书读好，是学生的责任。你们的老师陆艳、李洁、毛志在履行把课讲好的责任中，成为省级"金师"；你们的同学王满怀坚持把书读好，获得了贵州省"最美大学生"荣誉称号。同学们，你们身处飞速变革的时代，环境纷繁复杂、挑战无处不在、责任如影随形，对人生的美好憧憬往往会被各种不确定性所困扰。我希望你们在未来前行的路上，勇于承担社会责任，在波澜壮阔的时代画卷中，奏响澎湃的青春之歌！

用责任点亮未来，需要我们为国家尽责。责任具有至高无上的价值，它是一种伟大的品格。作为新时代的青年，不仅要对自己负责、为社会担责，更要为国家尽责，因为我们"不是为自己而生，我们的国家赋予我们应尽的责任"。"年少多壮志，青春应许国""清澈的爱，只为中国"，正是青年一代为国尽责的生动写照。今天的中国，正昂首阔步迈向下一个百年征程，国家需要每一个你，用奋斗去承担个体的责任与使命。希望同学们在未来壮阔的人生新征程中，始终心怀"国之大者"，传承好"位卑未敢忘忧国"的情怀，用责任的力量去践行"请党放心、强国有我"的铮铮誓言！

"黄金时代，不在我们背后，乃在我们面前；不在过去，乃在将来。"未来的岁月里，我希望你们无论处于哪一个岗位，在干什么样的工作，都能做到知责于心、担责于身、尽责于行，用责任谱写人生的华丽壮美！

此去经年，长路浩荡，祝愿同学们前程似锦、一生幸福！

（作者系铜仁学院院长）

亲爱的同学们，祝你们高唱青春之歌，勇毅逐梦天下！祝你们鸿鹄志在千里，匠筑广厦万间！

鸿鹄志在千里　匠筑广厦万间

赵鹏飞

青山绿水远，书苑桃李香。时光飞逝，毕业季悄然来临。今天，我们在美丽的广东建设职业技术学院清远校区，共同见证同学们圆满完成学业，开启崭新征程。受疫情影响，我们无法当面倾诉离愁，但这场特殊的线上线下典礼承载着母校最美好、最真挚的祝福。

同学们有幸成长在伟大的时代、伟大的祖国。3 年来，我们见证了中华人民共和国成立 70 周年、中国共产党建党 100 周年、北京冬奥会等党和国家盛事；见证了我们胜利实现了第一个百年奋斗目标，实现了在中华大地上全面建成小康社会这一伟大奇迹；见证了"神舟"飞天、"嫦娥"探月、"天问"探火、"北斗"组网，大国重器纷纷惊艳亮相，中华民族正日益走近世界舞台中央。

同学们与广东建设职业技术学院荣辱与共，同舟共济。3 年来，我们见证了清远新校区全面建成使用，在校生迈入 2 万人行列；见证了学校现代学徒制引领全国，创新强校、招生就业水平大幅提升，位于全省前列，行业影响显著增强，学校迈入发展快车道；见证了同学们德技并修，争做大国工匠、能工巧匠、技能高手，在省内外大赛中勇创佳绩、捷报频传；见证了同学们五育并进，在省大运会上斩金获银，荣获团体一等奖的历史佳绩。

同学们胸怀大局，共克时艰。3年来，你们经历了百年来全球发生的最严重的传染病大流行，你们胸有家国、心念集体，自觉遵守防疫要求，严格做好防护监测，主动参加核酸检测、疫苗接种，积极参加志愿服务，乐观面对疫情之扰。在大疫面前，你们识大体、顾大局、讲奉献、勇担当，展现了新时代大学生的情怀与担当，生动刻画了青春应有的模样。在此，我由衷地向同学们道一声："大家辛苦了！"

今年五四前夕，习近平总书记号召广大青年用脚步丈量祖国大地，用眼睛发现中国精神，用耳朵倾听人民呼声，用内心感应时代脉搏，把对祖国血浓于水、与人民同呼吸共命运的情感贯穿学业全过程、融汇在事业追求中。明天，你们即将踏上一段全新的旅途，奔赴祖国四面八方，成为各行各业的新生力量。

毕业之际，我代表学校提几点希望，与大家共勉：

一要踔厉奋发，用理想引领人生。习近平总书记在庆祝中国共产主义青年团成立100周年大会上指出，火热的青春，需要坚定的理想信念。心中有信仰，脚下有力量。你们是与新时代同向同行、共同前进的一代，生逢盛世，肩负重任。你们的样子，就是青年的样子，就是学校的样子，就是中国的样子！希望你们在服务国家社会中成大业，将"小我"融入"大我"之中，用理想引领人生，在各个领域勇挑时代重担，在逆境中愈挫愈勇，在挑战中奋发图强，为实现第二个百年奋斗目标努力拼搏、奋勇争先。

二要博采众长，用学习增强本领。毕业，不是学习的终点，而是更广泛、更深入、更具体、更艰辛的学习历程的开始。当今世界正面临百年未有之大变局，国际形势风云变幻、错综复杂，各领域相互连接、跨界融合，5G、大数据、人工智能、元宇宙等技术日新月异。我们不能好高骛远、眼高手低，要一如既往坚持学思结合、知行合一、博采众长、终身学习，让勤于学习、实践成为一种生活方式，用学习积蓄青春远航的磅礴动力，用知识储备青春搏击的充沛力量。

三要笃行不怠，用实干成就梦想。大道至简，实干为要。社会最需要、最欢迎脚踏实地、有实干精神、能解决实际问题的"实干家"。从学校"象牙塔"到社会"大熔炉"，希望同学们今后无论在哪个岗位上都能够始终秉持守正创新、笃行实干的精神，认认真真做好每一件小事、踏踏实实完成好每一项任务、尽忠职守履行好每一项责任，千锤百炼精湛技能，脚踏实地提升素养，不"躺平"、勿"内卷"，用工匠精神在平凡的岗位上创造出不平凡的业绩，用智慧和汗水在青春的赛道上跑出最好的成绩。

今日拨穗正冠，明日奋楫扬帆。从今天起，你们成为广东建设职业技术学院最年轻的校友。你们将成为母校永远的挂念，母校将成为你们永远的家园，母校时刻欢迎你们常回家看看！

亲爱的同学们，祝你们高唱青春之歌，勇毅逐梦天下！祝你们鸿鹄志在千里，匠筑广厦万间！

（作者系广东建设职业技术学院院长）

> 人生百年，俯仰一世，建功立业，恰逢其时。让我们传承与生俱来的"红色基因"，怀着矢志不渝的梦想，奔赴更加辉煌灿烂的未来，为祖国做贡献，为母校争荣誉，为家庭添光彩。

致远行的毕业生

胡佳武

今天，2022届的毕业生已经圆满完成学业，即将离开母校怀抱，正式步入社会，学校在这里举行隆重的毕业典礼欢送同学们远行。刚才，聪田院长像"慈爱的母亲"一般语重心长地给同学们送上殷殷嘱咐和切切期望，这里，我作为党委书记也不妨以父辈的身份与角色，对各位毕业生再唠叨几句。

我们要高扬红色的旗帜。何其有幸，我们成长在怀化这片红色的沃土。这里，曾走出去向警予、滕代远、粟裕等老一辈无产阶级革命家；这里，红军长征途中的通道转兵使中国革命发生转机；这里，更有着湘西剿匪、三线建设山地开发、脱贫攻坚等许多可歌可泣的英雄事迹。一直以来的传统教育、党史学习以及耳濡目染，红色基因早已根植我们心中。在未来的新征程上，我们要坚定理想信念，保持政治定力，热爱祖国，热爱人民，坚持党的领导，坚持马克思主义信仰，确保人生方向不偏航。

我们要有大山的担当。何其有幸，我们学习生活在雪峰、武陵山下。东面的雪峰山脉巍峨挺拔，西面的武陵山脉绵延不绝，中部还有滔滔奔流的母亲河——沅水。雪峰山是座英雄山，抗日战争中的"雪峰山会战"中国军民英勇抗敌，成功将日寇抵御在雪峰山外，成为抗日战争"最后一战"而名垂青史、享誉世界。安江老校区的古树、美式鱼鳞板房、炮弹钟都见证了这段光荣与辉煌。这里的山水承载着悠久的历史，积淀出深厚的文化，养育我们、教育我们、成就我们，赋予我们怀化山水的印记。在未来的学习工作中，我们要始终不忘自己曾是"山里人"，永远学习大山的精神与品格：高大雄伟、气势豪迈、稳固厚重、毫不动摇、顶天立地、勇于担当。

我们要做一粒好种子。何其有幸，我们的母校是"杂交水稻的摇篮和发源地"，"共和国勋章"获得者袁隆平院士是我们尊敬的师长和杰出代表，2019年11月，袁爷爷还曾回信给我们农技特岗班同学，在这里，我们深受袁老师高贵品质和崇高风范的感染与熏陶。在未来的成长道路上，我们要一如既往地向袁老师学习，学习他"愿天下人都有饱饭吃"的伟大理想和情怀；学习他"人就像种子，做人要做一粒好种子"的崇高价值观；学习他"我不在试验田，就在去试验田的路上"的敬业精神与勤奋作风；学习他"书本和电脑很重要，但书本和电脑都种不出水稻，只有在试验田里才能种出水稻"的实践精神与务实作风；学习他"不会休息的人就不会工作，不会锻炼的人也不会工作"的科学生活方式和方法；学习他"知识＋汗水＋灵感＋机遇"的事业与人生成功秘诀。

我们要弘扬抗疫精神。何其有幸，我们在大学时代经历了百年难遇的抗疫大战的考验与洗礼。"大学三年，疫情三年"，封校、隔离、网课、接种疫苗、核酸检测……我们的大学生活因为疫情完全偏离了正常轨道，大家有过焦虑、害怕乃至恐慌，但是我们没有被这些负面情绪所压倒。遵守防疫规定、配合核酸检测、参加网课学习，不少人主动报名担任志愿者战在一线，同学们不怕苦，不畏难，勇敢面对挑战，展现出当代大学生的激昂风采，用行动证明新时代中国青年堪当大任。在未来的人生旅途上，我们要继续保持和发扬"生命至上、举国同心、舍生忘死、尊重科学、命运与共"的伟大抗疫精神，无惧风雨，迎接挑战，攻坚克难，不断夺取人生征途中的新胜利。

人生百年，俯仰一世，建功立业，恰逢其时。让我们传承与生俱来的"红色基因",怀着矢志不渝的梦想,奔赴更加辉煌灿烂的未来,为祖国做贡献,为母校争荣誉,为家庭添光彩。

祝大家一路平安、一切顺利!

（作者系怀化职业技术学院党委书记）

第二章

匠心

同学们，希望你们能够做好人生的"加减乘除"法，画出属于你们的独一无二的人生抛物线。

做好"加减乘除"法
走好人生幸福路

郑亚莉

"时雨及芒种，四野皆插秧。"芒种节气将至，我们又到了一年一度的毕业季。芒种是一个忙碌收割与播种的时节，同学们满载 3 年丰收，即将在新的广阔天地播种、成长。

今天我们欢聚一堂，共同庆祝 3927 名高职毕业生、174 名本科毕业生圆满完成学业，踏上人生的新征程。

2022 届的毕业生是非同凡响的一届，你们是备受关注的首批 00 后毕业生，你们还是学校升格举办高职的第 20 届学子，一入学，就踏上了学校中国特色高水平高职学校和专业群建设的新征程，在校期间，你们亲历了学校新坐标 CBD 泰隆大厦的落成使用，你们见证了学校绍兴校区的开工。这里，我还要告诉大家一个振奋人心的好消息，就在上周，在全省职业教育大会上，学校与中国银行浙江省分行正式签署建设高水平职业大学的战略合作协议，这标志着浙江金融职业学院开启了奋力建设高水平职业大学的新征程，这是学校的大事。我们有决心、有信心把职教本科办成，也要把浙江金融职业大学办好，希望得到同学们、新校友们的鼎力支持。

学校的砥砺奋进离不开同学们的共同努力，我要给你们点赞！你们当中有118人获得省级"优秀毕业生"称号、349人获得校级"优秀毕业生"称号，504人光荣加入中国共产党、15人获得国家奖学金、220人次获得省政府奖学金，68人荣获浙江省金融教育基金会第二十六届"银星奖"，你们当中有创造银行业务综合技能全国八连冠的"金手指"，有一马当先首战告捷拿下全国"智能财税"一等奖的"金算盘"，有一举拿下中国国际合唱节金奖的"金嗓子"，还有许许多多同学在各类专业、学科和素质拓展竞赛中为学校争得荣誉。刻苦学习、勤练技能、热情服务、善良温暖的你们是学校的骄傲。让我们一起热烈鼓掌，为自己喝彩，你们的大学3年过得充实而精彩！

回首3年，你们也许还有很多事情没来得及做，有一些话还没来得及说，有一些遗憾注定只能留下。作为校长、作为师长，我很想对你们说一声"感谢"！你们入校刚半年，新冠肺炎疫情就暴发了。3年里，你们每天坚持疫情防控、佩戴口罩、体温监测，还有经历的多轮核酸检测，一刻不得松懈，算下来，你们几乎全部的大学时光都在疫情的影响中度过。你们一定会有埋怨，你们也许向往更自由的大学生活，可能会羡慕说走就走的旅行，你们虽然会有吐槽，但还是对学校的防疫政策表示理解，并且拿出实际行动来支持。很多同学主动请缨做防疫的志愿者，在食堂站岗、提醒出示健康码，维持核酸检测队伍秩序，我在同学们身上看到了主动担当作为。我还看到因为疫情减少外出，你们自发组织，在"银星城"举办夜晚音乐会，线上线下结合展示了大家的聪明能干。我在你们身上看到了中国青年人最好的样子，那就是有责任、有担当、有热血、有能量，这样的你们，是学校人才培养所收获的最大的财富！

3年前我们第一次相遇，在开学典礼上，我说希望同学们能够通过1000天的时间锤炼出担当时代使命的一身本领，我很高兴，因为你们真的做到了！今日过后，同学们剑已配妥，出了校门转身便是江湖，临行之际，还有一个本领，我想跟大家一起来共同学习，那就是"加减乘除"。"加减乘除"四则运算法则大家已经很熟练了，关于人生的"加减乘除"我们还要不断修炼。

加是指，加上知识与技能，做终身的学习者。毛泽东曾说："饭可以一日不吃，觉可以一日不睡，书不可以一日不读。"云计算、大数据、人工智能、区块链、元宇宙等新技术带来了信息爆炸、知识激增。一次"充电"终身"放电"的时期已一去不复返，我们进入了终身学习的时代。同学们离开校园，走入社会，要充分整合好碎片化时间，不断给自己充电，既要获取新知识，也要不断地增强运用知识的能力，用技术手段为自己持续赋能。

减是指，减去逃避与懈怠，做拼搏的奋斗者。前段时间，我听到有同学在聊"摆烂"，我也去检索了一下，"摆烂"就是通常所说的"破罐子破摔"。大家初入职场，要面临学生身份向职业人身份的转变，可能会感叹一句"太卷了"，好想选择"躺平"，甚至干脆"摆烂"。我想这些词汇可能是同学们对压力的一种调侃，稍做休整当然未尝不可，但还是要调整心态、改善方法，努力去适应新的环境，感到辛苦难以支持的时候，不妨跟父母说说，不妨回母校跟老师们聊聊，我们所有老师都愿意为同学们的发展保驾护航。让我们把"大志向"与"小幸福"落实到岗位上，把责任与担当分解到每一天、办好每件事、站好每班岗，在服务社会中收获满满的幸福。

乘是指，乘以感恩与责任，做无私的奉献者。我很喜欢诗人汪国真《感谢》中的一句诗词："让我怎样感谢你，当我走向你的时候，我原想收获一缕春风，你却给了我整个春天。"这句诗写的是赠人玫瑰、手有余香的共赢理念。我们在学习、生活、工作中，要多多与人为善，对他人的帮助多一句感谢，对父母的养育多一句感激，常怀感恩之心，让这种善意在人与人之间流淌，并付出行动，去帮助更弱小更需要的人。

除是指，除去杂念与空想，做专注的前行者。离开校园，进入社会，大家可能会遇到许多诱惑和干扰，有的同学进入金融系统，需要防范金钱的诱惑和腐蚀，有的同学进入其他企事业单位或自己创业，需要摒弃心态的浮躁和空想，有的同学继续升学，要克服尘俗的喧嚣和杂念，我希望同学们保持初心，扣好人生的第一颗纽扣，不在人生价值上走偏、不在道路选择上迷失，对职业和学业都保持敬畏之心。专注持续地做好一件事儿，"流水不争先，争的是滔滔不绝"，用水滴石穿的力量去实现时间的复利。

同学们，希望你们能够做好人生的"加减乘除"法，画出属于你们的独一无二的人生抛物线。习近平总书记在庆祝中国共产主义青年团成立 100 周年大会上的重要讲话中提道："千百年来，青春的力量，青春的涌动，青春的创造，始终是推动中华民族勇毅前行、屹立于世界民族之林的磅礴力量。"党和国家信赖青年，我也相信我们的青年一定会不负祖国和人民的期待！"莫愁前路无知己，天下谁人不识君"，无论同学们走了多远，浙江金融职业学院校友永远是大家共同的身份认证，无论大家飞了多高，学源街 118 号是同学们永远的家！下一次相聚，让我们以校友的身份共襄盛会！祝愿同学们以梦为马，不负韶华，未来可期，前程似锦！

（作者系浙江金融职业学院院长）

> 衷心希望同学们走向社会之后，能够始终保持这种善良的底色，坚守住心中的净土，成就最好的自己，成为一个有益于社会的人，成为一个幸福快乐的人。

努力成为最好的自己

李　忠

今天，我们在线上线下相聚，隆重举行 2022 届毕业典礼，共同见证 4506 名同学顺利毕业。

今天是你们人生中的重要时刻。受疫情影响，我们还有很多同学不能在校园相聚，不能在一起留影，我和大家一样深感遗憾和惋惜。

这几天，看着陆续离校的同学，我感觉五味杂陈。我想说，你们是学校有史以来非常特殊的一届同学，也是非常优秀的一届学生。说特殊，同学们 3 年的求学时光，有大半年在疫情封控中度过，大家在学习、生活等诸多方面都遇到了困难，特别是线上线下教学多次切换，一些技能赛事反复变动，不少文体活动被迫取消，校园进出扫码测温，让有的同学笑言"我绷不住了"。说优秀，今天我欣喜地发现，大家全部顺利完成学业，都"绷住了"。还记得 2020 年线上开学典礼，我希望同学们在疫情封控中"学起来、读起来、动起来"，大家齐心协力积极应对疫情，通过线上课堂、云上活动等各种方式让教育教学不中断、不停歇。同学们以宽容、理解、乐观的态度来应对变化，我们一起欢庆中华人民共和国成立 70 周年，一起喜迎中国共产党成立

100 周年，一起庆祝中国共产主义青年团成立 100 周年。我们见证了你们在全国职业院校技能大赛、"互联网+"等大赛中勇夺佳绩；我们一起打造了"书香安商"阅读品牌，母校妥善珍藏了你们 2000 余次的推荐书目、5000 余份的读书创作成果。在此，请允许我代表全校师生员工向你们表示最衷心的感谢！

亲爱的同学们！此时此刻我的心情与你们一样，交织几多喜悦和几多不舍。最近我一直思考，离别之际该给大家说些什么。这之前，我们特地邀请一些同学进行了座谈交流，大家的发言给了我很好的启发，最终确定"努力成为最好的自己"这个主题，给同学们送上 4 句话，希望能对大家有所帮助。

第一，希望大家心有梦想，做一个有所追求的人。

梦想是对未来的价值追求。国家有国家的梦，学校有学校的梦，我校学子也应该有属于自己的梦。这个梦就是我们人生的愿景，是人生的追求，是成就最好自己的动力源泉。有了高远的志向和明确的目标，我们才能避免犹豫和彷徨，尽早付诸行动；我们才有足够的勇气和毅力，去战胜前进征途中的困难和挫折，最终收获成功的喜悦。

有了梦想，我们还要有实现它的路径和桥梁，这就是个人生涯发展规划。国家有 5 年发展规划、学校有"五大行动计划，五大美好商贸"的愿景，同学们也应该有较为清晰的个人发展路径。从就业部门提供的信息来看，我们很多同学签约了较为满意的单位，还有很多同学选择了专升本。无论是选择专升本还是走上工作岗位，同学们都要及时走出疫情心态，克服焦虑、担心等不良情绪，全面审视自身的知识、兴趣、技能、特长等综合素养，在精准定位自我的基础上，明晰下一步发展的规划目标，找到适合自己的发展空间，做"有梦想的自我"，精心描绘好未来发展的"自画像"，朝着既定的目标坚定前行，在平凡的岗位上创造出不平凡的业绩。

第二，希望大家心有定见，做一个善于思考的人。

走出校门后，同学们将会面对更加复杂的社会环境，各种各样的情况需要我们去分析、去判断、去选择，怎样透过事情的表象看到问题的本质，如何保持做人做事的定力，心有定见就显得尤为重要。而定见的形成基于独立思考。法国哲学家帕斯卡曾说："人是一根会思考的芦苇。"倘若没有了独立思考的能力，那跟行尸走肉就没有什么分别。

大学教育的价值不在于记住多少东西，而是在于思维的训练，在于提升理性思考能力。我们必须保持终身学习的良好习惯。特别是在当前互联网信息纷扰的环境下，鱼龙混杂、真假难辨的信息大潮，侵占了我们的静心和思考，也阻碍了令人感动的眼神与关切。我们一定要学会"断舍离"，远离碎片化信息，"既多读有字之书，也多读无字之书"，不断提高透过现象看本质的能力。我们还要养成批判性习惯。轻信与盲从都会带来非理性的行为，而泄愤与抱怨于事无益，只有敢于质疑，善于用思考的力量去辨明是非，探究真相，我们才能在各种潮流的裹挟中清醒而自立，成就最好的自己，成为优秀的社会主义建设者和接班人。

第三，希望大家心有坚持，做一个自强不息的人。

习近平总书记指出，"幸福都是奋斗出来的"。一个美好、幸福的人生，需要我们坚忍不拔，自强不息，奋力前行。对同学们来说，这是一个最好的时代，职业教育迎来了有史以来最好的发展阶段，我们每一位同学都将获得越来越多的机会和发展空间，但当下叠加疫情影响，就业工作前景也并非两岸潮平、一片光明。

没有谁的人生是一帆风顺的，前进道路上总会经历风风雨雨。每个优秀的人都会有沉默的时光，就看谁能坚持到最后。这几天同学们都在热议安徽师范大学新任校长、中国科学院院士李亚栋，他就是奋力拼搏、自强不息的典型。36年前，他从安徽师范大学毕业，心有不甘地回到家乡一所乡村中学任教。在毕业同学中，大家都觉得他去向最差，但他始终坚信：命运掌握在自己手中，有多少坚持、多少付出，就会有多少回报。没有屈从命运的他，一直以惊人的毅力奋进在拼搏的征途中：先后考上中国科学技术大学研究生，留校任教，入选清华"百人计划"，当选中国科学院院士……他用20余年时间，取得了一位学者毕生难以企及的成就。李亚栋院士的经历告诉我们，人生是否能获得成功，是靠自己的持续努力决定的，而不是一场考试所能决定的。必须心有坚持，行有韧劲，百折不挠，砥砺前行，才能成就最好的自己。

第四，希望大家心有底线，做一个善良正直的人。

善良是一种推己及人的优秀品质，也是人性中最温暖、最美丽、最动人的光辉。人生路漫漫，我们并不能保证时时顺心、事事如意，但是我们必须心有底线，尽力去做一个善良正直的人。

做一个善良的人，必须时刻保持自我修养提升。"百年安商、立德树人"是我校一贯秉持的办学宗旨，校训将"厚德"排在首位，就是告诉大家在获取知识技能的同时，更要培养良好的道德品行，守住内心的纯净。一个善良的人能在世界任何地方畅通无阻。通过走访调研，我校学子在用人单位大都非常受欢迎，其中最重要的因素就是我们的毕业生拥有良好的道德品质，既做好事也做好人。做一个善良的人，必须时刻保持一颗同情心。古人说："恻隐之心，仁之端也。"富有同情心，与人相处时保持理解与共情，是善良的发端。同情心是为人的基础，同情是一切道德的基准。疫情防控中坚守在一线的医务人员、社区工作者、志愿者……让我们看到了危机下许许多多人的同情心。我们在接受他们帮助的时候，甚至还叫不出对方的名字。做一个善良的人，必须时刻保持一份自律。自律是我们为人的基本素养。自律是心存敬畏，是"己所不欲，勿施于人"，知道什么该做、什么不该做。一个人只有心存敬畏、懂得自律，才会慎微慎言慎行，才会走得更稳更好更远。

我们不会忘记，在座的许多同学都曾奔赴"疫"线，积极参加各项志愿活动，大家不计白天黑夜，在值班值守、搬运物资、维护秩序的点点滴滴中予人以温暖和帮助，用实际行动展示了最好的自己和最好的"商贸人"形象。衷心希望同学们走向社会之后，能够始终保持这种善良的底色，坚守住心中的净土，成就最好的自己，成为一个有益于社会的人，成为一个幸福快乐的人。

从今以后，母校与你，将在各自的时空，遥相守望。请你们记住，商贸永远是你们温暖的家，是你们成就最好自己的坚强后盾。明年母校将迎来120周年校庆，欢迎你们能抽空回来看看，也希望你们常与老师同学保持联系，让我们分享你们的成功，分担你们的疲惫。同时还要叮嘱大家，疫情期间继续做好自身防护，保持适当的饮食、作息和锻炼，让自己有更充足的力量去扬帆远航。

衷心祝愿同学们健康快乐，前程似锦！

（作者系安徽商贸职业技术学院院长）

懂得坚持，意味着要坚持那些不容改变、不必改变的东西；而懂得改变，意味着要改变那些不应坚持、不必坚持，坚持下去徒劳无功、有害无益的东西。

相信坚持与改变的力量

郦昕阳

夏至将至，莘莘学子即将辞别母校。今天我们相聚在洵美礼堂，也相聚在"云端"，线上线下同步举行绍兴职业技术学院2022届毕业典礼，祝贺同学们完成学业，开启人生新的篇章。

3年里，我们克服了新冠肺炎疫情带来的诸多影响，学知识，练技能，谋求专业成才，致力精神成人，涌现出了一大批德技兼修的优秀毕业生，学校为全体同学取得的成长与进步感到欣慰与骄傲。

此刻，朝夕相处的同窗友谊，如沐春风的师生情谊，都在大家心底默默涌动，化作了几许离别的伤感，但更多的是化作了对彼此未来的深深祝愿。希望各位同学今后在事业、学业、生活上能取得更好的发展，给家庭、给社会，创造价值，做出贡献。我们全体教职员工也一定会同心同德，把学校办得更好。我们大家都要不断努力，继续奋斗。

大凡获得成功的个人或组织，通常会有两股内在的力量共同推动着他们向成功的道路迈进。这两股内在的力量，一股是坚持的力量，另一股是改变的力量。表面上听起来，坚持就是不改变，改变就是不坚持，似乎相互抵触、矛盾。其实不然，懂得坚持，意味着要坚持那些不容改变、不必改变的东西；而懂得改变，意味着要改变那些不应坚持、不必坚持，坚持下去徒劳无功、有害无益的东西。"坚持"与"改变"，两者如鸟之双翼、车之双轮，相辅相成、相反相成、相得益彰。人生之路，知道哪些应该坚持，哪些应该改变，十分重要。而如何坚持应该坚持的东西，如何改变应该改变的东西，则考验着我们每个人的智慧与勇气。

就坚持而言，无论今后时代潮流如何变革，社会风云如何变幻，人生境遇如何变迁，根本性的坚持主要是两方面：

一是要坚持正确的价值观。真、善、美是人类生活追求的三大价值目标。坚持正确的价值观，就是坚持求真、向善、尚美。坚持求真，就是要求自己一定要有真本领、真能力、真水平、真成绩。坚持向善，就是要求自己始终心存善念，不仅要善待自己，也要善待亲人，善待朋友，善待同事，善待所有与我们有缘相遇的人。坚持尚美，就是要求自己有对审美生活的追求，崇尚心灵美、语言美、行为美、环境美，并且不断增强审美能力，提升审美层次。同时，不仅要使自己的生活变得更美好，还要让自己周围的世界也变得更美好。

二是要坚持理性的乐观。未来的人生道路，不可能总是一帆风顺的，许多人生目标的实现也不可能一蹴而就。有位军事家曾说过："当你在追击敌人时，如果一切顺利，那很可能是遇到了埋伏。"有问题、有困难、有挑战、有波折也许才是生活的常态。在这个新冠肺炎疫情冲击、地缘政治冲突、异质文明冲撞持续加剧而不确定性陡增的时代里，我们每个人都需要有更强大的对抗不确定性的坚忍力。而真正的坚忍力，真正的坚持，往往并不来自不顾一切地咬牙坚持，并不来自盲目的乐观，而是来自理性引领下具备长远目光的结果。遇到困难与挫折，我们应该看到全局与长远的东西。投资家巴菲特说过："人生就像滚雪球，重要的是发现很湿的雪和很长的坡。""很湿的雪"代表你做的事情有价值，"很长的坡"代表你做的事情可以长时间持续下去，也意味着获得成功需要等待很长的时间。滚雪球，即使球一开始不是很大，速度也不是很快，但只要不断"滚动"，能够积累，沾上的雪就会更多，"球"就会越来越大。理性可以帮助你定位自己所处的位置，帮助你预估未来的结果，进而增强你持续行动的耐心，当然也帮助你对未来保持乐观。只有在贯彻理性的时候，才可以得到真理。因此，即使未来之路荆棘丛生，我们也要在理性的乐观引领下披荆斩棘、坚持奋斗，创造属于自己的未来。

要创造属于自己的未来，除了借助坚持的力量，还要借助改变的力量。我们每个人身上，其实都不乏可以让自己获得改变的两种能力：一种是自我净化能力，它的作用是淘汰自身存在的糟粕，进行自我"解构"。还有一种是自我补充能力，它的作用是吸收外在的精华，含英咀华，进行自我"重构"。在当今这个巨变的时代里，"唯一不变的就是变化本身"。既自我净化，又自我补充，可以帮助我们预见变化，拥抱变化，这是每个人面向未来应该保持的基本态度。预见变化，就是及早注意环境的细小变化，并做好与时俱进的准备，以适应即将到来的更大变化。拥抱变化，就是不要害怕变化，不要认为变化就会失去现在的一切。事实上，变化常常孕育着通往新天地的契机。预见变化、拥抱变化的主要途径一般也有两方面：

一是要学习与思考。学习与思考原本就是一体的，"学而不思则罔，思而不学则殆"。没有学习，就难有思考。通过学与思，我们可以让自己变成更有知识、能力、社会贡献的人，从而成为更优秀、更幸福的人。几乎没有人是生而知之的。钻石要通过发掘才能找到，要通过打磨才能发出光芒。同样，每个人的潜能也只有通过学习才能得到发挥。人是靠从学习中所得到的一切来逐渐塑造自己、改变自己的。在真正鼓励创新创造的社会，我们要培养自己具备两种能力，一种是程序性把握的能力，另一种是非程序性把握的能力。程序性把握，就是守规矩，遵章办事。非程序性把握就是在没有前例可援的情况下能够抓得住机遇，创建特色，推动进步和发展。及时发现和驾驭创新性的事物，往往更需要这种非程序性把握的能力。这两种能力，无一不需要依靠学习和思考，进而完善自己的认知结构和思维方法，才有可能获得。在座的同学中，有一些将升到本科院校继续深造，学习当然是你们主要的任务，而更多毕业走上工作岗位的同学，千万不要以为离开了学校，就可以放松学习了。人类社会从农业社会发展到工业社会，再到信息社会、知识社会，终身学习已是现代人必须面对的人生任务。我们的记忆力也许会随着年龄的增长而减退，但求知欲绝没有理由随着年龄的增长而减退。在今后的工作和生活中，不要只用已有的认知去做决策，更要用学习和研究的方法去解决问题。唯其如此，才能始终保持不断进步的可能性。

二是要尝试与改进。学习与思考是"知"的层面，而尝试与改进则是"行"的层面。知中有行，行中有知，有知有行，知行合一，才能形成迭代的闭环。尝试与改进的前提是要对问题保持敏感。问题不会因为我们的漠视、回避而自动消失。现存事物通常都存在着可以改善的可能，我们的生活、工作、学习、自身修养等皆是如此。尝试与改进的关键是勇于走出"舒适圈"。人性中普遍存在着趋易避难、害怕失败的倾向，我们往往习惯于停留在自己的"舒适圈"里做事情，不愿意尝试超出"舒适圈"范围的事物。但从长远来看，一直待在"舒适圈"里很可能会因为外部环境变化而变得脆弱与不舒适。因此，我们最好能够立足自身能力的实际，经常有意识地去尝试一些对自己能力有挑战压力但又有可能挑战成功的事情。如企业家鲁冠球先生所说的那样："一天做一件实事，一月做一件新事，一年做一件大事，一生做一件有意义的事。"我们只有不断地学习与思考、尝试与改进，才能创造属于自己的更美好的未来。

坚持和改变的力量，其实就是"守正创新"校训精神，就是"守正创新"的力量，希望我们能够共同将其发扬光大。

时光无涯，聚散有时。无论今后你们身在何方，相信铭刻着"守正创新"的校训石、绚烂缤纷的银杏大道、书香飘溢的文源楼、杨柳拂岸的宫山河、繁花似锦的禹园蠡园明园、休憩身心的沁园泓园泽园，都会留在你们挥抹不去的青春记忆中。请记得常回母校来看看，母校永远是你们的家园。祝愿你们能够乘风破浪，前程似锦，青春为伴，不负韶华。

（作者系绍兴职业技术学院院长）

我在此衷心地希望同学们不负时光、不负自己，或如草木生机繁盛，或如梁柱立地顶天。

以素养之基　筑成功之路

郭　超

　　今天，我们在这里为你们举行毕业典礼。原本的"这里"其实并不是"这里"，原本学校想在田径场为你们举办一场学校历史上最宏大、最隆重的毕业典礼，让更多的人见证你们的付出，让更多的人喝彩你们的成功，让更多的你们从母校的怀抱中挥手告别。因为，你们完全配得上那样的礼遇！但是因为疫情，我们不得不……

　　3年大学、3年疫情。严格的校园封闭式管理，使得外面的世界离你们那么近又那么远；周而复始的打卡报码做核酸，使得本该更加多彩的大学生活增添了不少的枯燥与无奈；网课虽好，但直面老师的循循善诱和同学间的热烈讨论，总让你们可望而不可即……你们有过不解，有过吐槽，甚至有过翻墙"出轨"。但更多的是：由于有了"3年大学，3年疫情"这段非常经历，你们表现出了更加强烈的求知和学习欲望，你们用你们的专业和技能，在中国共产党建党100周年和北京冬奥会的庆典上一次次点亮了首都夜空中最璀璨的焰火；在技能竞赛和运动竞技的赛场上一次次捧回了鲜红夺目的证书和奖杯；你们如期完成了自己的学业，更有不少同学通过"专升本"考试将进入本科院校继续深造。由于有了"3年大学，3年疫情"这段非常经历，你们学会了更加严格的自律和包容，面对疫情，学会了如何保护好自己和家人；学会了共克时艰，牺牲"小我"，理解学校尚不完美的"小节"，成就学校安全稳定的"大局"。由于有了"3年大学，3年疫情"这段非常经历，你们彰显了更加坚定的责任与担当，在学校和社会需要的时候，你们挺身而出，叫响"志愿服务、抗疫有我"的口号，主动承担校内核酸检测、校园安全守护的任务，积极参加社区"敲门行动""义务献血"和"青春堡垒"等志愿服务活动，共同筑就美好家园；你们牢记习近平总书记的教诲，在实现中华民族伟大复兴中国梦的这场接力赛中，自觉担当使命，不断淬炼自己，有70多名同学光荣地加入中国共产党。

3年大学，3年疫情。正如刚才播放的《昨日青空》这部湖南安全技术职业学院2022届毕业季音乐故事片中所展现的那样，我欣慰同学们的努力和付出，祝贺同学们的成长和成功，感谢同学们的理解和包容。

分别总是在6月，凤凰花开、骊歌响起，6月的校园，"春梢长旧林，夏雨湿新绿。"立安路上的香樟泛着青绿、精业楼旁的栀子花飘着清香、聚安广场边的玉兰摇曳生姿，校园蓬勃葱茏，生机盎然。只是今天过后，书香亭、玉兰亭里可能会因为少了你们的身影，知行楼、明礼楼里可能会因为少了你们的书声，田径场、篮球场上可能会因为少了你们的欢呼，而显得有些寂寥，因此也会有万般的不舍和丝丝的忧伤。但不知道你们是不是想到过，2022届的毕业生将成为从学校"高、大、上"新校门走出去的第一届毕业生。你们再一次创造了历史，你们和学校在共同进步和发展，我们难道不应该为此而感到高兴和自豪吗？还记得我在湖南教育电视台给你们的寄语吗？"大美'安院'的3年让你们初具了展翅高飞、搏击职场的能力和素质，你们完全可以以'舍我其谁'的霸气，坚定地迈出安院新校门，充满自信地走向职场。"

走出校门，同学们就同时具备了学校曾经的学生、永远不变的校友等多层身份。现在，作为校长，或大美"安院"这个大家庭的家长，或一名年纪比较大的师长，我想对即将远行的孩子们再啰唆和再叮咛几句，分享一个主题和4句话。

主题是关于"职业素养"。我们将一个人的职业素养分为"显性职业素养"和"隐性职业素养"。显性职业素养是指同学们在校学习到的专业知识和专业技能，而隐性职业素养则是我们平时讲的职业道德、职业精神和职业忠诚等。也就是要坚持立德树人，德技并修，培养德智体美劳全面发展的社会主义建设者和接班人。具体表现在爱国爱党的政治品德、遵纪守法的社会公德、文明礼貌的个人美德、敬业奉献的职业道德和科学严谨的工作作风、不畏艰难的意志品质、协同共进的团队精神、令行禁止的规矩意识等方面。

这些年来，学校始终坚持以一套综合素质评价体系、两个规范、三年一贯制军训和四位一体（思想品德、军魂塑造、劳动教育、创新创业）隐性职业素养培育改革为重点，着力提高人才培养质量，取得了较好的成效，受到学生、家长和用人单位的广泛好评。往届毕业生回母校打出"两个规范虐我千百遍，我爱'安院'如初恋"的横幅进行深情告白；今年上半年我到不少用人单位"访企拓岗"，用人单位的领导不约而同主动谈起了"职业素养"这个话题，他们一致认为：在当今科学技术迅猛发展的知识爆炸时代，学生在大学3年或者4年中所掌握的知识和技能等显性职业素养，只能受益一时，而形成的隐性职业素养却能陪伴和有益于人的一生，他们特别关注和看重员工的隐性职业素养。

在学校的这3年，尽管你们在隐性职业素养上得到了一些锤炼和熏陶，可以说已经赢在了起跑线上。但步入社会后，我还想就如何自觉深化"四位一体"隐性职业素养培育送给你们4句话。

一、希望你们以学养德、笃行明志

"大学之道，在明明德，在亲民，在止于至善。"人无德不立，德为人之本，明明德首先就要自觉肩负起中华民族伟大复兴的历史使命这个大德。同学们要不断修身立德，明辨是非、恪守正道，把正确的道德认知、自觉的道德养成、积极的道德实践紧密结合起来，努力提升道德修为，始终保持良好的道德情操。明大德、守公德、严私德，做崇德向善、一身正气、一尘不染的时代青年。

二、希望你们以劳启智、脚踏实地

习近平总书记指出："劳动是财富的源泉，也是幸福的源泉。人世间的美好梦想，只有通过诚实劳动才能实现；发展中的各种难题，只有通过诚实劳动才能破解；生命里的一切辉煌，只有通过诚实劳动才能铸就。"中共中央出台了《关于全面加强新时代大中小学劳动教育的意见》，培养青年人的劳动观念和技能成为家庭、学校和社会的共同责任。劳动光荣、技能宝贵、创造伟大已成为社会的普遍共识，幸福都是奋斗出来的。希望你们能够牢固树立和崇尚伟大的劳模精神、劳动精神、工匠精神，撸起袖子加油干，以劳启智、脚踏实地、砥砺前行，用辛勤的劳动筑就精彩人生的梦想阶梯。

三、希望你们不畏艰难、果敢坚毅

今天你们毕业了，意味着要走上职场、直面江湖。而江湖上，或许不再是风平浪静，更多的是风高浪急，有许多未知的艰难、险阻在等待着你们。部队是完成作战和急难险重任务的特殊集体，我校以军训改革为手段，以军魂塑造为目标的"三年一贯制"军训，就是要铸就你们"令行禁止、敬业奉献、果敢坚毅、不畏艰难、科学严谨、协同一致"的职业精神，着力培养"有灵魂、有本事、有血性、有品德"的时代新人。希望你们能够继续秉承学校"特别能吃苦、特别能战斗、特别能忍耐"和"招之即来、来之能战、战之能胜"的应急安全特种兵精神，在将来艰苦的条件下、复杂的环境中和完成急难险重的任务中去建功立业，铸就辉煌。

四、希望你们应变谋变、开拓创新

新一轮科技革命和产业变革正在加速世界重塑，互联网、大数据、人工智能等与经济社会深度融合，催生并推动了许多新产业、新业态、新模式的诞生和发展。随着"众创"时代的到来，"创新"不再是科学家、工程师们的专利，"创业"也不再是"资本家"们的特权。同学们要想在激烈的竞争中脱颖而出，创新是迈向成功的通行证。作为最具活力的劳动者群体，同学们要把创新思维内化于心、外化于行，以勇于探索、求真务实的态度，立足本职岗位，在创新创造中逐步积累经验，不断拼搏进取。从小的成功走向大的成功，真正做到"以梦为马，不负韶华"。

相聚不觉时光短，离别方知情难舍。今后，无论你们身在何方，无论你们处于逆境或顺境，请记住！湖南省长沙市万家丽北路66号，永远都是你们可以倚靠的精神家园！不要再抱怨和吐槽"为什么我们一毕业，学校就装修"的魔咒了，正如你们永远是母校的骄傲一样，常回家看看，母校的发展同样也永远属于你们。

今年正值中国共产主义青年团成立100周年，在庆祝大会上，习近平总书记指出："青年犹如大地上茁壮成长的小树，总有一天会长成参天大树，撑起一片天。"我在此衷心地希望同学们不负时光、不负自己，或如草木生机繁盛，或如梁柱立地顶天。

祝愿亲爱的同学们毕业快乐！前程似锦！

（作者系湖南安全技术职业学院院长）

我们不要把"躺平、摆烂"当作逃避的理由，要认识到"内卷"是未来的常态；我们要相信一朵花的凋零荒芜不了整个春天，一次次的挫折也荒废不了整个人生，更要相信未来一定有不期而遇的温暖会点燃我们生生不息的希望。

感应时代脉搏　传承工匠精神

方勇军

瓯江湖畔骊歌再唱响，华亭山上凤凰花又开。一年一度的毕业典礼如约而至，2022 届 1800 余名毕业生，我为你们完成学业、顺利毕业感到由衷高兴，也为你们即将离别、奔赴远方而又深深不舍。

春去秋来、寒来暑往，在最美的年华我们相聚在最美的浙江安防职业技术学院。清晨的教学楼，有你们求学的琅琅书声；傍晚的图书馆，有你们求知的沙沙笔声；深夜的实训室，有你们求索的嗒嗒键盘声，校园的每一个角落，都留下了你们青春的身影，你们的青葱记忆将永远与学校融为一体，你们是我们的骄傲、我们的荣光。

回首求学时光，你们见证了祖国的高光时刻：2019 年中华人民共和国 70 华诞全球瞩目，2020 年抗击疫情我们携手并肩，2021 年脱贫攻坚全面胜利、建党百年赓续辉煌，而今年亲历了北京盛况空前的冬奥盛会和"双奥之城"的实至名归，你们是大国崛起、民族复兴的见证者和亲历者。同样，你们也见证了学校的高速发展：2019 年东区教学楼拔地而起，2021 年学校通过省级人才培养工作评估，今年学校更是吹响了争创"双高"校、申报职教本科的号角，学校的每一个发展、每一个进步都离不开我们共同的努力、共同的奋斗、共同的付出。

"尚未佩妥剑，转眼便江湖。"从明天开始，你们就有了一个新的身份——校友。你们将告别熟悉的教室和老师，告别让你们抓狂的准警务化管理，告别总在你们耳边唠唠叨叨、"重要事情说3遍"的班主任、辅导员，告别相互"嫌弃"却又难舍难分的室友，还要告别经常抖手的食堂阿姨和必须你亮码、测温方能进校的保安大叔。浙江安防职业技术学院变成了母校，同学也一夜变"老"、成为老同学，还有许许多多的事都化为"曾经"和"过往"。

今天，你们是理所当然的主角，是即将出征的战士，无论你是在屏幕面前还是正在典礼现场，都让我们共同铭记这个美好的日子。在祝贺、祝福你们的同时，我也要感谢一直培育、培养、陪伴你们成长成才的家长朋友和教职员工，谢谢你们。

一代人有一代人的环境和际遇、一代人有一代人的使命和奋斗，如今的你们生逢其时，重任在肩，我提3点期望，与大家共勉：

一是希望同学们能传承工匠精神，努力做矢志报国的践行者。今年5月1日，新修订的职业教育法开始实施。新法的修订颁布彰显了职业教育大有可为，技术技能人才前途广阔。值得一提的是，今年刚刚结束的浙江省高考作文题目材料中提到"90后青年工人杨杰从一名普通学徒工成长为'浙江工匠'获得'浙江省劳动模范'称号"的典型例子，再一次肯定了高技能人才在助推社会高质量发展过程中不可或缺的地位和力量，诚如杨杰这样的大国工匠们，他们毕生追求技能的完美和极致，专注和坚守自己的岗位，传承和钻研高超的技艺，用自己的双手为时代为社会奉献着人生。新的时代、新的召唤。你们是未来的大国工匠，希望你们传承"十年磨剑"的韧劲、"久久为功"的钻劲、"心无旁骛"的干劲，多一份浙江安防职业技术学院学子的底气和自信，多一份大国工匠的豪气和自强，践行工匠精神，让技能报国成为时代最强音。

二是希望同学们能勇于创业创新，努力做崇德向上的奋斗者。奋斗是青春最亮的底色。正是因为奋斗，我们党在风雨飘摇中建立了新中国；正是因为奋斗，我们国家在改革开放中赶超发展；也正是因为奋斗，我们比历史上任何时期都更接近中华民族的伟大复兴。奋斗赋予了改变的可能，每一次拼尽全力的奔跑，都会让我们变得更加优秀。在我们的毕业生中不乏坚定的奋斗者、坚毅的奔跑者，有的同学刻苦读书升学上岸，292位同学将继续前往本科院校进行深造；有的同学投身国防建设，去绿色军营成就人生价值，其中应急技术学院的陈元嘉同学，在校期间已获得5项国家级、省级奖项，目前成功应征至解放军东部战区陆军某部服役；还有的同学到西部去、到基层去、到祖国最需要的地方去……同学们，志不求易、事不避难。希望你们传承"崇德尚能　知行合一"的校训精神，始终保持昂扬向上、奋发图强的精神状态，以改革创新的意识、开拓进取的精神、攻坚克难的勇气，敢闯敢试敢为，创新创业创造，知难而进、迎难而上、破难而行，勇挑重担、奋勇争先，在祖国大地上留下我校学子深深的足迹。

三是希望同学们能感应时代脉搏，努力做民族复兴的圆梦者。"苟日新，日日新，又日新。"同学们，当前新冠肺炎疫情的阴霾还未真正消散，俄乌冲突爆发，中美贸易战仍暗流涌动，国际环境的云谲波诡，我们要有更高的眼界、更远的眼光、更强的眼力，不囿成规、不拘一格、不畏艰难。时代呼唤担当，这既是一种历史使命，更是为自己成长成才、成就梦想打开了无限广阔的空间。你们应当肩负时代赋予的重任，在担当中历练，在尽责中成长，将个人奋斗的"小目标"融入党和国家事业的"大蓝图"，为民族复兴注入源源不断的力量，用青春和汗水创造出让世界刮目相看的新奇迹。

从今天开始，你们将学着独自经风历雨，从依靠别人成长为别人的依靠。大家要明白，这个世界上有太多我们无能为力的事，回不去的过往、无法预计的未来；生活中没那么多诗和远方，也会有很多无奈和坎坷。但是，我们不要把"躺平、摆烂"当作逃避的理由，要认识到"内卷"是未来的常态；我们要相信一朵花的凋零荒芜不了整个春天，一次次的挫折也荒废不了整个人生，更要相信未来一定有不期而遇的温暖会点燃我们生生不息的希望。

"莫愁前路无知己，天下谁人不识君"，无论同学们走了多远，校友永远是大家共同的身份；无论大家飞了多高，瓯海大道2555号是同学们永远的家！下一次相聚，让我们以校友的身份共襄盛会！衷心祝愿风华正茂的你们，在人生新的征程上一生平安、一世幸福、一路精彩！

（作者系浙江安防职业技术学院党委书记）

希望你们永葆赤子之心，厚植不负人民的家国情怀，敢于担当、善于作为，将个人理想融入国家和民族事业中，将个人发展与爱国情、强国志有机统一，将个人职业与服务社会相结合，求真务实、崇尚实干，书写人生精彩篇章。

初心铸魂　匠心筑梦

吴翔阳

今天，我们以线上线下相结合的方式为宁波职业技术学院 2022 届毕业生举办简朴而隆重的毕业典礼。

风雨砥砺，岁月如歌。求学 3 年，有两年多的时间是在疫情中度过。由于疫情的影响，延迟开学、封校管理、线上教学、核酸检测、轨迹排查等，或许给你的大学生活带来些许遗憾，但遗憾未尝不是一种美；或许有过抱怨，但更多的是理解与支持。在抗疫中，生活、学习、成长；在抗疫中，体验"人民至上、生命至上"带来的安全感；在抗疫中，深刻认识中华民族应对困难的智慧、民众团结抗疫的精神与勇气。我相信，作为有志青年的你们，也将更加坚定对马克思主义的信仰，更加坚定对中国特色社会主义的信心，更加坚定对中国共产党的信任。

"冬去冰须泮，春来草自生。"你们是不平凡的一届，回望了中华人民共和国成立 70 年中国人民站起来、富起来、强起来的巨大成就，亲历了实现"第一个百年"奋斗目标的历史时刻，见证了伟大中国共产党的百年芳华，体验了全球"抗疫"中我们所展现出的制度优势和大国担当。你们成长的每一步，都与党的事业同频、与国家发展同步、与时代潮流同行。习近平总书记在今年4月考察中国人民大学时寄语广大青年："不负韶华，不负时代，不负人民，在青春的赛道上奋力奔跑，争取跑出当代青年的最好成绩！"我们的全体毕业生从自我做起，从力所能及的事情做起，展现了青年一代的责任与担当，在担当中不断增长知识、锤炼品格、提升能力。

新时代，宁波职业技术学院学子也在奋勇向前，书写青春华章：阳明学院的崔晓迪，聚焦小微企业的现实窘境，组建专业团队为企业解忧纾困，用5个月攻克技术难题，获得国家发明专利等3项，研究成果转化为造福小微企业的"良药"；获评"浙江省青年岗位技术能手"，获全国智能制造应用技术技能大赛一等奖、浙江省青年职业技能竞赛专项赛金奖，成为用实际行动践行工匠精神的典型。

艺术学院的赵豪婷，自立自强，乐观进取，积极参与各类社会实践等，带领团队获评2020年全国暑期"优秀实践团队"（全国仅有30支队伍入选）；个人获浙江省大学生职业生涯规划大赛一等奖，实现了个人及团队的突破，践行了"知行合一"的理念。

建筑工程学院的金清贵热爱游泳，每天保持高强度的训练，努力突破自己的极限，获浙江省大学生游泳锦标赛男子组50米蛙泳第四名、100米蛙泳第四名等佳绩；热心公共事务，作为团支书，带领班级同学共成长、同进步，团支部获评"全省高校十佳团支部"；他个人也成为宁波市学生联合会轮值主席。

在2022届毕业生中，这样的例子还有很多，你们的努力与成绩将激励学弟学妹们，成为"柠青"们的学习榜样！

"彼时当年少，莫负好时光。"亲爱的全体毕业生，毕业意味着离别，更意味着你们即将踏上人生新征程。临别之际，我有4点期望与大家共勉：

一是要胸怀"国之大者"，做坚定的爱国者。习近平总书记在庆祝中国共产主义青年团成立100周年大会上指出："只有当青春同党和人民事业高度契合时，青春的光谱才会更广阔，青春的能量才能充分迸发。"涓涓细流汇聚成江海，方能成磅礴之势；一个人只有将自身发展与恢宏时代相联结，才能激发无限的活力与潜力。希望你们永葆赤子之心，厚植不负人民的家国情怀，敢于担当、善于作为，将个人理想融入国家和民族事业中，将个人发展与爱国情、强国志有机统一，将个人职业与服务社会相结合，求真务实、崇尚实干，书写人生精彩篇章。

二是要弘扬清风正气，做积极的传播者。希望你们继续秉承"勤信实"的校训，具有明辨真假、是非、善恶的能力，弘扬真善美，传播正能量。深入实践知恩修身、感恩求进、报恩明责之行动，持续铭记自主、自律、自强之风气，始终遵守职业道德，把廉洁诚信作为自己的心灵家园与生活方式。坚定理想信念，做新思想、新理论的传播者和践行者。

三是要涵养"工匠精神"，做卓越的奋斗者。勤奋学习是远航的动力，奋斗实干是搏击的力量。希望你们在走出校园后，仍能够保持开放的心态，不断地去接纳新鲜事物，走向更广阔的天地；仍能够不断学习，向书本学、向社会学、向他人学，成为终身学习的实践者；仍能够爱岗敬业，崇尚卓越，培养匠心；持之以恒，不断钻研，提升职业技能；开拓创新，精益求精，追求极致，成就大国工匠。

四是要牢记初心使命，做有情怀的追梦者。青年最富生气、最有闯劲、最有理想。"内卷""躺平""摆烂"不能成为网络时尚，更不是青春应有的样子；失败、挫折、失望是常有的事，但不是放弃追梦的理由。希望你们能够树立远大志向，牢记初心，忠于理想信念；能够有孝心、有爱心、有同情心、有责任心，践行使命担当，实现人生抱负。希望各位毕业生能够具备良好的生活习惯，保持健康体魄；养成坚忍的意志力、宽广的胸襟和豁达的人生态度，保持高尚情操。各位毕业生，请相信：只要努力往前走，你最后不一定能改变世界，但你一定能改变自己，超越自我，成就更好的自己。

聚散匆匆，此景年年有。亲爱的毕业生们，明天你们就要离开宁波职业技术学院了。时间会流逝，你所在的地方会变化，不变的是学校是你们梦起航的地方，不变的是母校永远是你们的精神故乡！无论你走到哪里，学校都会深情地眺望着你们，都会为你们祝福！宁波职业技术学院永远都是你们的家，期待你们常回家看看！母校期待更优秀的你们！

（作者系宁波职业技术学院院长）

> 时代在召唤，未来在召唤，让我们砥砺前行，做好建设者，争做奋斗者，勇做开拓者！

做好建设者　争做奋斗者
勇做开拓者

吴学敏

今天，是一个重要的日子、特别的日子、难忘的日子。重要之处，在于毕业典礼是学校一年中最隆重的教育活动；特别之处，在于今天南京工业职业技术大学的毕业典礼备受关注，学校创始人黄炎培之孙——全国政协原副主席黄孟复老先生特意发来视频寄语，教育部职业教育与成人教育司陈子季司长专门做"云上"视频致辞，省教育厅曹玉梅副厅长、徐庆处长到会祝贺；难忘之处，在于同学们作为我国第一届职教本科毕业生，即将踏上广阔的社会"大舞台"，开启人生新的旅程。

此时此刻，我和大家一样感同身受，心中充满感谢、感慨和感想。感谢的是，关心学校改革发展的教育部和江苏各级领导给予的大力扶持，以及为培养同学们成长成才付出辛勤汗水的各位老师；感慨的是，正是身处伟大的时代，有了党和国家对职业教育的高度重视、社会各界的广泛期冀，历经百年职教传承与磨砺的南工，才能够在现代职业教育体系的构建中有所作为、有所贡献；感想的是，我们的首届职教本科毕业生，即将在技能报国的奋斗征程中，成就怎样的出彩人生？

百年前，黄炎培身怀"实业救国、职教强国"之抱负，联合一代先贤和爱国人士创建中华职业教育社、创办中华职业学校，开我国现代职业学校教育之先河。百年后的今天，我们再次扛起新的历史使命，勇担职业本科教育"先锋军"和"开拓者"的时代重任，为制造强国、质量强国、教育强国贡献"南工力量"。学校百年的职教传承、匠心筑梦，见证了我们国家和民族从站起来到富起来的历程，正在见证并深刻融入强起来的伟大征程。百年来，学校无论何时何地、每时每刻，都始终与国家和民族同呼吸共命运，与时代发展同向同行、同频共振。这已经熔铸为学校敢为人先的首创精神、责先利后的奉献精神、敬业乐群的职业精神、追求卓越的奋斗精神，成为学校人血液中的基因传承。今后无论是顺程坦途，还是遇到荆棘坎坷，抑或身处惆怅苦闷，都不要丢掉"南工人"的精神和品格，任何时候都要走正路、行大道，踏实做事、清白做人。

作为"世纪宝宝"，你们是引人注目的一代。虽然大多在生活上没吃过多少苦，但同学们面对困难不娇气，大是大非面前未含糊，关键时刻没"躺平"，两年多来我们共同抗击疫情已充分证明了这点。作为我国首届职教本科毕业生，你们是广受关注的一届。虽然在校只有不长的两年时间，但同学们没有忘记初心，无论是在专业学习、社会实践中，还是在科技创新、竞赛大赛中，都能屡创佳绩，不少同学未毕业就已实现高质量就业，为自己的社会旅程开了个好头。

今天穿上学士学位服的你们，眼中有光、心中有爱、胸中有志，相信你们一定是满怀憧憬、心潮澎湃。作为你们的师长，我由衷地祝福你们，愿为你们拨穗送别，送上3句赠言以为临别期望。

一是身处非比寻常的新时代，希望同学们勇挑重任、不负韶华。我们是幸福的一代，有幸处在我国历史上发展最好的时期，政治安全、社会安定、人民安宁。我们又是面临挑战的一代，处在"两个大局"历史交汇期，全球疫情与大国博弈叠加，经济全球化遭遇逆流和地缘政治格局变革影响融合，数字化智能化驱动的产业革命汹涌而来，旧技术、旧产业、旧岗位转型升级与新技术、新职业、新岗位持续涌现交相辉映，我们的未来发展面临着诸多的不确定性。但我们同样又是觉醒的一代，如同我们的前辈校友张闻天、江竹筠、华罗庚、秦怡、顾心怡等一样，"始终坚定不移听党话、跟党走"，不抱幻想、敢于斗争，为祖国富强、民族振兴而勇担使命、勇挑重担，为产业兴旺、人民富裕踔厉奋发、砥砺奋进。希望同学们用实际行动在平凡的岗位上勇于奉献，在急难险重的任务中勇毅前进，在创新创业中勇站排头，不负韶华、不负时代、不负人民。

二是肩负非比寻常的新使命，希望同学们手脑并用、技能报国。"南工第一届职教本科毕业生""我们国家第一届职教本科生"，这不仅仅是一种亮丽的"标签"，应该是一种身份认同，更应该是浓浓的使命感。同学们今后在岗位上的现实表现、一举一动，成功甚至失败，喜悦抑或泪水，都可能引起社会关注，都可能成为历史的记忆。同学们请记得，这是一种压力，更是一种荣耀，更应成为你们前进的动力！如果5年后、10年后甚至20年后，同学们仍能自豪地告诉别人，我是中国第一届职教本科毕业生，那同学们当以光荣业绩载入南京工业职业技术大学职教本科发展的史册，甚至能为我们国家职教本科的发展历史增光添彩。希望同学们牢记和践行"敬业乐群""手脑并用""做学合一"，在坚定技术技能自信中实践知行合一，在传承学校精神中实现敬业、精业、乐业的统一，用实实在在的业绩，向党和国家、向社会和人民、向家庭和亲人，交上一份第一届职教本科生的满意答卷。

三是开启非比寻常的新征程，希望同学们奋斗不息、勇毅前行。生命的意义在于奋斗不息，生活的精彩在于前行不止。从今天开始，同学们就要背起行囊、奔赴前程。在未来岁月里，面对家长的期望、亲朋的祝福，我们是选择砥砺前行，还是裹足不前；面对新技术、新规则，我们是学习、拥抱、运用，还是因循守旧、墨守成规；面对职场的重任、生活的重负，我们是坦然面对、迎难而上，还是牢骚满腹、怨天尤人；面对关键领域的技术霸凌和"卡脖子"，我们是甘做网络空间嬉笑怒骂、肆无忌惮的"键盘侠"，还是甘做默默无闻的"前行者"、脚踏实地的"奋斗者"呢？答案不言而喻！正如习近平总书记所说，"伟大梦想，不是等得来喊得来的，而是拼出来干出来的""梦在前方，路在脚下。自胜者强，自强者胜"。希望同学们勇做奋斗的青年、奋进的青年、奋发的青年，锲而不舍、驰而不息、勇追卓越，遇困难无须犹豫、有任务勿要观望、干工作万勿懈怠，主动出击，果断前行，才会成长，才能赢得光明的未来！

正如黄孟复主席所讲的那样，培养适合中国经济发展的高等技术人才，是职业教育工作者百年奋斗的梦想，希望同学们发挥好职业教育本科生在中国新的"世界工厂"建设中的独特作用。

时代在召唤，未来在召唤，让我们砥砺前行，做好建设者，争做奋斗者，勇做开拓者！

（作者系南京工业职业技术大学党委书记）

成长就是这样，不断告别、不断遇见。愿你们在相信中成长，在自由中绽放，成为自己想要的模样！愿你们眼里有光，心中有爱，目光所及皆是美好！

在相信中成长　在自由中绽放

方季红

又到一年毕业季，因为前一阵的疫情，我们与亲爱的同学们隔空相望。原本以为，我会像今年年初罗振宇的跨年演讲一样，独自面对台下空荡荡的座位完成我的毕业典礼讲话。然而，此时此刻，台下坐满了你们的班主任、辅导员、任课教师，还有学院和职能部门的老师们，他们都来到了典礼现场，共同见证你们顺利完成学业，开启人生新征程。

首先，我想跟同学们一起，向所有的南通科技职业学院教职工道一声"感谢"！因为在你们的大学期间，老师们的精心栽培，辅导员班主任的悉心关爱和后勤保障人员的默默守护，一直如影随形。如今，你们终于健康、平安、顺利地毕业了，希望我们大家庭的温暖依然伴随着你们！同时，我要代表学校向所有2022届的毕业生表示深深的歉意，不能送你们一场线下的"盛会"，让这个离别的季节增添了些许遗憾，但母校仍希望通过云端送给你们最真诚的祝福，祝贺你们顺利毕业，祝贺你们开启人生新的旅程。

这几年，你们见证了中国力量。全球"战疫"中的"中国速度"震惊世界，全面建成小康社会，实现第一个百年奋斗目标，中国空间站完成在轨组装建造……一个又一个举世瞩目的成就，书写了国家发展史上的伟大传奇；这几年，你们见证了学校发展。我们的校园越来越美，你们的学弟学妹越来越多。学校成功入选省高水平高职学校培育单位，成功举办江苏省学生技能大赛环保赛项，并成为省级专业技能竞赛教练培训基地，师生在多项技能大赛中斩获大奖……一个又一个的高质量发展成果，凝聚着全校师生员工的艰辛努力！这几年，学校也见证了你们的成长。不得不说，你们这届毕业生的经历极为特殊：短短几载的大学生活，疫情时间占据了一大半，"封校、核酸、隔离、网课"成为你们校园生活的关键词。但你们积极配合学校疫情防控，用理解和乐观与学校共进退，用坚忍和担当克服重重困难，你们学会了团结，学会了互助，学会了克服对未知事物的恐惧……母校为你们每一位同学感到骄傲和自豪！

今天，你们将从南通科技职业学院的港湾扬帆起航，有的将继续求学之路，有的将投笔从戎，有的将奔赴乡村，有的将走入职场。习近平总书记说："青年的命运，从来都同时代紧密相连。"临别之际，我想跟大家分享的主题是：在相信中成长，在自由中绽放！

一是始终"相信"。2022届毕业生，你永远可以相信自己，因为你们经历过不同寻常的3年！但你们有一种能力，恰恰可以让不寻常变得更不寻常一些！你们能让平淡开花，能在孤独里发现彩虹！心有所信，方能行远，"相信"本身就是一种力量。相信你会好，你就会变得更好，相信会实现，一切才能实现。

相信不是迷信，而是当你了解了世界的多维之后的笃定，相信世间一切事物都有规律，相信世间一切事物都有因果。有自己相信的人，会是一个长期主义者，会对困难和挫折抱持着一种宽厚的态度，甚至是暗暗窃喜。有自己相信的人，会脚踏实地做好每一件事，过好每一天，而不是急于表现自己和刷存在感，因为急功近利往往是一切痛苦和灾难的源泉。

相信我们的祖国，即便是受到全球疫情的巨大冲击，依然实现了经济实力、科技实力、综合国力大幅度提升，这是值得相信的中国力量。相信我们的社会，去年的"新东方"，由于"双减"政策遭遇了严峻的生存挑战，当俞敏洪宣布转型直播带货行业时，许多人并不看好，但他们凭着坚定的信念和社会对知识的尊重，成功转型，这是值得相信的中国精神。

今天，你们即将走出校园，踏入社会，未来的旅途一定不会一帆风顺，但请相信，没有一个冬天不可逾越，没有一个春天不会来临，总有不期而遇的温暖和生生不息的希望在未来等待着你们。每一代人都有自己的相信，未来没有标准答案，坚持你选择的，选择你相信的，在不确定的世界里，相信你确定的相信。相信自己、相信国家、相信社会、相信"人间值得"！

二是收获"自由"。经历过疫情大考的你们，应该对"自由"也有很多的体会和感悟，为了长久的自由，大家共同经历了短暂的"不自由"的特殊阶段。关于自由的阐述，古有陶渊明的"久在樊笼里，复得返自然"，元览的"海阔凭鱼跃，天高任鸟飞"；今有费斯克的"思想的自由就是最高的独立"，更有"若为自由故，二者（生命、爱情）皆可抛"。自由有很多范畴，如人身自由、时间自由、财富自由，还有大家经常调侃的超市自由、小龙虾自由……

前几天我读一篇女性文章，看到这样一句话——"实现了什么都能理解、什么都能原谅的自由"，一下子击中了我中年少女的心，所以我今天跟大家交流的"自由"是"心灵自由"，是收获"万物皆美好，理解万物、包容万物的自由"。

未来的人生路上，你们肯定会遇到很多不能理解的人和事、遇到不同的立场和观点的碰撞、遇到你认为的不公平的对待，感受到来自多方面的压力，有的甚至来源于你们的朋友、家人，让你们感觉不快乐、不自在、不幸福……其实这些情绪，都是因为有一个隐形的罩子在禁锢着我们，当我们挣脱禁锢，跳出圈子看圈子，透过表象看到真正的底层原因，你会发现自己开始理解、开始释然，与世界和解，与他人和解，与自己和解。彼时，你们才真正地迈向了自由的方向，这就是心灵的自由。大智者必谦和，大善者必宽容。世界既复杂又简单，懂得欣赏是一种智慧，看谁都顺眼是一种包容，当你有足够的格局，懂得包容，那么你的人生一定会更加美好。

三是努力"绽放"。"正月梅花带雪开，二月茶花等月来，三月桃花红似火，四月蔷薇满架堆……"不同的花，总是开在不同的花期，而花期不同，盛放时的姿态也不尽相同。人生的花期同样各有区别，正如我们每个人迥异的人生，有的人年少有为，有的人老有所成，有的人一生波澜起伏，有的人一生平淡幸福。但无论你是什么花或是什么树，不管有没有人欣赏，你一定要努力绽放自己。

每一朵花在盛开之前，可能都是一场孤独的奋斗。诚如最近很火的一首《孤勇者》，歌词中所写的"致那黑夜中的呜咽与怒吼，谁说站在光里的才算英雄"。没有经历过黑暗，又怎能感受到破土而出的美好？人生这条路很长，未来如星辰大海般璀璨，希望大家今后不管遇到什么困难挫折，都能愈挫愈勇。习近平总书记说过，幸福是奋斗出来的！希望你们始终自强不息，坚持不懈，所有的成功与失败，都是你成长道路上不可缺失的养分！只有吸收足够的养分，才能拔节而长，盛开绽放！

当前，世界正经历百年未有之大变局，挑战空前，但也机遇难逢。今年党的二十大即将召开，我们生逢其时，更是重任在肩。希望未来作为科院校友的你们，和母校一起保持奋进的姿态，在奋斗中绽放青春之花。

亲爱的同学们，校园的一草一木见证了你们的成长，这里记录了你们青春的足迹。我们刚刚相逢却又匆匆告别，但成长就是这样，不断告别、不断遇见。愿你们在相信中成长，在自由中绽放，成为自己想要的模样！愿你们眼里有光，心中有爱，目光所及皆是美好！让我们永远珍惜在南通科技职业学院的相遇，珍惜此生结下的师生情缘、同窗情谊！南通科技职业学院是你们永远的家园和依靠！欢迎你们常回家看看！

（作者系南通科技职业学院院长）

> 要把握时代脉搏，在人生的征途上坚定前行，不断提升生命的格局和境界。

做有理想、有技能的时代新人

肖纯凌

今天，我们在"云端"欢聚在一起，隆重举行沈阳职业技术学院2022届毕业典礼。

同学们求学的3年，是学校取得跨越式发展的3年。2019年，学校被评为国家"双高"院校。2021年辽宁省政府通报表扬学校职教改革成效明显，作为省"双高"院校以全优的成绩通过验收，被评为辽宁省兴辽卓越校、辽宁省首批专升本联合培养试点院校、辽宁省普通高校毕业生就业工作先进单位。学院下大力度加强硬件建设，在2021年年初资产评估值已达15.51亿元，较几年前的6.3亿元翻了近3番。

2022年是极不平凡的一年，面对校园突发疫情，全院师生守望相助，并肩作战，用爱与奉献和坚守诠释了"我们在一起"！学院领导班子驻守在学校，靠前指挥在抗疫最前线；各二级学院党总支书记和辅导员住在学生寝室，与同学们同吃同住同抗疫；同学们积极参加志愿服务，一切行动听指挥。全院师生万众一心，在市教育专班和党委的坚强领导下，日夜守护校园平安。

疫情让我们认识到个人的命运总是融入社会和时代的洪流中。要把握时代脉搏，在人生的征途上坚定前行，不断提升生命的格局和境界。在离别之际，作为师长，我提3点期望与同学们和全体教师共勉。

一是坚定理想，做有梦想的人。"志不立，天下无可成之事。"习近平总书记说："青年要立志报效祖国、服务人民，这是大德，养大德者方可成大业。"今年5月1日，《中华人民共和国职业教育法》修订颁布实施，明确指出职业教育与普通教育具有同等重要地位，职业院校学生在升学、就业、职业发展等方面与普通院校学生享有平等机会。国家高度重视职业教育，为同学们的发展指明了道路和方向。在新征程上，理想决定了前进的方向，未来的梦想是否开花结果，要靠现在细心的观察、思考、规划，并一步一个脚印扎实执行，要在本职岗位上认真做好每一件小事，善于沟通，感受工作的乐趣。要铭记"锐意进取、争创一流"的学校精神，勤奋学习、勤奋工作，做新时代的追梦人！

二是磨炼技能，做有本领的人。全球最年长的三星大厨小野二郎说："你必须穷尽一生磨炼技能，这就是成功的秘诀，也是让人家敬重的关键。"同学们在职业道路上要坚持一个目标，专心专注，心无旁骛钻研技能，以滴水穿石的韧劲磨炼技能，要以方文墨、洪家光等大国工匠为榜样，将在学校获得的知识、技能和信心运用到工作中。优秀是一种习惯，幸福是奋斗出来的。昨天在访企拓岗交流时，企业对我院学生给予高度评价，赞扬我院学生淳朴、肯干、务实。在中车沈阳机车车辆有限公司顶岗实习的6名毕业生由于表现出色，全部被择优录用。所以，多一份技能，就多一些机会；多一点努力，就多一份成绩；多一点执着，就会创造奇迹。要将生命与学业合而为一，以顽强拼搏的姿态，成就精彩人生！

三是乐于奉献，做精神强大的人。习近平总书记说："世上没有从天而降的英雄，只有挺身而出的凡人。"这次疫情让我们深刻体会到，在任何困难和艰险面前，只要不放弃、不退缩、不止步，百折不挠，就没有战胜不了的困难。人生的道路都会经历困难、失败和挫折，要把挫折和困苦看作磨炼自己成长的机会。要用顽强的意志、坚定的信念和所向披靡的勇气去战胜困难。要有英雄气概，勇于担当，乐于奉献，做担当民族复兴重任的时代新人。

同学们即将告别母校走向社会，走上工作岗位，我们将努力把学校建设好，发展好，把你们认为不满意的地方改造好，早日建成职业技术大学。希望你们不负重托，在各行各业发光发热，为母校增光添彩！衷心祝愿同学们前程似锦！幸福安康！

（作者系沈阳职业技术学院院长）

每一位同学都是学校的形象大使，都是学校行走的亮丽名片，都是未来的璀璨之星。希望大家能够继续传承好学校的文化与精神，守护好学校的尊严与荣耀，创造出学校的成就与辉煌。

传承学校精神　创造人生辉煌

沈士德

泉山脚下，夏荷吐艳。青葱少年，整装待发！今天是一个值得纪念的日子，我们在这里再次相聚，共同唱响毕业歌，欢送江苏建筑职业技术学院 2022 届 4506 名毕业生。

时光飞逝，岁月如歌。当看到你们青春的面孔逐渐褪去青涩与懵懂，绽放出属于自己的流光溢彩，我们由衷地感到欣慰和高兴。你们曾在学校的"翰书叠栋"里汲取知识，在"泉山夕照"下锤炼技能，在"诗韵藤廊"中勤学苦读，在"林荫漫步"间畅谈未来。每一天，你们都在用实际行动践行着学校"厚生尚能"的校训、"求实创新"的校风，点滴生活都成为学校的独家记忆，学校也成为你们难以割舍的家。

在这里，你们有太多的感触与留恋。你们是江苏建筑职业技术学院历史上非常特别的一届毕业生。2019 年入学，正逢中华人民共和国成立 70 周年、学校建校 40 周年，你们切身感受了国家和学校走过的光辉历程、巨大发展的笃定力量。2020 年，席卷全球的新冠肺炎疫情让大家的学习生活发生巨大改变，你们成为首届经受疫情考验的大学生，也是目前上网课最多的一届大学生。在与疫情斗争中，你们见证了青春逆行者的美丽身影和所有人奋力生活的坚强轨迹，面对疫情大考你们变得更加从容自若。2021 年，在建党 100 周年的红色记忆里，"请党放心，强国有我"的青春誓言激荡起你们承载"国之大者"的强大决心。3 年大学生活，你们在校时间短，与同学老师聚少离多，当然也少了许多早操、晚自习和 PU 活动，这次返校更是聚散匆匆，甚至与同学老师来不及拍一张合影、说一声再见，也来不及与舍友们组队再玩一圈桌游，还有太多的精彩讲座、社团活动、各类球赛没有完成，这些遗憾都将化为你们日后生活的前进动力。

在这里，你们有太多的汗水与荣耀。你们是见证江苏建筑职业技术学院快速发展的一届大学生。你们目睹了学校成为国家优质高职院校、国家"双高"建设单位、省卓越院校建设单位、省高水平院校建设单位的提升发展，学校努力向职业本科教育目标迈进的坚定步伐。学校也见证了你们挥洒汗水、勇于拼搏、取得进步的精彩过程。地下与隧道工程技术专业 19-1 班赵明翔同学由战场"铁血英汉"变身校园"发明能手"，荣获全国"大学生年度人物""全国向上向善好青年"的光荣称号；建筑工程技术专业 19-12 班万星云同学荣获"中国大学生自强之星"的先进荣誉；工程造价专业 19-8 班鹿存宇同学获得"省优秀共青团员""省最美职校生"先进表彰；室内艺术设计专业 19-3 班团支部荣获全国高校"活力团支部"；还有大批同学在"挑战杯"赛、"互联网+"赛、技能竞赛，礼射、棒垒球、舞龙舞狮比赛，高数英语竞赛等大赛中斩金夺银。这些成绩的取得都是你们用汗水浇灌出来的结果，也是老师们辛勤指导培育的结果。今天，还有 183 名同学获得了省级、校级"优秀毕业生"的荣誉称号，1760 名同学参加了"专升本"考试，或将进入本科学校继续深造，更多的同学将奔赴祖国四面八方，走上工作岗位，投身新的人生战场。

毕业之际，还有一批同学的大学生活将被延长，毕业后还要代表学校、江苏省参加国赛。他们是：建筑装饰工程技术专业 19-7 班的李帅，室内艺术设计专业 19-3 班的郑厉，建筑电气工程技术专业 19-1 班的范庆旭，城市轨道交通工程技术专业 19-1 班的常茜源，城市轨道交通工程技术专业 19-2

班的常进展、李杰，道路与桥梁工程技术专业 19-4 班的孙鑫。另外，还有魏宇航、王家顺、孙笑威等 16 名同学仍在顶着炎炎烈日，不辞辛劳地刻苦训练，积极备战江苏省第二十届运动会。让我们以热烈的掌声为他们的努力喝彩，并预祝他们取得优异成绩。

临别之际，作为大家的师长和朋友，再向大家提出 3 点希望和要求，希望对大家今后的学习工作与生活能有所帮助和启迪。

一是坚定理想信念，增强做铮铮铁骨"建院人"的志气。理想信念是一种良好的品质，更是一种坚强的力量。你们生逢其时、重任在肩，希望你们能够树立起远大的人生理想，不断释放青春活力，以青春之我、奋斗之我，为社会主义现代化建设贡献力量，努力成长为有理想、敢担当、能作为的新时代青年。江苏建筑职业技术学院起源于中国人民解放军基建工程兵第三技术学校，所有"建院人"都拥有良好的红色基因，你们要传承、发扬好"铁的纪律、牺牲精神"，赓续红色血脉，砥砺坚强意志，在实践锻造中练就铮铮铁骨。初入社会，压力、挫折都无法避免，你们只要保持对国家、社会、人民的热爱，把自己的小我融入祖国的大我、人民的大我，你们对学校的爱、对社会的爱、对祖国的爱就会更加平静、深沉，个人成长与发展的步伐就会更加坚强有力。

二是坚持拼搏奋斗，增强做勇毅笃行"建院人"的骨气。"奋斗是青春最亮丽的底色，行动是青年最有效的磨砺。"希望同学们要有初生牛犊不怕虎的勇毅精神，逢山开路遇水搭桥的坚强意志，在最应该吃苦的年纪敢于吃苦，在最应该奋斗的年纪勇于拼搏，在做好每一件小事、履行每一项职责、实现每一个挑战中吹响青春奋进的号角。学校积累"艰苦奋斗、奉献精神"的煤炭文化，作为职业人、技术人，你们要大力弘扬劳模精神、劳动精神、工匠精神，争做新时代的实干家。"人生万事须自为，跬步江山即寥廓。"初入社会，请同学们立足本职，埋头苦干，脚踏实地走好你们这代人的长征路，对幸福的生活、辉煌的事业要心之所向、身之以往，以吃苦耐劳的精神、拼搏奋斗的勇气创造美好的未来，续写属于"建院人"的美丽赞歌。

三是坚持精益求精，增强做矢志创新"建院人"的底气。"志存高远方能登高望远，胸怀天下才可大展宏图。"当今世界，知识信息迭代加速，社会分工日益细化，新技术新模式新业态层出不穷，这对青年人能力素质提出了新的更高要求，需要你们继续努力，加快知识更新，优化知识结构，拓宽眼界视野，着力避免陷入少知而迷、不知而盲、无知而乱的困境，着力克服本领不足、本领恐慌、本领落后的困境。希望你们既要积极应对改变，做"终日乾乾，与时偕行"的智者，也要努力创造改变，做"以梦为马，不负韶华"的强者。学校积淀了"质量第一、创新精神"的建筑文化，你们要不断增强终身学习的紧迫感，在学习中增长知识、锤炼品格，在工作中增长才干、练就本领，继续读好社会的"书"，上好职业的"课"，跳好事业的"舞"，努力从技术技能人才向能工巧匠、大国工匠转变，以真才实学服务社会，以创新创造贡献国家。

校园生活即将告一段落，社会生活更加丰富多彩。无论是走上工作岗位，还是继续升学深造，还是自主创业发展，希望大家都要明白：你曾经来过江苏建筑职业技术学院，又从江苏建筑职业技术学院离开，这里有你们割舍不断的师生情、同学情和朋友情。每一位同学都是学校的形象大使，都是学校行走的亮丽名片，都是未来的璀璨之星。希望大家能够继续传承好学校的文化与精神，守护好学校的尊严与荣耀，创造出学校的成就与辉煌。

人生最美好的年华是青春，青春最美好的年华在校园。毕业有期，情义无限。我们在夏末相遇，在初夏告别，请记住你们身边的每一张面孔，将来无论身处何方，你们永远是学校深切的挂念；无论功成与否，学校都是你们坚强的后盾；无论岁月更迭，学校永远是你们的家。

2022，从江苏建筑职业技术学院出发，去行动、去改变、去实现，去奔赴属于自己的星辰大海。衷心祝愿同学们长风破浪，直挂云帆，一路踏歌，繁花似锦。

（作者系江苏建筑职业技术学院院长）

未来的日子，愿你们踔厉奋发、笃行不怠，愿你们以梦为马、不负韶华，在青春的赛道上奋力奔跑，用奋斗创造美好明天！

德技并修　知行合一

黄远新

3年时光弹指一挥，仲夏时节如约相聚。今天，我们欢聚一堂，共同祝贺四川职业技术学院2022届4833名毕业生顺利完成学业，踏上开往似锦前程的长途列车，开启璀璨夺目的人生新篇章。

浮光掠影，记忆犹新。2019年秋天，面露青涩的你们，意气风发，踌躇满志，跨入郁郁葱葱、金桂飘香的校园，春华秋实，夏涵冬蕴，在这里你们度过了人生中极其重要的大学生涯，光阴如梭，时光飞逝，3年精彩的校园时光还历历在目。如果说人生是一本书，那么大学生活便是书中最美丽的彩页；如果说人生是一台戏，那么大学生活便是戏中最精彩的一出。

这3年，校园上空回荡着你们朗朗的读书声，图书馆铭记着你们求知的身影，操场上抛洒你们拼搏的汗水，舞台上绽放你们飞扬的青春。

这3年，我们一起隆重庆祝了中国共产党百年华诞，在光辉历程中坚定信仰、汲取力量。我们一起见证了全面小康的千年梦圆，在奋斗历程中增强自信，踔厉奋发。

这3年，我们一起抗击新冠肺炎疫情、共建平安校园，在世事多艰与百年变局中不忘初心、砥砺前行。

这3年，我们一起见证了"一校三基地"的规划建设，一起为学校创"双高"、升本科而雀跃欢呼！

这3年，我们从未如此深切地感受到，个人的前途命运，学校的事业发展，与中华民族伟大复兴的历史进程是如此息息相关、紧密相连。

你们不负韶华，追求卓越，取得了令人欣慰的成就，展现了身为新时代青年大学生的家国情怀和责任担当。计算机工程学院的刘雨煌，在暑假期间不怕艰险，勇敢地站在防洪救灾第一线，在校期间获得了国家奖学金、荣获"四川省优秀共青团员"称号，成为学弟学妹们的榜样；建筑工程学院的刘学森，捧回了全国行业职业技能大赛BIM深化设计大赛的国家级奖项1项和省级奖项4项，用奋斗擦亮了青春的底色；文化旅游学院的陈锐，始终冲锋在志愿服务的第一线，投身乡村支教、疫情防控等多个领域，即将成为一名光荣的人民教师。奋进的你们有太多的优秀事迹，请原谅我无法一一道尽，你们青春实践、拼搏奋进的身影，深深地镌刻在学校的办学历程中，成为母校永远的骄傲，为进入新百年征程的四川职业技术学院增添了一道又一道夺目的光彩。我由衷地为你们的选择感到自豪，为你们的成长感到欣慰，为你们取得的优异成绩感到骄傲。

青年向上，国家向前，背起行囊，迈出校门，你们将正式接过实现中华民族伟大复兴的时代接力棒。祖国的召唤，时代的强音，期待你们用实际行动践行"请党放心，强国有我"的铮铮誓言，希望你们"清澈的爱，只为中国"！

3年的大学时光，转瞬即逝。回首过去，相信在场的每一位同学都思绪激荡、感慨万千。离别之际，作为你们的老师，作为大家的朋友，我有3点期望与大家共勉：

一、站好"起跑线"，做敢于选择的"造梦人"

在青春的赛道上跑出好成绩，站好"起跑线"，保持正确的起跑姿势，"一声枪响"闻令向前是基础、是关键。对毕业的你们来说，矢志不渝听党话、跟党走，就是在为正确起跑找准方向、打牢基础、做足准备。矢志不渝听党话，必须把对党忠诚作为最根本的政治要求和最重要的政治纪律，坚定理想信念，强化政治担当。

"莫失心所念，万物尽可期。"以 10 年为期，为人生设定一个目标，并为之不懈努力。青春蕴藏着无限可能，人生的导演和主角就是你自己。在人生新的起点上，你们要准确认识到，当今的中国正处于百年未有之大变局，把握中国当前所处的历史方向，把个人事业与国家发展、与构建人类命运共同体联系在一起，把创造全人类更美好的生活作为奋斗目标，脚踏实地向前进。

二、奋进"全过程"，做自强不息的"圆梦人"

6 月 8 日，习近平总书记在四川考察，面对即将走出校门、走进社会的青年学子，他话语谆谆："要弘扬社会主义核心价值观，努力做到德智体美劳全面发展。劳动最光荣，我们的幸福生活是靠劳动创造的，一夜暴富、一夜成名是不现实的。大学生就业要怀着一颗平实之心，综合考虑自身条件和社会需求，防止高不成、低不就。"

在社会的大课堂中，你们将会遇到更为艰难的社会考试，将会面对更为深涩的生活考验。在今后的日子里，你们要勇于从最基层做起，学会在困难中修身，踏实做事，诚实为人，坚信勤能补拙、天道酬勤，时刻保持昂扬向上的精气神，拿出滴水穿石的劲头、铁杵磨针的功夫，在青春的赛道上勤勉耕耘、砥砺奋进，用自己的聪明才智为国家的强盛、为中华民族复兴做出自己的贡献。

三、冲向"终点线"，做勇于挑战的"追梦人"

"于道各努力，千里自同风。"青春的时光总是短暂的，稍纵即逝、终须一别；青春的故事总是难忘的，注定写满挑战与超越、收获与遗憾。面对满地荆棘的人生道路，我们需要坚强的意志，持之以恒，才能获取成功。在追梦的道路上，希望你们面对挑战，始终保持"初生牛犊不怕虎、越是艰险越向前"的刚健勇毅，始终保持"君行吾为发浩歌，鲲鹏击浪从兹始"的意气张扬，始终保持"驰而不息学柳青、争做时代好青年"的奋发有为，用自信、自强赢得自胜，处优而不养尊，受挫而不短志，逢山开路、遇水架桥，努力把顺境逆境变成人生财富，在奋斗中创造出无愧于时代的绚丽人生。

"参天之木，必有其根；怀山之水，必有其源。"

请记住，无论你们走多远，母校永远是你们最坚强的后盾，是你们永远的精神家园和避风遮雨的港湾！母校为你们的远航守望，为你们的成功喝彩，祝愿你们努力成为新时代需要的能工巧匠、大国工匠！

道一声"珍重"，诉一曲"不舍"。未来的日子，愿你们踔厉奋发、笃行不怠，愿你们以梦为马、不负韶华，在青春的赛道上奋力奔跑，用奋斗创造美好明天！

（作者系四川职业技术学院院长）

在同学们即将告别母校、奔赴新征程之际，我就用 3 句实实在在的话作为临别赠言，和同学们共勉：希望你们始终坚持走正道，希望你们始终坚持勤学习，希望你们始终坚持强体魄。

走正道　勤学习 强体魄

徐须实

毕业典礼对每一位大学生而言都是弥足珍贵的，这是告别校园生活、开启人生新征程的重要时刻。因此，尽管当前疫情防控任务仍然繁重，我们依然克服困难、坚定地举办这个隆重而有特殊意义的毕业典礼，学校管乐队也首次在毕业典礼上精彩亮相。

2022 届毕业生，可以说是学校办学史上最为特殊的一届。2020 年年初，席卷全球的新冠肺炎疫情呼啸而来，同学们的学习生活因此发生巨大改变，线上学习、远程答疑、视频班会和网络招聘等成为你们大学生活的新常态。让我感到欣慰的是，面对此起彼伏的疫情，同学们始终服从学校安排，一边抗疫、一边学习，和老师们团结一心、共克时艰。从疫情初期的恐慌、担忧、焦虑，到对国家打赢抗疫战争充满信心、理性看待疫情带来的影响，再到心态恢复平静回归学习，疫情已然成为同学们青春成长过程中的特殊"馈赠"，见证了同学们青春逆行的身影和奋力学习的轨迹，成为同学们大学生活不可磨灭的印记。

时光见证你们的成长。3 年来，你们坐在柔嘉湖边畅谈理想的豪迈，校园健身打卡挥洒的汗水，教室、实训室、图书馆专注学习的执着，走遍校园每一个角落的求知脚印，已经与这个校园深深地融为一体，成为这个校园一道独特而亮丽的风景。3年来，同学们收获了知识、收获了成长。据统计，你们这一届每一位同学在获得毕业证书的同时，都获得了一本以上技能证书和荣誉证书，你们当中有306名同学光荣地加入了中国共产党，有551人次获得省级以上各项综合性荣誉，有340人次获得省级以上技能竞赛奖项，有301名同学上了专升本分数线，还有26名同学投笔从戎、参军报国；你们当中涌现出了中国大学生自强之星刘亚歌，省成绩突出共青团员徐飞，国际"互联网+"大学生创新创业大赛银奖获得者陈建娜、滕青青、戴莹、徐晨霞，全国职业院校技能大赛三等奖获得者陶郅鹏、杜佐辉，等等。作为你们的师长，我为你们每一个人感到骄傲！

我也可以高兴地告诉大家，你们在校的这3年，也是学校全面起势、快速发展的3年。学校以建设高水平专业群为引领，全力推进高水平院校建设，全力打造四省边际职业教育桥头堡，整个学校朝气蓬勃、蒸蒸日上。前不久，省政府教育督导办公室公布了全省高职院校2021年度督导评估结果，我校以928分的优异成绩列全省参评47所高职院校第11名，以昂扬的姿态跨入了全省先进高职院校的行列。

今天我们欢聚一堂，明天将奔赴新的战场！在同学们即将告别母校、奔赴新征程之际，我就用3句实实在在的话作为临别赠言，和同学们共勉。

一是希望你们始终坚持走正道。一位著名作家曾经说过，人生的道路虽然漫长，但紧要处常常只有几步，特别是当人年轻的时候。当今社会纷繁复杂、包罗万象，同学们初入社会，有时难免会为一些社会现象所困惑，有时甚至会出现迷茫和不知所措，但只要我们始终坚守法纪、恪守良知，就一定能澄清迷雾、辨明方向。请相信，只要路是对的，就不怕遥远，行则必达！

二是希望你们始终坚持勤学习。学习力是一个人最核心的竞争力。大学毕业不是学习的终结，而是新一轮学习的开始。希望同学们今后不管身处何方、从事何种工作，都要坚持学习新知识、掌握新技能、攀登新高峰。今年浙江高考作文题中提到的杨杰，原是一个中专毕业生，他从学徒干起，靠勤学苦练、精益求精，从技术工人到技术能手、从技术能手到首席技师，最终成长为浙江省劳动模范、浙江工匠！请相信，只有学习不止，才能进步不止、收获不止！

三是希望你们始终坚持强体魄。毛泽东同志说过："文明其精神，野蛮其体魄。"我最希望同学们今后始终坚持做的一件事，就是坚持运动、练就强健体魄。哪怕工作再忙碌、生活再琐碎，都要挤出时间坚持运动，像风一样奔跑。每天锻炼 1 小时，健康工作 50 年，幸福生活一辈子。请相信，强健的体魄一定是你们一生最重要的财富。

3 年前，你们怀着希望而来，今天你们带着自信而走！衷心地祝福你们，前程似锦，一路欢歌！

请记住，信安湖畔，江源路 18 号，衢州职业技术学院的师长们牵挂着你们！同学们，向着梦想，勇敢地出发吧！

（作者系衢州职业技术学院党委书记）

> 我郑重地将"因为坚持，所以成功"这把美好人生的金钥匙交付给你们。希望你们用这把金钥匙坚定信念，在人生的航海征程中，心中永远有一座明亮的灯塔；希望你们用这把金钥匙坚守梦想，永远不忘初心，让梦想照进现实……

因为坚持　所以成功

刘丽彬

6月以来，在我们美丽的校园里流传着一首动人的歌曲："让我掉下眼泪的/不是离别的忧/让我依依不舍的/是老师的温柔……分别总是在6月/回忆是思念的愁/涧桥轻轻的晚风/亲吻我额头……和我在洛科的校园走一走/直到所有的灯都熄灭了也不停留。"慢慢地当我基本能够哼唱这首歌时，突然意识到你们要毕业了，你们要逐梦远方了。真心祝贺线上线下的2022届"洛宝们"圆满完成学业！祝福你们在人生的新征程中一切顺利！祝愿你们在社会的大舞台上绽放精彩！

今天的毕业典礼，也是一场特殊的毕业典礼。在新冠肺炎疫情形势依然严峻的情形下，学校为你们精心设计的万人毕业化装舞会未能如期举行，我们5597名毕业生也只能有200名到现场参会，另外5397名同学只能在全国各地通过抖音、快手、微博、视频号等平台，与我们空中相见。线上的"洛宝们"，我很想念你们！

2019年9月1日，你们带着对大学的憧憬和向往走进了洛阳科技职业学院。翻开学校当天的公众号推文，有一个叫"两棵树的故事"的网友的留言让我动容，他说："挥手告别高中还宛如昨日，面对新的征程，希望用拼搏的汗水冲刷掉胆怯和自负，以充沛的精力全力以赴，砥砺前行，以梦为马，不负韶华！"从他的留言中，我看到了我校学子关于青春、关于梦想的心路历程。但是，就在你们的第一个寒假，武汉暴发了新冠肺炎疫情，牵动了全国人民的心弦，校园也按下了暂停键。终于，新学期经历了3个月的线上教学后，2020年5月18日，你们返回了校园，从此校园开始了封闭管理。大家都失去了外出聚餐、逛街、看电影、约会的机会。从那时开始，经常有同学在校长信箱提问：什么时候能解封校园？什么时候能恢复线下教学？什么时候能结束"异地恋"？于是，校长信箱"投诉率"就居高不下了。也有同学说："封闭式管理，2万多学生朝夕相处在2000多亩校园里，这要是找不到对象你们就得反思自己了。"作为校长，我真认真反思了这个问题，觉得学校做得还不够，所以给大家打造了10亩地的"青春"玫瑰园。还有同学说："上网课，其实学习时间更机动，只要调整好作息，在不被打扰的环境下，进入学习状态反而更快、更高效。"我想多年以后，回首大学生活，伴随着你们刻苦求学的过程，延期开学、封校管理、线上教学、核酸检测、轨迹排查，都将铭刻在你们关于青春、关于爱情、关于大学的记忆里，常态化的疫情带来的不美好，只要与青春在一起，与拼搏、奋斗在一起，都将成为你们人生的宝贵财富。正如普希金所说，那逝去的终将是美好！

你们入学到今天毕业，新冠肺炎疫情依然严峻，世界格局变幻莫测，正好印证了这个时代特征。你们成长在一个伟大的时代，一个中华民族伟大复兴的新时代；同时，你们也生活在一个充满易变性、不确定性、复杂性、模糊性的VUCA时代。在这个时代里，有些变化可以预知，有的则突如其来。比如，这次疫情对个人、学校、国家、世界及人类都是巨大的考验。你可记得，面对突如其来的疫情，2020年春节，84岁高龄的钟南山院士，在广州、北京、武汉三地奔波，连续奋战。他国士无双，是硬核男神。钟南山院士是一个真实、普通甚至是平凡的中国医生。他跟所有有责任感的医生一样，几十年如一日，每周坚持出门诊看病人，每周坚持查房，一直到现在，还是如此。在繁忙的工作之余，钟院士每周都会抽出三四天下班后的时间，进行40~50分钟运动。几十年如一日的锻炼，让他拥有了强健的体魄，为服务患者提供了良好的身体条件。正是这样一个可爱、可敬，对事业兢兢业业、一丝不苟的老人和无数奋战在疫情防控一线的医护工作者，构成了保护人民身体健康的"脊梁"。从"非典"到新冠肺炎，钟南山一直站在抗疫一线，成为公共卫生事件应急系统建设的推动者，促成了国家多项政策法规的制定，更成为突发公共卫生事件的代言人，成为稳定民心的科学家代表。因此，他被授予中华人民共和国最高荣誉勋章——共和国勋章。从钟南山院士的成功，我想到几个关键词——"坚定""坚守"与"坚持"。

疫情给我们带来的也不光是困惑与恐惧。我们诸多学子在此期间也取得了长足进步。据我所知，音乐协会200余名同学，每天放学后就开始练习声乐、乐器，有的同学参加了中国好声音大赛，包揽学校好声音大赛大奖；书法社团100余名同学每天坚持练习书法，在临摹、创作的天地辛勤耕耘；足球社团61名同学，坚持每天中午和晚上刻苦训练，夏练三伏，冬练三九，在"新安杯"足球赛中荣获铜牌。疫情期间学校也涌现出不少"学霸寝室"，很多学生利用"宅"的时间解锁了不少新技能……最近我听说了不少同学专升本的故事，陈琳同学，刚入校时学习底子薄弱，为提高成绩，她一天只睡三四小时，能一动不动地坐在教室自习一天，她的坚持与努力得到了回报，成绩在短时间内得到了迅速提升。楚森森同学，他的专业课扎实，曾荣获学校好声音比赛第二名，但英语成绩一般。他迎着朝晖、奔向太阳，披星戴月、风雨兼程，英语成绩从最初的30分到现在的100多分。大家都在努力以自己的方式，追逐梦想、书写精彩。从他们身上，我提炼的关键词依然是"坚定""坚守"与"坚持"。

借此机会，我再向大家讲两个故事。第一位是今年60岁的全国劳模、全国五一劳动奖章获得者、中国最美奋斗者、2018"大国工匠年度人物"高凤林，他是中国航天科技集团211厂发动机车间的一名普通班组长，他技艺高超，是特级技师，被称为焊接火箭"心脏"的"中国第一人"。42年来，他几乎都在做着同样一件事——为火箭发动机喷管焊接。有的实验，需要在高温下持续操作，焊件表面温度达几百摄氏度，高凤林双手被烤得鼓起一串串水泡，但他依然咬牙坚持。他用35年的坚守，诠释了一个航天匠人对理想信念的执着追求。第二位是我校艺术与设计学院专业带头人张嘉伟老师，他是正高级工艺美术师、正高级乡村振兴技艺师、中国玉雕大工匠、省级"非遗"代表性传承人、我国玉雕行业高技能领军人才。为将玉雕技艺与汉文化结合，他沿着家乡的历史沿革追根溯源，深入探究传统技法"汉八刀"。经过潜心研究，他终于将传统的"汉八刀"技艺继承和发扬。因常年伏案雕刻，张嘉伟有严重的颈椎病，而且玉雕需要左手持玉料右手拿雕刀，在制作大件器皿时，左手吃重时间长了，手指就会麻。可很多工艺要求连续性、不间断，为解决手麻这个问题，张嘉伟老师瞒着家人到日本接受了手指神经的阻断术，同时为了使中指无名指间的开合度更大，手持玉料时更为灵活，他还手术切断了手指筋腱。就这样，张嘉伟以常人无法接受的毅力和对艺术至高的追求，造就了一双专属玉器制作的手。这两位都是能工巧匠、大国工匠，值得你们作为一个职业院校毕业生终身追随。从他们的故事里，我提炼的关键词依然是"坚定""坚守"与"坚持"。

同学们就要远航了，虽然条条大路通罗马，但是这个世界上仍有许多的不公平，有的人出生在罗马，有的人努力一辈子也到达不了罗马，有的人天生就很优秀，优秀不一定能成功，但我坚信坚持努力一定能更加优秀并更能成功。在此，我郑重地将"因为坚持，所以成功"这把美好人生的金钥匙交付给你们。希望你们用这把金钥匙坚定信念，在人生的航海征程中，心中永远有一座明亮的灯塔；希望你们用这把金钥匙坚守梦想，永远不忘初心，让梦想照进现实；希望你们用这把金钥匙坚持精进，不断追求卓越，让人生更加丰满。坚持像火一般，描绘了人生；坚持像光一样，照亮了梦想；坚持自己的梦想，因为梦想需要坚持来实现。

学校也正在用"因为坚持，所以成功"这把金钥匙谱写新时代职教改革新篇章。学校全面贯彻党的教育方针，坚持"立德树人、德技并修"的办学方向，为党育人、为国育才。学校遵循"以父母之心育人、帮助学生成就梦想"的办学宗旨；笃定"以学生为中心、以贡献者为本"的核心价值观；树立"成为扎根中原大地的高水平职业技术大学"的愿景目标；践行"理实一体，知行合一"的校训；积极构建"一体两翼"发展模式，"一体"是指建设青年友好型职业大学，"两翼"是指"学院—书院"双院育人，"政—校—行—企"协同育人；不断提高办学水平，不断提升品牌影响力，不断为祖国繁荣富强输送像你们一样的一批又一批厚德博学、内心充盈、敏行善言的高素质技术技能人才。"洛宝们"，要相信不久的将来，洛科将成为一所本科职业大学，母校将立足洛阳，辐射中原，影响全国。因为我们坚信"因为相信，所以看见"，坚信"因为坚持，所以成功"。

希望你们永远保管好"因为坚持，所以成功"这把金钥匙。再坚持一下，也许就能等到熔化；再坚持一下，也许就能等到接纳；再坚持一下，也许目标就能到达；再坚持一下，也许铁树就能开花；再坚持一下，过了冬天就有春夏；再坚持一下，过了黑夜就有朝霞；再坚持一下，没有比心更美的花；再坚持一下，没有比爱更甜的家。洛阳科技职业学院永远是你们温暖的家。此时此刻，我想再嘱咐你们几句话。

第一，希望大家要坚守梦想。梦想是绳，挂起饱满的帆；梦想是帆，推动希望的船；梦想是船，漂荡理想的海；梦想是海，托起耀眼的光；梦想是光，照亮前进的路。

第二，希望大家要坚持学习。要不断学习新知识、新技能，做厚德博学、内心充盈、敏行善言的高素质技术技能人才，成为能工巧匠、大国工匠，在技能型社会建设中大显身手、大展宏图。

第三，希望大家要坚持精进。苟日新，日日新。自我改变、自我超越才是最强大的力量。坚持精进，砥砺前行。

人生就像一粒种子，需要你悉心呵护、用心灌溉。有时候没有开花结果，请不要担心，没有规定人生的种子必须开花结果，因为你本身也许就是一棵树，一棵有担当、有梦想的参天大树。你的未来还有很长的路，我希望你热爱生活、内心充盈，真诚待人、善良温暖。

今天我们不说"再见"。感谢你坚定地选择洛阳科技职业学院，相信洛阳科技职业学院。愿你在未来的日子里坚守梦想、勇往直前，我们顶峰见！

（作者系洛阳科技职业学院院长）

未来的路很长，当离开校门的那一刻，请再重温"尚德蕴能、日精日新"，请再默念"经道义、营民生""顾国谋利"，母校期待你们做智圆行方之人。

智圆行方　厚积薄发

王　鑫

寒来暑往，秋收冬藏。迎着炙热的烈阳，又是一年毕业季。

应疫情防控要求，今天我们以线下和云端相结合的方式，为山东商业职业技术学院 2022 届毕业生举行一场简朴、热烈而隆重的毕业典礼。

今天，相信对我们每一位毕业生来说，都将是难忘的一天。还记得你们初入校园时稚嫩憧憬的脸庞，不经意间已经消逝，我们所有的毕业生即将为青春加冕，向未来出发，告别一段奋斗岁月，开启充满希望的人生新征程。

纵然会有些许遗憾，但人生就是这样，一路艰辛一路风景，只要你"愿意"继续走，路的尽头依然是路。此刻，请同学们把最热烈的掌声送给自己，感谢自己的执着，感谢自己的坚持，感谢自己的"我愿意"！

回顾这 3 年，国家极不平常，你们矢志不渝。

2019 年，中华人民共和国成立 70 周年、五四运动 100 周年，这一年，习近平总书记对新时代中国青年提出 6 点要求：树立远大理想、热爱伟大祖国、担负时代责任、勇于砥砺奋斗、练就过硬本领、锤炼品德修为。2020 年，新冠肺炎疫情突然全球暴发，你们与全国人民共同抗疫，一如既往地学习生活、一如既往地成长进步。这一年，你们见证了祖国的强大、制度的优越、人民的力量。你们坚信任何困难都无法阻挡民族复兴的步伐。2021年，何其幸运，我们见证了中国共产党成立100周年的伟大荣光，满怀炽热情怀，我们一起向我们伟大的党送去了美好的祝福。

回顾这3年，学校极不平常，你们相伴同行。

2019年年末，学校开启建设中国特色高水平高职学校（A档）的序幕。随之，在学校，我们建设中国科学院周远院士工作站；在巴基斯坦，我们建设冷链物流研发和培训基地；在冬奥会冰丝带速滑馆，有我们老师研发的制冷技术；在山东大地的田间地头，有我们保鲜技术实验现场。科研，为我校培养高技术人才提供不竭动力，打开了师生们的眼界之窗。科大讯飞的客服机器人训机师、远联科技的财务数字员工、蓝剑物流仿真立体库的操作员、喜马拉雅的视听演艺师，一个个新职业、新岗位成为学校数字经济社会人力资源研究的对象，相信未来两年内，学校能再次冲顶高技术人才培养高峰。商职的优秀毕业生们，学校在勇毅前行，教学内容在不断更新，你们是学校永远的学生，学校的每一间教室都向你们永远敞开。作为院长，我可以保证，你们的学号是永久的、一生一世的符号，在学校记忆中，你是唯一，你是永远，学校欢迎你们随时回家。

凡是过往，皆为序章。在大家即将踏上人生新征程之际，我再嘱咐大家4点，希望可以共勉。

一是要勇担时代使命，增强青年人的勇气，书写"直挂云帆，只为沧海"的奋斗青春色。

纵有疾风起，人生不言弃。作为新时代青年的你们，今天就要走出校园的庇护，勇敢地走向属于你们自己的人生道路，去探寻、去发现、去奋斗、去开拓属于自己的天空。在这个过程中，还要学会转弯。人生路上无非就是两件事：前进和转弯。现实社会中总是充满着各种的矛盾和挑战，大自百年未有之大变局，小至生活中的不确定性，遇到困难时，千万不要盲目前行，这时你需要转个弯、绕一绕，这未尝不是一种前进。前进需要勇气，转弯需要智慧。山不转，路转；路不转，人转。只要心里转个弯，就会路随心而转，从而超越自我，开创新的天地。

二是要坚定理想信念，增强青年人的志气，擦亮"追风赶月，莫要停留"的坚持青春色。

时光不老人亦老。你们要记得："幸福不会从天降，梦想不会自动成真。"当你走出校门步入社会的那一刻，终将会面临许多挫折，会遇见人生的低谷期，唯有坚持才能在顺境中趁势而为，在逆境中破浪前行。另外，你们还要知道，只有破界创新才能带来指数级的增长，这就像无论你把多少辆马车连续相加也不是一辆火车的道理一样。破界创新不是破外在事物的边界，而是破内在认知的边界。创新是认知升级的结果。你发现世界有多大，你的世界就有多大，随之你的解决方案就有多大。

三是要练就过硬本领，增强青年人的底气，展示"脚踏实地，行稳致远"的务实青春色。

"知之之要，未若行之之实。"同在这个"内卷"的时代，我们一定要坚持一切从实际出发，坚持"君子务实"，并且要远离"内卷"这个毒品。到了单位，有许多低水平重复工作，貌似精益求精、埋头苦干，但它只是在有限的内部转圈圈，不向或者不敢向外部施展，这就叫"内卷"。它表现在无意义的精益求精，将简单问题复杂化等。对员工来说，它磨平了锐气，在不知不觉中虚度光阴；对企业来说，无用功浪费资源、降低效率，削弱了企业对外的竞争力。"内卷"能制造出自欺欺人的假象，能够让人沉迷于其中、乐此不疲，它是一种无知的消耗，是毒品。同学们要远离这个毒品，永远保持积极向上、青春勃发。

四是要乘着时代东风，增强青年人的才气。绘就"炉火纯青，登峰造极"的技能青春色。

技能成才，强国有我。2022 年 5 月 1 日，新修订的《中华人民共和国职业教育法》颁布实施。其依据宪法制定，用"六个坚持"阐释职业教育办学方向，用"三个重要"确定职业教育社会功能，通过确定受教育者成长成才过程中的权利和义务，为职业教育受教育者人人出彩提供平等机会。它规定"职业学校学生在升学、就业、职业发展等方面与同层次普通学校学生享有平等机会。各级人民政府应当创造公平就业环境"。这从法律层面保障了职业学校学生"人尽其才、才尽其用",各位同学要知法懂法、努力弘扬劳动光荣、技能宝贵、创造伟大的时代风尚,永走技能成才、技能报国之路。

未来的路很长,当离开校门的那一刻,请再重温"尚德蕴能、日精日新",请再默念"经道义、营民生""顾国谋利",母校期待你们做智圆行方之人。

愿此去前程似锦,再相逢依然如故!

（作者系山东商业职业技术学院院长）

第三章

青春

未来已来，纵有千般不舍，也只能深深祝福、殷殷叮嘱。在这个充满变化的时代里，永远对未来心怀期许，让我们携手共进，一起向未来！

青春向未来

孙兴洋

今天是 2022 年 6 月 6 日，"6"是一个表达爱与祝福的数字。选择这样一个日子，就是真心祝福大家顺时顺势、顺风顺水、顺心顺意！3 年的求学之旅，既是丰富的，也是艰难的。疫情"分隔了彼此的温柔"，疫情阻断了相聚的时空，但它永远偷不走独属于我们自己的青春故事。

同学们是我迎来的首届无锡科技职业学院新生，因为 3 年前的确认眼神，让我们彼此有机会走进生命，分享这段最美好的时光。在当年的开学典礼上，我用"奋斗的青春最美丽"，为你们的扬帆起航鼓劲加油，而你们，用 3 年的砥砺，描绘了青春应有的模样。

"技能小哥"刘航宇同学，来自人工智能学院，他耐得住寂寞、扛得住煎熬、经得起喧嚣，获得江苏省技能大赛一等奖，成为省优秀班集体的领头雁；来自文化旅游学院的藏族女孩赞三巴毛，攻克语言难关，获得国家奖学金，成功考入青海杂多县教育局，成为一名光荣的教育工作者；来自智能制造学院的"汽修西施"张含雪同学，是汽车检测与维修技术专业系 3 届以来唯一的女生，凭着精湛的技能实力出圈，获得"学习强国"等媒体盛赞。

美好固然值得留恋，而未来必定会更加精彩。今天，我们不是在庆祝"结束"，而是在欢呼开始；不是在纪念"完成"，而是在宣告出发。学校留下了你们步履不停前行的身影，八百里太湖之滨回荡着你们"强国有我"的誓言担当。未来已来，纵有千般不舍，也只能深深祝福、殷殷叮嘱。在这个充满变化的时代里，永远对未来心怀期许，让我们携手共进，一起向未来！

向未来，用信念照亮方向。

习近平总书记指出："千百年来，青春的力量，青春的涌动，青春的创造，始终是推动中华民族勇毅前行、屹立于世界民族之林的磅礴力量！"无数青年用他们的责任与担当，书写了一篇篇可歌可泣的青春华章，把对祖国清澈的爱镌刻在鲜艳的五星红旗上。信念不是心血来潮的一个闪念，不是应时而动的灵活机变；信念是一种驰而不息的力量，是一种迎难而上的倔强，更是永不服输的前行。

未来已来。前方的路，到底怎么走？哪条路才能通往未来？处于困境中的人，往往更多关注自己的问题；而解决问题的途径，往往在于你如何解决别人的问题。做事从前往后推，是骑驴看唱本——走着瞧，那么不确定性就会增多；而从后往前拉，就是从确定性里找寻可实现的切入点，成事好像也没有那么难。我们要像种子一样，永远向着太阳的方向，精神的灯塔就会更加璀璨，前进的步伐就会更加坚定，奋斗的姿态就会更加耀眼。把对理想信念的追寻、对知识技能的渴求装进行囊，在青春的赛道上奋力跑出最好的成绩！

向未来，用坚持成就梦想。

梦想是未来的价值追求，而坚持是通向未来的七彩桥梁。荣耀属于拼搏者，未来属于坚持者。我敬佩铿锵玫瑰——中国女足，两球落后逆转韩国，时隔16年再次问鼎亚洲之巅，风雨彩虹铿锵玫瑰，纵横四海笑傲天涯永不后退的歌声响彻全场，让世人炫目；我欣赏冬奥冠军，17岁的天才少年——苏翊鸣，他说，我出生在一个伟大的国家，成长在一个最好的时代，通过努力我实现了自己的梦想。哪有什么一战成名，真正的勇士，都是咬牙苦撑的坚持。其实，每个优秀的人都会有沉默的时光，就看谁能坚持到最后！

未来已来。在这个千帆竞发、百舸争流的时代，唯有用今天的坚持，才能去成就辉煌的未来。没有人知道机遇何时闪现，唯一能做的就是把当下做到极致。要看到确定的未来，现在能做的，马上做；能力不足的，赶紧学。没有谁的成功是理所应当，有的只是耕耘之后的满眼金黄。我们要走出疫情心态，不能把所有的不努力、不用心、不成功都归咎于疫情，千错万错都不是我的错，都是疫情惹的祸。而要把它当作对过往人生的一次修正，面向未来的一场修行。要以不断尝试、不断挑战、不断突破的姿态，努力做到心中有数（规划）、脑中有事（任务）、肚中有货（能力）、手中有牌（办法）。

向未来，用奋斗点燃星光。

如果未来是星辰大海，那么奋斗就是火石，它可以点燃属于我们自己的独一无二的星光。"太空出差三人组"历时6个月，经历了两次出舱、科学实验、热闹跨年、欢庆春节、吹拉弹唱、天宫课堂……翟志刚、王亚平、叶光富扎根太空，用"我的中国心"点燃了那颗属于中国的星。无数次的天地互动背后，有8万青年航天人的无尽探索和默默守护。他们，把梦想写进了浩瀚宇宙；他们，让青春闪耀星辰大海！

未来已来。往后的日子，希望同学们满怀激情又足够清醒。人生有很多事急不得，要脚踏实地、踏石留印；要远离安逸，不避辛劳，不畏艰难，挺起自己竹石般的风骨。是春风，就在寒冬时歌唱，叫醒暖阳；是小溪，就在山谷中奔跑，去芬芳野花；是火炬，就在暗夜中擎起，把天地照亮。人生最大的价值，不在于你遇见了谁，而在于你成为谁；不在于你抓到一手好牌，而在于你把一手烂牌打得精彩。你能华丽地转身和自由表达，是建立在实力基础之上的；你只有足够优秀，具有不可替代的特质，才会拥有更多的话语权。与其在满地鸡毛的生活中抓耳挠腮，不如争分夺秒去追求自在洒脱的诗和远方；与其在困苦中沉沦，不如在奋斗中涅槃。

同学们，再见了！愿"花长好，人长健，月长圆"，是志相同，不相见，长相忆！再见了，红红毅毅们！"多想给你的爱，会成为永久；多想给你的爱，会成为不朽。"母校"陪你走过南北东西，相随永无别离"。欢迎你们常回家看看，我和锦鲤在吟波湖旁等候您的归期！

延伸阅读：

1.6月6日：每年6月6日是无锡科技职业学院毕业日。

2."分隔了彼此的温柔""多想给你的爱，会成为永久；多想给你的爱，会成为不朽"：引自歌曲《还没有爱够》，词曲作者是李青。

3."千百年来，青春的力量，青春的涌动，青春的创造，始终是推动中华民族勇毅前行、屹立于世界民族之林的磅礴力量"：出自习近平总书记在庆祝中国共产主义青年团成立100周年大会上的重要讲话。

4."风雨彩虹铿锵玫瑰，纵横四海笑傲天涯永不后退"：引自歌曲《风雨彩虹 铿锵玫瑰》，由方辉、曾峻填词，方辉、田震谱曲。

5.苏翊鸣：2004年2月18日出生于吉林省吉林市，中国单板滑雪运动员。在北京冬奥会上夺得单板滑雪男子坡面障碍技巧银牌以及大跳台金牌，成为中国首个单板滑雪冬奥冠军。他曾参与电影《智取威虎山》等影视作品的拍摄。

6."太空出差三人组"：指"神舟十三号"飞行乘组3名航天员翟志刚、王亚平和叶光富。翟志刚担任指令长。他们在空间站组合体工作生活了183天，刷新了中国航天员单次飞行任务太空驻留时间的纪录。

7."花长好，人长健，月长圆"：出自宋朝晁端礼《行香子·别恨绵绵》。

8.红红毅毅：无锡科技职业学院校园吉祥物"锦鲤"的名字。名字出自校训"弘毅守正，盈科匠心"。

9."陪你走过南北东西，相随永无别离"：引自歌曲《听闻远方有你》，词曲作者是刘钧。

（作者系无锡科技职业学院院长）

一场青春欢聚的尾声意味着另一场征程的开始。今天你们将启程追逐"诗和远方"，趁青春正好，让我们背起行囊，整装待发。愿你们前程可奔赴，岁月可回头，世间美好永远与你们环环相扣。

逐梦青春　开创未来

朱东风

时光荏苒，流年似水。在这凤凰花开，满园烂漫的美好时节，我们迎来了江苏城乡建设职业学院 2022 届毕业典礼。由于疫情防控原因，典礼以线上和线下相结合的特殊方式举行，作为主角的你们绝大多数不在现场，但我们知道，你们的心向往着这里。此刻，我们听得见你们的心跳，看得见你们的目光。在此，我谨代表学校 1 万余名师生向在场的和镜头前的 2407 名应届毕业生，表示最热烈的祝贺："你们毕业了！"

奋斗的时光最美丽，有梦的人生才精彩！站在新百年、新征程的起点上，回望大学时光，我们共同经历了国家和学校的一系列重大事件：改革开放 40 周年、新中国成立 70 周年、建党 100 周年、冬奥成功举办。在这不平凡的年份里，我们更加真切地感受到了伟大祖国的日益昌盛！在这青春闪亮的日子里，我们携手同心，追逐"双高"校梦想、筑梦未来发展，用辛勤与汗水收获了属于我们的光荣：学校成功进入江苏省中国特色高水平高职学校培育名单，两个专业群进入江苏省高水平专业群；与南京师范大学等本科院校实现了"3+2"专本贯通；获教育部批复成为具有招收来华留学生资质高校；职业技能竞赛硕果累累、"互联网＋""挑战杯""双创"竞赛实现一等奖突破；成功获批江苏省高校科技创新团队、江苏省工程研究中心、江苏省工程技术中心、江苏省技能技艺传承创新等省级科研平台，去年的人才和科研工作在全省高校名列前茅。我校还获评国家技能人才培育突出贡献单位、全国绿色建筑创新奖一等奖，江苏省地方普通高校高质量考核获"争先进位奖"。马欣副省长来校指导时，充分肯定学校办学成绩，鼓励学校围绕立德树人根本任务，奋进"十四五"，擘画新蓝图。

在青春成长的日子里，全体毕业生在校园与学校携手战疫，在抗击疫情中学习和体会人类社会艰辛的进步史。大家作为中国青年抗击疫情主力军中的一员，成为组织核酸检测志愿者、参加学校疫情突发的演习者、守土有责的保卫者，是中国抗击疫情的观察者、亲历者和正确结论的得出者，全校师生一块儿参与了全社会抗击疫情的沉浸式思政大课，展现了青年一代的责任与担当。

今天利用毕业典礼的机会，我要代表学校向全体毕业生在疫情中的付出与担当表示感谢！向全校同学表现出的理解、包容与坚守表示由衷的敬意！我想多年以后，回首大学生活，伴随着你们刻苦求学的过程的，还有封校期间的文体活动、线上的学习交流，以及一遍遍的核酸检测、轨迹排查、返程抢票，这些会和三元湖的波光、本味楼的钟声、六艺楼的汗水、田径场的竞逐……一起留在你们关于青春、关于大学的记忆之中，此时此刻的疫情带来的不美好只要与青春在一起，与大家团结奋斗在一起，都将成为人生的宝贵记忆和财富。

"志存高远方能登高望远，胸怀天下才可大展宏图。"从今天起，你们将走向祖国的四面八方。在你们壮志激昂，即将踏上人生崭新征程之际，我有3点希望，与大家共勉。

一是恪守初心，心怀家国，做爱国者。家国情怀是中华民族5000年历史积淀的生命自觉，是个人与国家紧密结合的鲜明底色。学校建校36年来，一直将"为党育人，为国育才"作为服务地方经济社会发展的动力源泉，作为立德树人的根本所在。我要告诉大家，最值得热爱的是我们脚下的土地，最有价值的发展是在实践的熔炉中淬火成钢。今年的毕业生中，沈宇航等27名同学，积极响应学校号召，投身报名参加"西部计划""三支一扶""乡村振兴计划"，到祖国和人民最需要的地方去谱写青春之歌。他们满怀赤诚、行胜于言，展现出青年一代昂扬向上的青春风貌。在"请党放心，强国有我"的时代坐标中，展现出不负韶华的时代风采。

二是坚守梦想，明志笃行，做实干者。实干永不褪色，拼搏赢得未来。实现梦想就要躬身实践，脚踏实地去做，心无旁骛去闯。习近平总书记说："征路漫漫，唯有奋斗。""奋斗是青春最亮丽的底色，行动是青年最有效的磨砺。"唯有自强不息、奋斗不止，才能攻坚克难、有所作为。来自贵州六盘水大山的技能娃冯坤痒、红色家庭中成长起来的田浩、00后调色高手杨旭，因在中华人民共和国第一届职业技能大赛中的优异表现，荣获"全国技术能手"荣誉称号，让江苏高职教育界刮起"城建风"。挑战百战水准，测绘祖国山河的"城建测绘队"，在职业技能竞赛场上争金夺银，在青春赛道上跑出不负人生的时代风采。他们把实干担当作为人生的座右铭，在实干中增长智慧才干，在困难挫折中锤炼意志品质，展现出最美的奋斗青春。

三是勤学善思，固守本真，做奋斗者。世界纵使"内卷"，青春切勿"躺平"。全国优秀共青团员孙杨灵同学先后获得7次一等奖学金、7次"三创"优秀学生、6次优秀学生干部，考取了计算机一级证书、CAD高级绘图师等多本岗位证书；省级"先进班集体"公用事业学院园林技术1831班获得校级以上荣誉126项、省级技能大赛奖项3项。他们用成功告诉我们：当学习成为一种习惯，人生就能收获更多的美好。今年的就业工作受疫情影响，被称为"史上最难就业季"，很多同学不约而同地喊出"太难了"。但"颜值与实力并存"的2008届校友潘晓晨毕业后边工作边进修，先后获得江苏省技术创新能手称号及江苏省五一劳动奖章；2009届校友奚文超，在工作中成长为岗位骨干，当选为团省委十五大代表和团中央十八大代表。这些都是他们不断提高内在素质，锤炼过硬本领，适应社会发展要求的努力结果。在未来的工作中，希望同学们既向书本学，也向实践学，努力把学习进步作为一种生活方式，在学习中不断开阔视野、丰富知识、感悟人生、提升境界，努力成为大国工匠。一场青春欢聚的尾声意味着另一场征程的开始。今天你们将启程追逐"诗和远方"，趁青春正好，让我们背起行囊，整装待发。愿你们前程可奔赴，岁月可回头，世间美好永远与你们环环相扣。无论天南海北，你们是学校永远的牵挂；无论岁月更迭，江苏城乡建设职业学院是你们永远的家！

再见了，亲爱的同学们！祝你们鹏程万里、一生幸福！祝愿所有的 2022 届毕业生：以梦为马，不负韶华！逐梦青春，向阳花开！

（作者系江苏城乡建设职业学院院长）

> 未来的岁月，希望同学们要有卷起巨浪的勇气，更要有甘于平凡、勇于奉献的坚守，做一朵永远普通却坚持奔涌的小浪花，也可以收获无悔的青春。沉下心来，慢慢成长为更好的自己。

青春正当时　一起向未来

吴访升

仲夏的校园，是最美的季节，更是最浓情的时刻。受疫情影响，今天我们选择"云端"相聚，邀请部分同学到现场参加这场"特殊"的毕业典礼。虽然典礼的形式变了，但是学校对同学们的深情祝福永远不会变。

今天是 2022 年 6 月 16 日，"6·16"，谐音"牛一牛"，选择这个日子，是学校真心祝福同学们在人生新的旅途上顺风顺水，前程似锦，牛气冲天。

时光流转，学校记录了你们的每一步成长。图书馆里，留下了你们纵览古今、挑灯奋战的身影；教学楼内，聚集了你们全神贯注、孜孜以求的目光；运动场上，看到你们上下飞奔、纵横驰骋；共青林旁，听到你们书声琅琅、欢声笑语。母校的一景一物都承载了你们的喜怒哀乐，一草一木都定格了你们的最美芳华，一桌一椅都镌刻着你们的青春回忆，这些都将成为你们迈出校门后的满满回忆。

有校友调侃道"疫情 3 年，青春才几年"，你们经历了最长寒假，不得已从面对面变为屏对屏、键对键，本该有的多彩校园生活，很多时候却不得不在网课和封闭管理中度过。在此，我要感谢大家理解、支持，感谢你们与学校齐心协力、共克时艰，守住了学校的"绿码"。疫情给我们在座的每一位同学上了深刻而生动的一课，体会到了"生命至上"的价值和意义，更是悟出"人生唯有历练才能出彩"的道理。

你们中涌现了全国优秀共青团员、江苏省最美职校生，在全国、全省各类职业技能竞赛、创新创业大赛中大放异彩的优秀学子，还有许多在国家危难之际挺身而出的"抗疫先锋"，学校为你们搭建了成长的舞台，你们为学校增添了青春的力量，2021年学校成为江苏省中国特色高水平高职学校建设单位。青春的你们与奋进的学校风雨同舟，见证了彼此的成长。"艰难方显勇毅，磨砺始得玉成"，没有人规定青春必须是一种模样，你们用1000多个日夜的努力，实现了对自我的超越，学校以你们为荣！

此时此刻，你们即将奔赴下一个人生考场，用青春谱写未来。或许你们中的一些人会感到迷茫、焦虑，但是我们有理性。在20多岁的年纪，美丽是常态，慌张也是常态。五四青年节前夕，习近平总书记在考察中国人民大学时寄语广大青年："牢记党的教诲，立志民族复兴，不负韶华，不负时代，不负人民，在青春的赛道上奋力奔跑，争取跑出当代青年的最好成绩！"在离开校园前，我想送给同学们3句话，愿你们能够轻装上阵，开启未来人生的"崭新篇章"。

一、青春向未来，希望你们不负韶华，淬炼过硬本领

毕业不是学业的终止，只是人生的转场。当今时代风云变幻、日新月异，终身学习，要不断地自我投资，学习力是别人永远抢不走的核心竞争力，是你这辈子最硬的底气。希望同学们始终保持好学、乐学、善学的状态，拜人民为师，以社会为书，少一些"内卷"自耗，多一些开拓进取；传承"工匠精神"，以坚忍不拔的毅力和信念，精雕细琢，做好每一件事，做成每一件事，继续在社会这个大熔炉中淬炼成钢，把"所学"转化为"所用"，全力打造自己的"硬核实力"，努力服务国家、社会所需。

二、青春向未来，希望你们不负时代，勇担强国使命

时代各有不同，青春一脉相承。当我们回顾党史时，我们听到了陈独秀、李大钊对复兴中华的铮铮誓言，我们感动着邓稼先、钱学森不远万里的强国

之志；我们也看到了黄文秀、张桂梅脱贫攻坚的倔强背影。你们生逢盛世，在校期间亲历了庆祝中华人民共和国成立 70 周年、中国共产党成立 100 周年的恢宏时刻，见证了中国完成脱贫攻坚任务、全面建成小康社会的历史壮举，目睹了北京冬奥会、冬残奥会的成功举办，看到了阻击疫情的磅礴力量和种种挑战。如今，时代的接力棒交到了你们手里，希望同学们勇立时代潮头，扛起"强国有我"的担当，乘风逐梦、踏浪歌行，来一场青春和时代的双向奔赴，共同书写伟大时代的新荣光。

三、青春向未来，希望你们不负人民，矢志奋斗拼搏

奋斗者，正青春。奋斗是青春最亮丽的底色。民族复兴的使命要靠奋斗来实现，人生理想的风帆要靠奋斗来扬起。放眼神州大地、各行各业，无论是疫情防控还是乡村振兴，无论是卫国戍边还是创新前沿，无论是竞技赛场还是抢险现场……6 月 8 日，习近平总书记在宜宾学院对同学们说，幸福生活是靠劳动创造的，大家要保持平实之心，客观看待个人条件和社会需求，从实际出发选择职业和工作岗位，热爱劳动，脚踏实地，在实践中一步步成长起来。我希望同学们响应总书记的号召，用脚步丈量祖国大地，用眼睛发现中国精神，用耳朵倾听人民呼声，用内心感应时代脉搏，把对祖国血浓于水、与人民同呼吸共命运的情感融汇在事业追求中。

未来，你们还将面临工作的压力、家庭的琐事、感情的磕绊……也会有一些委屈、难过，但总会有一束光，悄悄照亮这些时刻。那些光，可能是追逐梦想的努力和坚持，可能是坚守初心的永不言弃，也可能是面对困难的坚忍不屈。

生活虽苦，但我们仍然可以给它添上一抹甜。未来的岁月，希望同学们要有卷起巨浪的勇气，更要有甘于平凡、勇于奉献的坚守，做一朵永远普通却坚持奔涌的小浪花，也可以收获无悔的青春。沉下心来，慢慢成长为更好的自己。

青春的你们是学校最美的遇见，未来的学校是你们永远的家园。此去经年，我们"念念不忘"，隔湖中路 53 号已然成为旧时光。你们是奔涌向前的"后浪"，具有无限可能的未来已悄然而至。无论天南地北，你们是学校永远的

牵挂；无论岁月更迭，学校是你们永远的家。愿你在拥抱未来的大道上，坚定不移地追光前行；愿你在这个梦想绽放的季节里，向着远方全力奔跑。

祝愿每一位2022届毕业生成为经纬天地、袖里乾坤技术技能"领袖"人才，祝同学们鹏程万里、未来可期、一生幸福！

（作者系常州纺织服装职业技术学院党委书记）

我刚到院长岗位，和大家一样，正在思考如何服务单位，思考个人发展面临的新形势、新岗位、新挑战、新思路，在此，和大家交流3点想法，就是要回答好"时代之问""立身之问""内心之问"，与大家共勉。

拥抱时代　不负青春

许朝山

6月，是夏收夏种的季节，是毕业季，也是离别季。

今天，我们隆重举行2022届学生毕业典礼，共同见证3785名同学圆满完成常州机电职业技术学院学业。由于疫情影响，今天的典礼，难以让全体同学在校体验毕业这一重要时刻，但无论毕业典礼的形式如何变化，学校对大家的祝福与牵挂，永远不变。

《睡在上铺的兄弟》《同桌的你》，这些校园民谣，感动着每位学子。同窗共读该有回忆，也有遗憾；毕业前程该有憧憬，也有担忧……大学毕业整整30年的我，有3点深切感受，与同学们分享，即思源致远、备而无患、处变不惊。

一是思源致远。依稀记得，大学时代，"日子总过得太慢，你总说毕业遥遥无期,转眼就各奔东西"。每到毕业临别时，才真切感觉到时间过得太快，才感觉未来在加速到来。人生苦短，我们都还有一些目标没有实现，还有一些遗憾难以释怀，甚至还有一些暗恋没有表白。我们这一届，是特别而又不平凡的"2022届"，因为疫情而改变了许多人的学习和生活方式。疫情，给我们带来一些缺憾，但也增添了磨炼。几年来，你们或许一直在追问一个问题：如果明天没有按照我们预设的剧本演绎，该如何应对？我坚信，思源方能致远。一个不知道从哪里来、到哪里去的人，是很难实现人生目标的。

二是备而无患。2022年，我国高校毕业生达1076万人，首次突破千万大关，创历史新高。即将离开校园的你们，将与全国超千万的毕业生一起步入社会，有竞争也有协作。今天，你不妨问问自己："如果明天没有像想象的那样好，该如何应对？"我坚信，备而无患，未雨绸缪，机遇，总是给有准备的人。

三是处变不惊。世界格局在变，产业和生活形态在变，我们的每天都在变，疫情，更是加剧了变。变，是永恒的。在变化的环境中，有人因此颓废，有人勇立潮头。我们不仅要思考这个世界的变，还要懂得如何改变自己，去适应变、适应未来。今后，我们要多问问自己："如果明天充满了不确定性，该如何面对？"我坚信，处变不惊，顺势而为，保持定力，定能创造美好的生活。

人生发展，总会经历几个重大阶段，同学们即将离开校园，奔赴新的前程。我刚到院长岗位，和大家一样，正在思考如何服务单位，思考个人发展面临的新形势、新岗位、新挑战、新思路，在此，和大家交流3点想法，就是要回答好"时代之问""立身之问""内心之问"，与大家共勉。

第一，希望你们学会与时代对话，回答好"时代之问"。

这是一个既充满变化又充满挑战的时代。席卷全球的新冠肺炎疫情让我们在与疫情的斗争中，团结一心共克时艰；在全民抗疫中，见到青春逆行的身影和所有人奋力生活的轨迹。大家面向未来的道路，既充满挑战，也充满机遇，愿我们的校友能传承"知行并进"的校训精神，坦然面对变化，主动拥抱变局，踏歌而行，走向未来。

这是一个既胸怀理想又彰显价值的时代。处于这个时代的你们，要孜孜不倦地学习新知识、新技术、新本领，丰富阅历、加强磨炼、增长才干，要读懂家国情怀、读懂时代责任、读懂自己内心，拥有信仰的种子、精神的谱系、制胜的密码。只有与时代同行，才能真正实现自己的价值。

这是一个既能展现个性又要懂得感恩的时代。在3年求学问技的时光里，同学们共同经历了国家强盛带给我们的感动，共同抒发"请党放心，强国有我"的青春誓言，共同谱写新时代的气象万千。3年来，你们见证了学校的快速发展，2019年，学校开启"中国特色高水平高职学校"建设征程，学校一路高歌猛进，同学们同样成绩骄人。我个人深切地体会到，学校一路发展，把握住了机遇，个人也在承担更重大的任务。在碰到矛盾解决实际问题中，我付出了，成长了；在帮助别人的过程中，获得了别人的认可，自己内心也得到了快乐！

这里，我们听到了来自机械工程学院2018级本科班的喜讯——有9名同学考上了研究生；来自机械工程学院数控技术专业1936班的孙刘英，学校的创业达人，在校内成立花农匠神科技有限公司，获得了江苏省挑战杯一等奖；来自电气工程学院机电一体化技术专业1934班的孙厚凯，在校期间品学兼优，获评省优秀学生干部；来自轨道交通学院城市轨道交通供配电技术专业1931班的谷思佳，申报发明专利2项，授权实用新型专利2项，在校期间获第七届中国国际"互联网+"创新创业大赛总决赛银奖；来自经济管理学院现代物流管理专业1932班的刘文浩，连续4次获得一等奖学金，并获国家奖学金、桃李奖学金等。以上4位同学被评为省优秀毕业生。另外还有来自7个二级学院的72名同学获评校优秀毕业生。此刻，常州机电职业技术学院因你们而耀眼。借此机会，我们祝福每位毕业生，更号召大家致敬优秀毕业生并向他们学习。

第二，希望你们学会与社会对话，回答好"立身之问"。

爱国，是立身之本，要始终厚植爱国情怀。所有为国家、为民族躬身奋斗的身影，组合起来，就是新中国最美的画卷。爱国，应该是蕴藏于心的真切情感，是心之所系、情之所归。同学们要胸怀忧国忧民之心、爱国爱民之情，要在爱国主义的旗帜下，不断奋斗前行。国家强大，我们的幸福才有保障。

强技，是立身之基，要始终厚植工匠情怀。制造及制造服务业是国家经济基础，是国家强大的根基，装备制造业，更是实体经济的重中之重。高素质技术技能人才，始终是中国制造业的重要力量。"心心在一艺，其艺必工；心心在一职，其职必举"，一个国家，不能缺少工匠精神，同学们一定要弘扬工匠精神，要有"择一事终一生"的执着专注，"干一行钻一行"的精益求精，"偏毫厘不敢安"的一丝不苟，"千万锤成一器"的卓越追求，力争在自己的职业领域，担大任、干大事、成大器。

担当，是立身之道，要始终厚植奋斗情怀。奋斗，总是与青春紧密相连，新时代最美丽的词汇就是"奋斗"。当今社会，弥漫着"与朝气蓬勃的青年精神背道而驰"的错误文化观，同学们要坚决不做"蛰居族"、坚决不做"躺平族"、坚决抵制"佛系文化"、坚决抵制"丧文化"。要抓住人生际遇，接受时代考验，做有理想、有志向的"奋斗一族"，"幸福都是奋斗出来的"，要让奋斗成为青春最亮丽的底色。

第三，希望你们学会与内心对话，回答好"内心之问"。

心之所向，素履以往，我们要找准内心的方向。不要过早封闭了自己，过早地认同了现实，过早地与眼前生活融为一体。要找准前进方向，不因事大而难为，不因事小而不为，不因事杂而错为，不因事多而忘为。该行动时，马不停蹄；该坚持时，百折不挠。

初心不变，行稳致远，我们要坚守内心的选择。不忘初心的坚守，方显弥足珍贵。只有集中精力专注于一个目标不断往深里走，往实处做，才能源源不断地从井里把一桶一桶的水给打上来。所以说，因为专注，所以专业；因为专业，所以卓越。

一心向前，矢志不渝，我们要坚定内心的力量。信息化时代，让知识的"保质期"越来越短，思想的"折旧期"越来越快，稍有倦怠，就可能跟不上社会的步伐。作为被社会广泛期待的 00 后首届毕业生，你们不缺能力缺阅历、不缺活力缺定力、不缺想法缺办法、不缺目标缺行动，希望你们，勇做生活赛场的健将，争坐人生舞台的 C 位！

虽然疫情还在反复，但期待的正常生活，已经来临。我们都有一份情怀——无论将来你们飞得多高、走得多远，学校是你们永远的精神家园。山水一程，你们永远是最美丽的常州机电职业技术学院 2022 届毕业生！

希望你们，常回家看看！

（作者系常州机电职业技术学院院长）

站在人生的新起点，我决定以"共启青春志，一起向未来"作为临别赠言，助力大家开启新的征程、迎接新的未来。

共启青春志　一起向未来

杜兰晓

华夏湖畔，花开两季，一季初见欢喜，一季离愁别绪，不知不觉又到了毕业时分。今天，我们在这里隆重举行 2022 届毕业典礼，与圆满完成学业的 5997 名同学（其中包括国家首批百万扩招生 1059 名），共同分享收获的喜悦，憧憬美好的未来。

犹记得 3 年前的开学典礼上，我说"你们对我有十分特殊的意义，你们是我来浙江旅游职业学院当院长后迎接的第一届新同学"，3 年求学，千余个日子，如白驹过隙，指尖倏越。3 年来，我见证了你们的成长，你们见证了学校的发展，成为彼此生命中重要节点的见证者。

在学校求学的时光里，你们和祖国同行，感受时代脉搏。大家有幸见证新中国成立 70 周年、中国共产党成立 100 周年、北京冬奥盛会举办的喜悦和荣光，也亲历了百年未遇、突如其来、时而反弹的新冠肺炎疫情，打卡扫码、在线学习、核酸检测和封闭管理，成为你们特殊的人生经历，你们为抗疫大局给予了充分的理解与支持。在这里，我要为你们点赞！

在学校求学的时光里，你们与学校共进，书写精彩画卷。你们在创新创业大赛、职业技能大赛中历练"中国文旅之才"，在迎亚运服务、乡村振兴中彰显"中国服务之美"。同学们在茁壮成长的同时，也见证了学校成为国家首批"双高计划"建设单位、国家优质校、全国服务贡献典型校等办学成果，见证了全国职业院校教学能力大赛一等奖、国家级教学资源库、教师教学创新团队等数十项标志性成果的历史性突破，学校和你们一起奋斗、共同发展！

在学校求学的时光里，你们与青春共舞，烙下"旅院印记"。回想你们在学校所走过的路，华夏湖神气的黑天鹅带不走，问茶岭可爱的小猫咪带不走，食堂里美味的鸭腿饭带不走，这些带不走的"旅院印记"将永远镌刻在同学们的心里，成为大家对母校历久弥新的美好记忆。回想学校39年的发展历程，一代又一代"旅院人"披荆斩棘、接续奋斗，留下了"和礼勤进"精神财富，这些是同学们可以带走的文化馈赠，也是母校融入你们心灵深处的"旅院印记"。

从今天起，同学们要离开学校，进入社会，继续人生的长征路。习近平总书记在中国共产主义青年团成立100周年大会的讲话强调："青春孕育无限希望，青年创造美好明天。一个民族只有寄望青春、永葆青春，才能兴旺发达。"站在人生的新起点，我决定以"共启青春志，一起向未来"作为临别赠言，助力大家开启新的征程、迎接新的未来。

共启青春志，做孜孜不倦的终身学习者。毕业，是大学生活的句号，却并非学习的休止符。在这个知识和信息更迭加速的时代，没有一劳永逸的秘籍，唯有坚持终身学习，与时俱进刷新升级自我认知，才能克服本领恐慌，才不会被时代淘汰。每个人的世界都是以学习为半径的圆，半径越大，拥有的世界就越宽广。在未来的生活中，希望你们永远保持读书的好习惯、学习的好态度、思考的好做法、生活的好情趣，让学习真正内化为自己生活的一部分，善于从学习中检视内心修养，增强文化自信，汲取精神力量。

共启青春志，做精益求精的职业践行者。当前，我国职业教育正处在提质培优、增值赋能的机遇期，新职业教育法的颁布拉开了新一轮职业教育改革创新发展的序幕，也为高职学生规划了美好的未来。"九层之台，起于垒土；千里之行，始于足下。"同学们既然选择了旅游行业，选择了工匠人生，就要把专注刻进你的生命里，把执着融进你的血液里，时刻保持积极进取的心态和精益求精的匠心，不断提高与时代发展和事业要求相适应的素质和能力，致力于成为"中国品牌"和"中国服务"的忠实践行者，成为新时代职业教育迈向辉煌的亲历者和受益者。

共启青春志，做踔厉奋发的最美奋斗者。青春由磨砺而出彩，人生因奋斗而升华，美好的未来属于不断进取的奋斗者。2019 级营销 2 班的江博同学，大学期间热心参与公益助农，用青春和汗水谱写了旅游业助力乡村振兴的奋斗之歌。他考取了乡村振兴导师证，获得了浙江省"青年岗位能手"、浙江省职业技能大赛金奖冠军、"挑战杯"一等奖、"互联网 +"大赛红旅赛道金奖、国家特别奖学金、校长奖学金等众多荣誉。奋斗不是响亮的口号，而要从大处着眼、小处着手，认真做好每一件事情。希望你们用勤劳的双手和不懈的奋斗，铸就属于自己的青春荣耀。

最激昂是青春志，最闪耀是追梦人。"未来"就像初升的太阳、拔节的禾苗，承载着希冀与憧憬，让我们以青春之名立奋斗之志，共筑青春梦，一起向未来。

一起向未来，要明方向，志存高远。方向决定道路，信念指引人生。当前，世界形势复杂多变，科学技术日新月异，多元文化碰撞激荡。在这样一个快速发展和深刻变革的时代，作为肩负着民族复兴重任的"强国一代"，希望同学们把好人生的"方向盘"，心怀"国之大者"，筑牢信仰之基，树立远大理想，把个人的小我融入祖国的大我、人民的大我之中，与时代同步伐、与人民共命运，努力成为有志气、有骨气、有底气的有为青年，肩负起时代赋予的光荣使命，在全面建设社会主义现代化国家新征程中，奋勇争先、建功立业，谱写无愧于新时代的精彩！

一起向未来，要聚合力，协作共赢。同学们即将离开学校，意味着即将进入竞争的社会。我们所处的时代是一个充满竞争和挑战的时代，智者借力而行，竞争中制胜的重要法宝就是团结合作。"协力山成玉，同心土变金。"一个人的本领再大，单打独斗也成不了大事，新时代的建设者一定要是高明的合作者。团结合作既是一种能力，更是一种精神和力量。希望同学们以积极主动、柔软包容的态度与他人真诚合作，建立共志、共义、共利的合作共同体，谋求"1+1 > 2"

的工作效果，在合作共赢中增长才干，成就事业华章！

一起向未来，要树信心，应变创新。疫情给旅游业带来巨大冲击，行业困难，就业困难，不确定因素增加。但我们要坚信，世界开放的格局不会变、对旅游的旺盛需求不会变、人们对美好生活的期待不会变，旅游业依然是一个播撒阳光、创造幸福的行业，我们要增强信心，练好内功，以持续不断提升自身能力本领的确定性去应对外部的不确定性。目前，数字化改革、"互联网+"正如火如荼地席卷着各个领域，改造着我们的思维方式，变革着社会的运作模式。希望你们能够在岗位上多一点突破，在职业上多一点坚忍，在工作上多一点创意，保持勇于探索、不甘平庸的创新精神，在创新创造中实现人生价值，在不断超越中引领未来！

从今天起，你们将从"旅院学生"转变为"旅院校友"，改变的只是称呼，不变的却是永恒的挚爱、情感和念想。"2019—2022"，对他人来说，可能只是普通的数字，对你们来说却是永远刻在骨子里的芳华岁月；"浙江旅游职业学院"，对他人而言，也可能只是普通的汉字，对你们来说却是永远印在心底里的珍贵记忆，学校永远是你们的家，永远是你们坚强的后盾。

未来已来，路在脚下，向过去致敬，为未来壮行。希望同学们在母校"励志、惟实、博爱、精致"校训精神的指引下，不负春光，不负青春，向着未来出发，在拼搏中成就出彩人生，在奋进中赢得美好未来！

今天是个令人难忘的好日子，又恰逢是国际六一儿童节。在此，祝福大家永葆青春，永远年轻，愿你所到之处遍地阳光，愿你梦的远方温暖为向，历尽千帆，归来仍是少年！

（作者系浙江旅游职业学院院长）

> 同学们，你们要用脚步丈量祖国大地，用眼睛发现中国精神，用耳朵倾听人民呼声，用内心感应时代脉搏，在青春的赛道上谱写新时代的青春之歌。愿你们矢志追求更有高度、更有境界、更有品位的人生！

谱写新时代的青春之歌

邵庆祥

今天，我们在这里隆重举行 2022 届毕业典礼，共同见证同学们圆满完成学业，迈向新的人生征程！

每一届毕业生，都有各自难忘的大学经历。你们在学校的几年，赶上了国家和学校的一系列重大事件。中华人民共和国成立 70 周年、中国共产党成立 100 周年、小康社会全面建成、"十三五"规划圆满收官、"十四五"规划全新开启、冬奥会与冬残奥会圆满落幕……新职业教育法擘画了职业教育的发展蓝图，全面破解了职业教育的定位问题、发展问题、焦点问题，以法律形式确定了职业教育在我国教育体系中的重要地位，让我们职教学子更有自信、更有底气。学校全力推进"双高"建设，落实"1512"行动计划，致力于培养高素质技术技能型人才。

除此之外，记忆最深的当属新冠肺炎疫情的时空伴随，每个人都经受了严峻的考验。令我感到欣慰的是，面对这场史无前例的疫情，同学们不仅全力配合学校的防控要求、服从国家疫情防控大局，更能够克服种种不适应、不习惯、不方便，积极投入线上学习，主动适应网络教学、云端求职等新的形势变化。学校为你们的表现而感到骄傲！

在你们怀揣远大理想，即将离校远行之际，我想分享3点感悟与同学们共勉：

一是恪守初心，崇德向善，做矢志不移的忠诚者。"天下至德，莫大于忠"，忠诚是为人之本。忠于国家，做到"利于国者爱之，害于国者恶之"，把自己的理想同祖国的前途、把自己的人生同民族的命运紧密联系在一起，扎根人民，奉献国家。忠于修身，人无德不立，要明大德、守公德、严私德，筑牢道德根基。忠于职业，工作中要有理想，有抱负，履职尽责，练就高尚职业道德、高超职业技能、优良工作作风，努力成长为高素质的技术技能人才，在成就职业梦的进程中，为国家高技能职业人才队伍壮大增添力量。

二是攻坚克难，实干笃行，做超越自我的奋进者。勤学习，有"爱读书"的主动、"会读书"的本领，"读好书"的理性、"善用书"的自觉，增长见识、开阔思路、涵养才气，把握时代引领，超越自我，成为"腹有诗书气自华"之人。勤思考，在学习中保持独立思考，博学善思，在打破常规中超越思维定式，做到"学而不思则罔，思而不学则殆"。勤实践，学以致用，发挥职校生的一技之长，笃信日积月累、久久为功的深厚力量，造就不凡成果。勤奉献，增强使命意识和责任意识，在所选择的工作岗位上敬业奉献、开拓进取，不断彰显追求卓越的职业精神。

三是坚守梦想，躬身实践，做不负时代的担当者。担当意味着闯关夺隘的气魄和磨炼自我的执着，既要有"功成不必在我"的大格局，又要有"功成必定有我"的进取心。地位清高，日月每从肩上过；门庭开豁，江山常在掌中握。新时代中国青年处在中华民族发展的最好时期，既面临着建功立业的人生际遇，也面临着"天将降大任于斯人"的时代使命。生逢盛世，青年当有为。你们要勇做新时代的弄潮儿，自觉听从党和人民召唤，胸怀"国之大者"，到新时代、新天地中去施展抱负、建功立业，争当伟大理想的追梦人，争做伟大事业的生力军，为实现中华民族的伟大复兴贡献新时代青年的磅礴力量。

习近平总书记指出："青年之于党和国家而言，最值得爱护、最值得期待。"

同学们，你们要用脚步丈量祖国大地，用眼睛发现中国精神，用耳朵倾听人民呼声，用内心感应时代脉搏，在青春的赛道上谱写新时代的青春之歌。愿你们矢志追求更有高度、更有境界、更有品位的人生！祝你们阔步奔向星辰大海，开启新的人生精彩！母校永远牵挂你们，欢迎你们常回家看看！

（作者系浙江经济职业技术学院院长）

> 我们要把"护爱生命，修身明理"的校训当作终身之训，去带着信仰干，怀着光明干，奔着真理干，撒着种子干。

青春的家当

吉文桥

今天我们为全校 2373 名完成学业的"天医星"学子举行隆重的毕业大典，并以此给同学们奉上母校毕业季的"难忘一课"！母校是每位同学永远的精神家园，我们永远期待每位常回家看看！

早晨，在学校天医星喷泉广场，我们一起留下了毕业合影，虽然因为疫情只是为数有限的毕业生代表参加，但我们的心，与所有在线的同学是连在一起的。战疫的伟大壮举，让我们"大白"的职业愈显神圣。

在这里，我和大家分享一个故事：今年 4 月 15 日深夜，学校接到省委、省政府紧急通知：立即抽调专业教师组建驰援苏州核酸检测队，当日凌晨，闻令而动的 51 名有医学背景的教师迅速集结出征。历经 15 个日日夜夜披星戴月的战斗，我们的团队赢得了当地政府和群众的好评，人民网等多家媒体报道了我们这支特别能奉献的队伍的事迹。在省内 6 支医学院校派出的队伍中，我们是最后一批撤离的。在百年的学校发展史中，正是因为有了这样一大批知行合一的优秀老师，我们才得见今夜天医星学子的灿烂星空，这就像我们的校歌《天医星光》所唱的那样，"精诚精微，代有岐黄"！

此时，我有 3 句话和同学们共勉：

一是诺于托举，信于链接。医生、护士、检验师、康复师都是守护人的健康的神圣职业。我们的使命就是为生命播撒爱的阳光，用生命捍卫生命——舍生践诺，诚信链接。

二是让职业的光辉照亮人生。人生，因为有了事业而更加美好。小成赖聪明，大成赖智慧。这个智慧就是"天医匠心"的奉献，就是我们的"医学生毕业誓词"中所说的"从事医业泰然无悔，面对疾病泰然无惧，身处名利泰然无争"。为此，我们要把"护爱生命，修身明理"的校训当作终身之训，去带着信仰干，怀着光明干，奔着真理干，撒着种子干。

三是用"奋斗的韶华，冲动人生的序曲辉煌"。青春是用来奋斗的，唯有如此，才能续写天医星传人"上替昊天行医道，下替黎民求安生"新的英雄乐章。

亲爱的同学们，看着你们一张张自信而幸福的笑脸，我仿佛又回到了自己大学毕业季的青春年少。为此，我把自己在40年前大学毕业时写的一首小诗送给同学们，以做共勉。

青春的家当
——写在 1982 大学毕业季

青春的家当，
是十七岁的行囊。
怀着大学初成的梦想，
旅程在未卜的躁动中，
点火起航！

独立峭壁，
开展双臂，
生命发出呐喊的铿锵：
起跳！起跳！

面对海洋

唯有搏风击浪的安详。

奋斗的韶华,

冲动人生的序曲辉煌!

（作者系江苏护理职业学院党委书记）

作为你们的师长，我以"青春正精彩 一起向未来"作为临别赠言，希望你们不负韶华、不负时代，把握机遇，在青春的赛道上奋力奔跑，在奋进的征程中成就美好未来。

青春正精彩 一起向未来

杨远志

又是一年繁花似锦、凤凰花开；又是一季青春荡漾、毕业时光。夏日的刺桐城，草木葱茏、绿意盎然，一如风华正茂的你们，充满着蓬勃朝气与无限生机。在这样一个美好而又特殊的时节，我们以毕业之名、赴青春之约，共同为别样精彩的大学生活画上圆满句号。

时光缓缓也匆匆，我们总说毕业遥遥无期，可转眼就要各奔东西。美好的求学时光转瞬成为难忘的青春回忆，从今天起，你们将从这座学习生活多年的港湾扬帆起航，驶向属于你们的星辰大海。回首大学三年，翻开你们的"黎大日历"，上面刻满了"黎青印记"。

3年来，你们筑梦有痕，为黎明职业大学增添了精彩记忆。沐阳光，中环路的秀美风景，毓英园的玉树葱葱，留存你们的欢声笑语；强技艺，实训室里技能强化，海丝集镇里文化传承，记录着你们的奋斗历程；求真知，图书馆的群书荟萃，教学楼的书声琅琅，见证了你们的求知之路……你们在这里，于浪漫阶梯尽情起舞，于披云园凝神静思，于陈义明体育场挥洒汗水……一帧一幕，一点一滴，黎园定格了你们青春的印记，也留下了精彩的校园记忆。

3 年来，你们踔厉奋发，为青春书写了骄傲的答卷。全国全省职业技能大赛、挑战杯、思政杯等各类竞赛见证了属于你们的"高光时刻"，中国大学生自强之星、国家奖学金、全国践行工匠精神先进个人等各类奖项刻下了属于你们的"王者荣耀"，大学生社会实践、志愿服务、公益校园等各类实践活动中彰显了属于你们的"服务之美"。以梦为马，驰骋在理想的道路上，你们不仅为自己的大学生活交上了一份完美的答卷，更为共青团的百年跨越献上一份闪亮的成绩单：你们信仰坚定，521 名同学光荣加入中国共产党；你们品学兼优，18 名同学获国家奖学金，258 名同学被评为优秀毕业生；你们拼搏实践，1113 人次在职业技能大赛、"互联网 +"、"挑战杯"等省级及以上学科竞赛中获奖；你们勇于追梦，3101 名同学报名参加专升本考试，109 名同学应征入伍投身国防建设，更有一大批技术技能突出的同学将就职于各行各业。经事明智，历事成人，1000 多个日夜，你们在"正直勤朴、善学强技"校训熏陶下，破茧成蝶，华丽蜕变，我为你们感到骄傲与自豪。此刻，我提议，让我们用最热烈的掌声，向自己致敬！为自己点赞！

3 年来，你们爱校荣校，为母校注入了荣耀的因子。自你们入学以来，学校各项事业全面提速、欣欣向荣：成功入选"中国特色高水平高职学校和专业建设计划"建设单位，以福建排名第一入选国家优质高等职业院校，蝉联福建省高职高专院校发展潜力综合排名"六连冠"，荣膺第七届黄炎培职业教育奖优秀学校奖等一系列"国"字头重大成果，二期扩建工程建设完工投用，晋江校区规划取得重要进展，升格本科层次职业学校规划编制成功报教育部备案，学校事业发展形势喜人，展示了堪为自豪和令人鼓舞的黎大精神和黎大气派。这些成绩的取得，离不开你们的参与和付出，感谢同学们在美丽的黎园孜孜以求、努力拼搏，成为学校做强福建"双高"校、跻身国家"双高"校、争办职业本科校"三步走"发展征程中的见证者和奋进者。

3 年来，你们心系家国，为时代展现了青年的作为。2019 年，你们见证了中华人民共和国成立 70 周年的盛大场景，更从阅兵盛典中，一起感受伟大祖国的繁荣昌盛。2020 年，一场突如其来的新冠肺炎疫情席卷全球，几易寒暑，你们 3 年的大学生涯有两年半在抗疫中度过，慢慢习惯了线上教学、远程答疑、居家自学、健康打卡，也一起感受中国精神、中国力量、中国担当；尤其是今年 3 月中旬泉州本土疫情突发以来，你们经历了一场惊心动魄的校园抗疫大战，在校园全封闭管理的日子里，你们自律自觉、共同抗疫，迸发出斗志昂扬、奋发向上的青春力量！2021 年，我们迎来中国共产党成立 100 周年，你们在心中默念的"请党放心，强国有我"的青春誓言响彻云霄。2022 年，我们迎来了中国共青团成立 100 周年，你们青春的力量、青春的涌动、青春的创造必将在今后的每一步熠熠生辉。今天，你们顺利完成学业，即将走向广阔的人生舞台，可以说既学有所成，也大有可为，既生逢其时，更重任在肩。

凡是过往，皆为序章。毕业是人生的新起点，今天之后，你们将与全国超千万的 00 后毕业生一起步入社会。站在新的起跑线上，眺望漫漫人生路，未来的道路上不只有星辰和大海，也有歧路和荆棘。今年五四前夕，习近平总书记勉励中国青年"牢记党的教诲，立志民族复兴，不负韶华，不负时代，不负人民，在青春的赛道上奋力奔跑，争取跑出当代青年的最好成绩"。殷殷嘱托，催人奋进。作为你们的师长，我以"青春正精彩　一起向未来"作为临别赠言，希望你们不负韶华、不负时代，把握机遇，在青春的赛道上奋力奔跑，在奋进的征程中成就美好未来。

一起向未来，以热爱之名赴山海。从学校步入社会，是一个艰难的角色转换过程，有鲜花也会有荆棘，有岔路也会有沟壑，当你们犹豫徘徊时，想一想心中的追求，掂一掂肩上的责任，记住"青春是用来奋斗的"；迷茫无助时，跟着刘畊宏跳一跳，学着王心凌唱一唱，记住"只要思想不滑坡，方法总比困难多"。希望你们敢于直面挑战，勇于克难攻坚，少一些"前怕狼，后怕虎"的顾虑，多一些"笑看世间云淡风轻"的从容；少一些"各扫门前雪"的冷漠，多一些"天下兴亡，匹夫有责"的担当，以热爱之名奔赴一个又一个山海。

一起向未来，以奋斗之姿耀青春。一代人有一代人的使命。作为亲历"两个一百年"交汇的新时代大学生，你们与伟大的时代同向同行，更承载着特殊的历史际遇和光荣的时代使命，你们是实现第一个百年奋斗目标的见证者，未来 30 年的职业生涯更是实现第二个百年奋斗目标的建设者，立志成为又红又专的高素质技术技能人才、能工巧匠、大国工匠，是时代的需要。希望你们坚守"永久奋斗"的光荣传统，满怀职业使命，将"青春梦"融入"中国梦"，将"赤子心"献给"中国红"，匠心筑梦，技能报国，以奋斗之我成就青春之我、成就青春之中国，努力成为业界精英、行业翘楚乃至大国工匠。

一起向未来，以创新之势谋未来。创新是时代永恒不变的主题，也是勇立发展潮头的"撒手锏"。多年的课本学习和时代的趋势变幻，大到一个国小到一个家的起起伏伏，都在启发告诫我们："不创新，无未来！"希望你们在未来的职业生涯中，坚持将创新作为人生航程的指南针，弘扬"晋江经验"，用创新的思维，去想别人不曾想不敢想、做别人未曾做未敢做的事业，不断开阔更加广阔的天地，从而在人生的道路上，走得比前人更远，取得比前人更加灿烂辉煌的成就。

一起向未来，以感恩之心待生活。心存感恩，我们才会尊重他人；学会感恩，我们才会有奉献精神。我们要感恩父母，给予我们生命；我们要感恩母校和师长，教会我们成长；我们要感恩帮助过我们的人，使我们感受善良；当然也要感恩伤害过我们的人，让我们学会坚强。未来之路还很漫长，希望你们常怀感恩之心、宽容之情，以平常之心生情味，以豁达之心容万物，以感恩之心待生活，唯此，你们在生活中才不会耿耿于怀、锱铢必较，才不会欣喜若狂、飞扬跋扈，才能以开阔的眼界和博大的胸怀去拥抱世界、走向未来。

亲爱的同学们，天下没有不散的宴席。

今天过后，你们将告别"下学期再见"的约定，但一定要常常联系；今天过后，你们将告别学生套餐打折的优惠，但一定要好好吃饭；今天过后，你们将告别绞尽脑汁想着逃课的忐忑，但一定要努力工作；今天过后，你们将告别体育场奔跑的酣畅，但一定要坚持锻炼；今天过后，你们将告别在黎明湖畔还没有来得及表白的 ta，但一定要相信缘分。

愿你们胸有万千丘壑，心有似锦繁花。希望你们带着学校的牵挂与祝福，踏过千重万浪，奋斗致青春，奔跑逐梦想，一起向未来！

（作者系黎明职业大学党委书记）

学源街 68 号的故事即将成为回忆，新的大门已经向你们敞开，希望你们按特色定位、按本色做人、按角色干事，擦亮青春"中国红""土地黄""清澈蓝"，绘就新时代最美工匠图！

擦亮青春"三原色"
绘就时代工匠图

徐时清

仲夏之月，万物兴盛；夏雨荷香、栀子花开。今天我们相聚善湖之畔，隆重集会，共同庆祝 2022 届 4940 名学生顺利毕业，既是和过去告别，更是向未来致敬。

菁菁校园，灼灼其华。三度春夏秋冬，你们砥砺青春，步履铿锵，与国家民族一起发展成长；1000 多个日夜，你们意气风发，不负韶华，凝聚奋进力量吐露芬芳。

三载征程，风华正茂，踔厉奋发，迎来学校的跨越发展。你们进入杭州职业技术学院的那一年，学校成功入选"中国特色高水平高职学校和专业建设计划"，实现"引领改革、支撑发展、中国特色、世界水平"的高水平学校建设新突破。我们与华为、联想、安恒等开展战略合作，开启校企共同体迭代升级新篇章；我们推进数字化改革、建设智慧校园，迈上"数智杭职·工匠摇篮"建设新台阶；我们深化教育教学改革，畅通拔尖人才培养通道，打造工匠型人才培养新生态。学校与你们共同绘出了青春奋进的同心圆，书写了跨越发展的新辉煌。

三年同窗，星霜荏苒，勇毅前行，成就青年的光辉榜样。你们在技术技能赛场上，精益求精，不断创造学校新纪录；你们在实习实训岗位上，执着专注，不断提升动手实践真本领；你们在国际国内盛会中，一丝不苟，不断擦亮志愿服务金名片；你们在文体艺术比赛中，追求卓越，不断凸显杭职学子精气神。你们当中，涌现出"振兴杯""挑战杯"等比赛中摘金挂银的全国自强之星梁晶晶、全国职业院校技能大赛获奖者牛旭帅和杨钒、两次获得全国啦啦操联赛冠军的王梓浩、创新技术为企业每月节约成本2万多元的张俊扬等一批佼佼者。你们用奋斗的青春诠释了工匠型人才的丰富内涵，用行动的青春展示了我校学子的卓越风采。

三秋岁月，流光一瞬，疫路艰辛，唤出青春的时代担当。你们刚入学半年，就遇到了疫情。每天打卡扫码测温、常态化核酸检测、线上线下学习，都成为你们日常生活的一部分。面对疫情考验，我看到了你们的责任与担当。尽管有无奈、不便，但你们更有坚持和付出。每个人都坚持遵守学校防疫政策，很多同学更是主动请缨参与疫情防控志愿服务。作为校长，我真诚感谢你们的理解与支持。你们是疫情防控的亲历者、参与者，你们是校园安全稳定的践行者、守护者。正是你们将"小我"融入"大我"，我们才实现了疫情防控和事业发展"两手抓、两战赢"。

2002年2月19日，杭州职业技术学院正式批复成立，今年正值建校20周年，学校和你们一样，正值青春年华。今年又是党的二十大召开之年，百年风华，青春正茂。青春是红色的，充满激情与信仰；青春是黄色的，充满收获与希望；青春是蓝色的，充满力量与梦想。惜别之际，作为校长和师长，我有3句话，与你们共勉。

一是赓续"中国红"，绘就红而专的工匠图，做坚定理想信念的逐梦者。红色是中国共产党、中华人民共和国最鲜亮的底色。守好"红色根脉"，是我们对历史最好的纪念，对当下最好的把握、对未来最好的作答。以史为鉴，开创未来。进入第二个奋斗百年，世界的命运、国家的命运将和你们更加紧密交织、息息相关。立志成为又红又专的高素质技术技能人才、能工巧匠、大国工匠，是时代的需要，是党和人民的需要。你们要把握历史机遇，将"青春梦"融于"中国梦"；你们要满怀职业使命，将"赤子心"献给"中国红"；你们要锤炼过硬本领，将"铸匠魂"浸于"中国魂"。以坚定的理想信念、丰富的知识内涵、精湛的匠技匠艺回应时代之需、国家之需、人民之需。

"如果信念有颜色，那一定是中国红。"请你们牢记工匠图上的"中国红"，匠心筑梦，技能报国，努力在中华民族伟大复兴的征程上奋力奔跑，以青春之我践行"强国有我"。

二是心系"土地黄"，绘就黄而实的工匠图，做扎根基层服务的奉献者。百年伟业，开启新程。投入澎湃前进的时代洪流，是青春之幸、青春之福。深入基层，用脚步丈量大地，你们的青春才能散发泥土芳香；用汗水浇灌希望，你们的青春才能收获茁壮成长；用拼搏诠释梦想，你们的青春才能铸就辉煌。作为新时代的先锋力量，迈出校园这个"避风港"，走出生活"舒适区"，走进社会"大浪潮"，你们要到乡村振兴的"主战场"去，到祖国最需要的地方去，以初心勾线，以匠心施彩，描绘青春矢志奋斗的精彩画卷。

希望你们牢记工匠图上的"土地黄"，扎根基层，向上生长，从基层沃土中汲取丰厚养分，肩负起新时代的责任与使命，以青春之歌奏响时代强音。

三是坚守"清澈蓝"，绘就蓝而精的工匠图，做脚踏实地的实干家。伟大出自平凡，平凡造就伟大。把每一项平凡工作做好就是不平凡，把每一项小事做好就是大事业。时间不会辜负奋斗者，未来只会属于实干家。企业发展、社会进步、国家富强、民族振兴，不仅需要多面手的金领、高学历的白领、懂技术的蓝领，更需要知识丰富、技术精湛的"金蓝领"。你们要摒弃浮躁，谦虚谨慎，精益求精，用工匠精神打磨青春、锻造人生，用工匠精神雕刻成功事业、创造美好生活。希望你们牢记工匠图上的"清澈蓝"，锤炼匠技、钻研匠艺，精益求精、追求卓越，让奋斗成为青春最亮丽的底色，以青春之行投身技能中国。

毕业终有时，青春不散场。说再见，再见不会太遥远。问君此去几时还，来时莫徘徊。学源街 68 号的故事即将成为回忆，新的大门已经向你们敞开，希望你们按特色定位、按本色做人、按角色干事，擦亮青春"中国红""土地黄""清澈蓝"，绘就新时代最美工匠图！

（作者系杭州职业技术学院院长）

作为对你们最真诚的祝福，希望同学们与新时代同行，争做模范青年，在新征程中继续书写好自己的人生故事。

在青春赛道上跑出最好成绩

张　进

又是一年毕业季，又是一朝离别时。因为疫情，我们仍然只能采取线上和线下相结合的形式举行毕业典礼，共同见证6334名同学（含重庆工商学校、重庆工业学校教学点就读的246名同学）圆满完成学业。虽然今天来到现场的只有200名同学，但改变的是方式，不变的是祝福与期待。

大学毕业是青春的风景线，也是人生的分界线。3年来，"砺苦谨信、惟精弘毅"的校训精神磨炼了你们的意志和品格，"和谐敬业、求真务实"的校风涵养了你们的风度和气质。"弘扬中国精神，争做强国匠人"是我在大家入学时给大家的赠言，经过3年淬炼，你们在重庆工程职业技术学院写下了许多精彩、生动、有意义的故事。

你们当中有1847人将赴重庆交通大学、重庆文理学院等继续深造，13个"学霸寝室"的同学们全部被本科院校录取，这很了不起！物联网应用技术专业193班的王炳旭、工程测量技术专业193班的唐文聪、安全技术与管理专业191班的万广川等同学在去年全国职业院校技能大赛中荣获一等奖；机电一体化技术专业195班的周礼广、会计专业192班的曹壁宁等同学在第七届中国国际"互联网+"大学生创新创业大赛国赛中取得了银奖的好成绩；此外，还有83名同学获得了国家奖学金和"重庆市优秀毕业生"的荣誉称号。

你们的故事说不完，我也总是听不够，从你们身上，我看到了聪慧、进取和担当，以及对美好未来的执着追求，你们的青春是昂扬奋发的进行曲，我为你们感到骄傲！

在同学们步履不停的1017天里，学校也在奋力进取，与大家一起在职业教育发展的赛道上奔跑向前——

学校入选中国特色高水平高职院校和专业建设计划单位，为建成职业技术大学奠定了基础，你们是参与者；学校喜迎70周年校庆的里程碑大事件，是全体煤校人、工程人引以为傲的历史时刻，你们是见证者；在2021年全国职业院校技能大赛中，学校一等奖获奖数量排名全国第一，在第七届中国国际"互联网+"大学生创新创业大赛中，我们的国赛获奖数量位列全国高职院校第一，学校在技能大赛和创新创业比赛项目中取得历史性的突破，你们是成就者；学校被评为全国黄炎培职业教育奖优秀学校，你们是贡献者；面对抗疫斗争的严峻考验，全校上下同心，保障师生没有一例感染，你们是行动者。

习近平总书记说："当代中国青年是与新时代同向同行、共同前进的一代。"对2019级的各位同学来说，在五四运动100周年之际入学，在中国共产主义青年团成立100周年之时毕业，你们注定是幸运而不平凡的。在你们身上，求学梦、工程梦和中国梦交织交汇，真理情结、乌金情缘与家国情怀融为一体。

习近平总书记在共青团成立100周年大会上的讲话中提道："新时代的中国青年，生逢其时、重任在肩，施展才干的舞台无比广阔，实现梦想的前景无比光明。"此时此刻，你们一定对未来有着各种美好的期许，你们将来绘就的，注定是新时代圆梦的故事。作为你们的老师、校长，我衷心地祝愿你们都能梦想成真！临行前，我想再以4点嘱托，作为对你们最真诚的祝福，希望同学们与新时代同行，争做模范青年，在新征程中继续书写好自己的人生故事。

一是争做模范青年，以理想信念"立心"。高尔基曾说："一个人追求的目标越高，他的才力就发展得越快，对社会就越有益。"同学们即将面对的现实社会，有光明向上的主流，也不乏"乱花渐欲迷人眼"的曲折，需要我们明心亮眼，以理想信念的坚定，为自己的人生导航。以理想信念立心是要同学们在大是大非问题面前始终立场坚定、旗帜鲜明、态度坚决；以理想信念立心是要同学们即使在困难黑暗中也能保持冷静的思考、敏锐的观察；以理想信念立心是要同学们在前进的道路上即使有挫折，也要继续奋勇向前、克难制胜。

以同学们的身边人为例——我校资源与安全学院环境工程技术专业的蒋鹏同学，3年来，他致力于新型菌菇培育技术的研究，在专业老师的悉心教导下，反复实验、推导数据、优化方案，并利用寒暑假实地走访菌菇种植的企业，打造出"果树废枝再利用—食用菌培育—有机肥料制作—果树种植"的资源循环利用生态模式。毕业后，他决心带着菌菇培育技术返乡创业，用实际行动助力家乡振兴。

以蒋鹏同学的事迹为原型创作的微电影《菌菇朵朵》获得第五届"我心中的思政课"全国高校大学生微电影大赛二等奖，这既是对蒋鹏同学这3年以信念立心，知行合一的肯定，也实现了学校在此类别国家级奖项的首次突破，意义非凡。

当今世界面临百年未有之大变局，国际国内形势瞬息万变，新时代的广阔舞台有重要机遇，也有危机挑战。习近平总书记曾说："爱国，不能停留在口号上，而是要把自己的理想同祖国的前途、把自己的人生同民族的命运紧密联系在一起，扎根人民，奉献国家。"理想信念的力量是强大的，希望你们勇敢地走向舞台中央，将个人理想与国家发展联系在一起，敢于立大志，善于做小事，眼前做减法，长远做加法，努力成为美好生活的奋斗者、社会变革的参与者、民族复兴的见证者。我相信，将个人理想与中华民族的梦想相融合，将个人发展与国家发展相融合，你们一定能够书写出人生的华丽篇章。

二是争做模范青年，要以扎实技能"立身"。俗语说，万贯家财不如薄技在身。作为职业院校的毕业生，扎实的技术技能是大家走入社会后安身立命的根本。在我们这个提倡终身学习的时代，只有不断在知识、技能方面追新赶潮，才能让我们在社会上扎根更稳，向阳而生。以扎实技能立身就是要同学们在工作岗位上勤奋学习、钻研技能；以扎实技能立身就是要同学们娴熟掌握本行业的理论知识和先进科学技术；以扎实技能立身就是要同学们在技术上精益求精，练就精湛技艺，努力成长为一名大国工匠、能工巧匠。

2020年"全国劳动模范"称号的获得者姚宏，是我校建筑专业24班的毕业生，也是你们的学长，现在是重庆建工第九建设有限公司项目经理、高级工程师，一级建造师。回顾他的奋斗路程，他用3个"10年"踏稳了人生向上的阶梯：第一个10年，他开启漫漫求学路，刻苦学习专业知识、熟悉行业和岗位；第二个10年，他开启技术能手之路，在工作中积极学习各种建筑施工工艺、行业先进技术，参与各种建设项目，练就精湛技能；第三个10年，他开启人生厚积薄发的阶段，走上管理岗位，带领项目团队成长为集团的示范标杆。这3个"10年"共同的关键词就是对技术技能的不断追求。

同学们，用你们熟悉的话讲，就是社会进步、经济发展的压力"给到我们这边"了，建设人力资源强国和技能型社会是我们这一代人的任务，也是你们这一代年轻的职业院校毕业生所要肩负的使命。今年5月1日起，新修订的职业教育法正式施行，为职业教育高质量发展、技能型社会建设提供了法律遵循和保障。同学们经过3年的学习，已经具备了基本的专业素质和技术技能，希望你们以后在本行业和本领域"择一事忠一生""干一行钻一行"，以勤学长知识、以苦练精技术、以创新求突破，努力成为知识型、技能型、创新型劳动者。我相信，只要你们肯学肯干肯钻研，练就一身真本领，掌握一手好技术，定能像姚宏学长一样在各自看似平凡的岗位上干出不平凡的业绩。

三是争做模范青年，要以担当实干"立行"。"实践告诉我们，伟大事业都成于实干。新时代是奋斗者的时代。新时代是在奋斗中成就伟业、造就人才的时代。""千里之行，始于足下。"每一项事业，都是靠脚踏实地从一个一个小目标、一步一步实现。以担当实干立行就是要同学们在应对重大挑战、抵御重大风险时勇于挺身而出；以担当实干立行就是要同学们秉持吃苦在前、享乐在后的高贵品质，厚积薄发；以担当实干立行就是要同学们即使身处基层，也要积点滴小成果创造精彩人生。

从2020年开始的疫情防控到2021年的抵御洪灾，再到2022年冬奥会取得的优异成绩，年轻的90后、00后彰显了当代青年的自觉担当，冲锋在前，为国争光。同学们，今天你们离开工程职院以后，有人选择继续学习深造；有人选择到北京、上海、深圳那样的大城市追逐梦想；也有人选择了到基层去，如资安学院的周德兵、梁山奇等同学坚守自己的职业理想，扎根一线，致力于煤炭事业的发展；还有许多同学报名大学生志愿服务西部计划，支援偏远地区，参与祖国边疆建设，准备为党和国家的事业、为社会的发展贡献青春力量。大家的选择都各有光明，期待你们以实干丈量前程的远大。

同学们，所有知识要转化为能力，必须通过躬身实践，在实干中学真知、悟真谛，通过不断磨炼，增长自己的本领。希望你们把握好每一寸光阴，不驰于空想，不骛于虚声，从大处着眼、从小事着手，认真做好每一件事情。我相信，不断制定小目标，小成绩终将汇成大成就。幸福都是奋斗出来的，脚踏实地，用担当和实干定能为青春涂上最亮丽的底色。

四是争做模范青年，要以规矩底线"立德"。孟子云，"人有不为也，而后可以有为"。有所为，有所不为，是一个人做人的原则；有所不为，而后有所为是一个人的修行。以规矩底线立德就是要同学们在工作岗位上坚守职业道德、行业规范；以规矩底线立德就是要同学们在为人处世中坚守道德底线，做到慎独自律；以规矩底线立德就是要同学们不论在任何时候都要严守法律红线，始终对规矩底线怀有敬畏之心。

今年5月，某大学两名学生在平台上找"枪手"代做毕业设计事件经互联网曝光后迅速发酵，作为学生他们既违反了校纪校规和学术道德，又败坏了自己的品德形象。在他们看来这是"聪明省事""灵活应变"，可能还在为自己的"小聪明"沾沾自喜，结果却遭到当头棒喝，适得其反。细究此事背后，就是因为这两名同学缺乏道德底线思维、缺乏规则敬畏意识，最后造成了不可挽回的损失，甚至影响自己的一生。

同学们，"修德，既要立意高远，又要立足平实。"一个人要想在行业中长远发展，就必须以德立人，遵守职业道德和行业规范，做到爱岗敬业，诚实守信；一个人只有严守规矩，守住底线，不踩红线，才能不被名利所动摇，才能在社会的洪流中坚守初心，方得始终。希望你们保持"三思而后行"的谨慎，做到知行合一、止于至善。不论在任何时候都要做事守规矩、谋事依法律、做人守底线。我相信，守住底线，你们就能守住自己的初心；守住底线，你们将赢得他人的尊重。

　　同学们，有信念、有梦想、有奋斗、有奉献的人生，才是有意义的人生。从今天开始，你们将以工程职院校友的身份，拉开人生舞台新的序幕。今后无论你们身在何方，希望你们始终坚定信念、锐意创新，艰苦奋斗、崇德向善，于困境中涅槃，在平凡中卓越，努力在技能报国的实践中创造自己精彩的人生。当林木成荫、芳草葱茏，欢迎大家在疫情得到稳定控制之后再回到校园，再来看桃李山的硕果累累，看芳草湖的天鹅曲项，流连惜别，与师长好友再叙深情。

　　再见了，亲爱的同学们！祝贺你们完成学业，祝福你们在青春的赛道上奔跑出最好的成绩！

（作者系重庆工程职业技术学院院长）

今天，民族复兴的接力棒正式交到你们手上，希望你们在自己的赛道上拼命奔跑，用勤劳和汗水、学识和技能去创造更加美好的生活。临别之际，我没有太多的锦囊妙计相赠，也没有成功的秘诀可以传授，只希望你们在未来的征途上做到"三正"。

青春"正""好"，逐梦前行

鄢烈洲

火热的 6 月承载着隆重的告别！今天，我们相约凌家山，为 2022 届 7396 名毕业生举行毕业典礼，既是向过去致敬，也是往未来启程。

2019 年 9 月 29 日，学校为大家举行了开学典礼，到今天共 974 天。这期间，受疫情影响，大家在校时间被缩减，部分时段校园还实施了封闭管理。我知道，没能完完整整、畅畅快快享受大学生活是你们心中无法弥补的遗憾，但我也相信，正是因为这份遗憾，会让大家对学校更多了些牵绊与留恋。疫情终将散去，武汉职业技术学院的大门永远向大家敞开，关山大道 463 号、葛店开发区创业大道 25 号，是你们、我们永远的共同的家。

你们的校园生活虽短，学校对你们的牵挂却绵长。2020 年疫情暴发初期，学校时刻挂念着居家隔离的各位同学，洪渠书记先后两次致信给大家，给大家鼓劲。网课期间，学校千方百计解决硬、软件各类难题，保证了不停课不停学。今年春节以来，校领导班子带头，马不停蹄主动走访企业，尽最大努力为大家争取优质就业岗位。6 月 9 日，副省长肖菊华到学校来调研你们的就业情况，称赞大家综合素质高，动手能力强，大家对未来要更有信心。未来是你们的！

你们的大学3年，是青春与抗疫交织的3年、是求学与律己相伴的3年。让我备感欣慰的是，面对突发状况，你们迅速调整状态，居家隔离、投身抗疫、完成网课、打卡签到、核酸检测，你们适应着新变化新要求，从容淡定。你们也积极参加每一项活动——党史学习、劳动教育、技能大赛、社团活动，你们保持着青年学子的热情与活力、自律与图强，昂扬且向上。这3年，你们也亲历和见证了国家、职业教育以及学校的发展变化，用历练和成长品读了"国与家"的"三好"。

一是国家越来越好。中国人民万众一心、团结奋进，冲破疫情的笼罩，不畏他国的阻挠，在高质量发展的道路上勇往直前，集中力量办大事的制度优势凸显。即便世界整体经济形势低迷，中国依然在世界主要经济体中率先实现了正增长。这3年里，"十三五"圆满收官，"十四五"全面擘画，决战脱贫攻坚取得决定性胜利，小康社会全面建成。"祝融"探火、"羲和"逐日，宇航员太空"出差"，中国人科学探测的脚步走向深远。冬奥会、冬残奥会成功举行，展示了中国可信、可爱、可敬的形象。庆祝中华人民共和国成立70周年、中国共产党成立100周年的赞歌相继唱起，"我和我的祖国"更加紧密相连。

二是职业教育越来越好。"职业教育前途广阔、大有可为"，习近平总书记的指示铿锵有力，《国家职业教育改革实施方案》、《关于推动现代职业教育高质量发展的意见》、新修订的《中华人民共和国职业教育法》陆续发布，全国职业教育大会召开，职业教育在提质培优、增值赋能的快车道上高速驰骋。"职业教育与普通教育是两种不同教育类型，具有同等重要地位"的定位，更是让职教人扬眉吐气。3年来，32所职业本科学校成为高等教育丛林中的点点新绿，冲破了职业教育天花板，带给职教学子一片更为广阔的天空。

三是学校越来越好。3年来，学校乘着政策的东风，锐意改革，一路在春天里行驶。学校获评国家优质高职院校，入选高水平专业群A类建设单位，获"全国五四红旗团委"称号，入选全国职业院校"学生管理50强"案例，获评"高等职业院校教学资源50强"和"高等职业院校国际影响力50强"。新成立了信创学院和智能商务学院，3个赛项入选第46届世界技能大赛国家集训队。完成了食堂升级、宿舍改造、清凉工程建设等民生工程，同学们的体验感、舒适感更强。学校还全力投入抗疫、抗洪、脱贫攻坚、乡村振兴等重大战役中，彰显了职业教育的使命担当。

回望职业教育逾百年发展史，职教人的命运始终和国家、民族紧密相连。105年前，中华职教社成立，"求学为服务，服务勿忘爱国"的职教报国精神随之确立并薪火相传。在极端困难复杂的环境里，我们党先后创立了数十所职业教育性质的军工、通信、医疗、农业等学校，培养训练了一大批专门人才，成为救亡图存的重要力量。新中国成立之初，党和国家确定了教育与生产劳动相结合的方针，通过大力发展职业教育，数以百万计的技术人才支撑起我国独立的工业体系。改革开放以后，2亿多高素质劳动者为我国经济持续快速发展贡献了力量。进入新时代以来，一代代职教青年更是投身社会主义事业建设浪潮，成为建设现代化国家的中坚力量，从"嫦娥"到"蛟龙"，从脱贫到振兴，从救灾到抗疫，从车间到讲台，从农村到城市，职教青年挑大梁、担重任，将清澈的爱，献给最爱的国。

习近平总书记曾对青年殷殷嘱托，"建成社会主义现代化强国，实现中华民族伟大复兴，是一场接力跑。我们有决心为青年跑出一个好成绩，也期待现在的青年一代将来跑出更好的成绩。"今天，民族复兴的接力棒正式交到你们手上，希望你们在自己的赛道上拼命奔跑，用勤劳和汗水、学识和技能去创造更加美好的生活。临别之际，我没有太多的锦囊妙计相赠，也没有成功的秘诀可以传授，只希望你们在未来的征途上做到"三正"。

一是立正心。正心是赤诚之心。最赤诚的心应先献给祖国。爱国，是人世间最深层、最持久的情感。树高千尺有根，水流万里有源，每一个人的成长都离不开祖国的庇护。爱国从来不是一种选择，而是一份义务。中华民族在每一个存亡关头、艰难时刻，都有千千万万个胸怀赤诚之心的儿女勇敢出列，浮舟沧海，立马昆仑。时代在发展，每个人爱国的方式也许不尽相同，但爱国的心一定是同一种红。希望同学们点亮心中赤诚的灯火，让这万千灯火照亮中华民族伟大复兴的光辉前程。正心是仁爱之心。"仁"是儒家文化的精神内核，也是中华儿女守望相助、唇齿相依的精神密码。2020年，武汉被汹涌的疫情包裹时，千万名医务工作者、人民子弟兵以及志愿者从四面八方赶来，刺破黑夜的铁幕，将希望送达。今年，同样的一幕也在上海再次上演。驱使他们勇敢逆行的，除了使命，便是仁爱，是血液中流淌的善良和对同胞最质朴的感情。我们经历的一切深刻告诉我们，没有人是一座孤岛，仁爱是连接人类的桥梁。希望同学们永怀仁爱之心，由己及人。正心是是非之心。有是非之心，就是要明辨对错、分清曲直。全球化让世界成为一个整体，信息化让不同的声音相遇。在这个价值观多元化的时代，如何做到保持清醒、明辨是非是同学们要终身修炼的课题。希望同学们以社会主义核心价值观为指导，树立正确的世界观、人生观、价值观，保持慧心、练就慧眼，始终保持清醒的头脑、坚定的立场，不迷失航向。

二是行正道。正道是实干之道。实干就是扎扎实实干事，踏踏实实做人。即将离开象牙塔的你们一定都有五彩斑斓的梦想，这些梦想与中国梦相互交织，让大千世界更为丰富多彩。"为者常成，行者常至"，无论是实现个人梦还是中国梦都需脚踏实地、步步耕耘。希望同学们在自己的岗位上尽责敬业，干一行爱一行，真心付出、拒绝划水，大力弘扬劳动光荣、技能宝贵、创造伟大的时代风尚，用劳动创造幸福。正道是自强之道。自强不息是中华民族的宝贵品质。近代以来，中华民族屡遭劫难，无数次面临亡国亡种的危机，正是靠一代代人的自强不息、顽强奋斗，才从苦难走向了辉煌。虽然屈辱的历史不会再现，但我们面临的困难和挑战不减当年，希望同学们将来无论遇上什么样的困境，都能以深厚的家国情怀、不屈的奋斗状态，传递自强不息的精神火炬。正道是创新之道。创新是民族进步的源泉，是国家兴旺发达的不竭动力。我们处在一个变革速度更快、开放程度更高、创新强度更大的时代，创造力正改变着人类的生活方式和国家发展的步伐。国家保护创新、支持创新、鼓励创新，通过"创青春""互联网+"等大赛发现培养了很多创新人才，这其中也包括你们中间的一部分。希望大家在与新时代同向同行中，始终保持少年心气、青春锐气，去想象，去创造，去实现。

三是扬正气。正气是浩然之气。"天地有正气，杂然赋流形。"正气蕴含着无穷的力量，让万物生长、肌体健康。古往今来，司马迁、岳飞、文天祥、李大钊、方志敏、夏明翰、焦裕禄、孔繁森……一个个耳熟能详的名字诠释了"富贵不能淫，威武不能屈，贫贱不能移"的浩然之气。浩然之气来源于信仰，希望同学们坚定理想信念，坚守价值追求，心有大义，则自带浩气。浩然之气来源于涵养，希望同学们多读书、多学史，滋养内心，让浩气长存。正气是坦荡之气。古人云，"君子坦荡荡，小人长戚戚。"坦荡的人光明磊落，自然能气定神安。坦荡是心有敬畏，不做有违道德良知的事。坦荡是心无私念，不做损人利己的事。坦荡是心无沟壑，保持乐观豁达的心态。孟子说，"仰不愧于天，俯不怍于人"是人生三大乐之一，希望同学们步入社会后能坦荡自得，永葆快乐。正气是傲然之气。傲然之气不是傲气，而是傲骨，是自尊和不屈。中华文化特有的不为五斗米折腰的气节在千年文明中薪火相传、生生不息，让中华民族不甘落后和挨打，创造了开天辟地、改天换地、翻天覆地的新面貌。今天你们何其有幸，在前人开创的盛世里脊梁挺立。希望大家永不畏惧苦难、不攀附权贵，在经天纬地的新时代更加坚定"平视世界"的自信自强，如青松般挺立。

"鲜衣怒马少年时，不负韶华行且知。"今日毕业纵驰骋，青春做伴正报国。同学们，下一场山海等着有热情、有激情、有深情的你们。愿你们都能在追梦、筑梦、圆梦的征途上历练成为能工巧匠、大国工匠！

（作者系武汉职业技术学院院长）

> 山遥路远，折柳相送；离歌未央，慷慨壮行。祝愿你们把本领实践在祖国大地上，一路高歌、一路辉煌！按照习近平总书记的要求，"不负韶华，不负时代，不负人民，在青春的赛道上奋力奔跑，争取跑出当代青年的最好成绩"。

在青春的赛道上奋力奔跑

吴昌友

6 月的江城武汉，草木葳蕤、绿意盎然，一如风华正茂的你们，充满着蓬勃朝气与无限生机。今天，将成为你们最难忘的青春记忆。长江职业学院 2022 届 4640 名学生（含 3 名扩招学生）顺利大学毕业。全校万余师生、校友线上线下共同为你们精彩的大学生活画上圆满句号，共同见证我们的心情、我们的不舍、我们永远不变的牵挂。

2022 届毕业生是非常不平凡的一届毕业生，你们入校不久便碰上新冠肺炎疫情，开始长达半年的线上教学。尤其可敬的是，你们线上学习之余以各种方式在城市、在农村参与疫情防控阻击战，用实际行动为"中国之治"增辉添彩，证明了当代青年是可堪大任的。这 3 年，你们坚持疫情防控，校园封闭管理，每天佩戴口罩、体温监测，还有经历的多轮核酸检测，几乎全部的大学时光都在疫情的影响中度过。那种更加自由的大学生活，对你们来说似乎是一种传说。但是，你们以实际行动来支持中国"动态清零"的有效防疫政策。很多同学主动请缨做防疫志愿者，在校门口，在食堂、宿舍、教室门口，在核酸检测现场，我们看到了大学生志愿者的美丽身影，也看到了同学们身上的主动担当作为，看到了当代青年大学生最好的样子。正因大家的积极参与、支持，长江职业学院师生一直维持零感染，成为湖北高校健康、平安、放心的校园。你们是我们要培养的优秀人才的样子，我代表学校感谢你们。

你们的大学生活也是非常有意义的。你们从各国抗疫的现实中学习和理解不同国家与民族的思维方式和价值观，深刻认识中华民族的智慧、勇气与团结在全民抗疫中的生动体现。你们与祖国共奋进，感受时代脉搏，有幸见证中华人民共和国成立70周年、中国全面建成小康社会、中国共产党成立100周年、北京冬奥盛会举办的喜悦和荣光。你们是实现第一个百年奋斗目标的经历者、见证者，更是实现第二个百年奋斗目标、建设社会主义现代化强国的生力军。习近平新时代中国特色社会主义思想必将指引你们筑梦新征程、奋进新时代。

大学3年，你们与学校共成长。3年前，你们推迟一个月入学报到，共同见证了长职新校区从建成到启用的过程。这3年，学校被省教育厅确定为湖北省优质高职院校、湖北省高水平高职院校立项建设单位，这标志着长江职业学院开启了奋力建设高水平职业大学的新征程，这是我们全体师生的大事。学校跨越式发展离不开大家的共同努力，你们中间有210名同学获得校级"优秀毕业生"称号，236人光荣加入中国共产党，100人光荣入伍，18人获得国家奖学金，476人获得国家励志奖学金，592人获得学校奖学金，省级以上各类赛事获奖500多人次，有6000多人次参加了假期"三下乡"和"返家乡"社会实践活动，有1825名同学参加了今年的湖北省普通高校专升本考试。退伍大学生、中共党员、2019级市场营销专业李荣坤，退伍不褪色，去年暑假主动到四川抗洪抢险；中共预备党员、计算机网络专业1903班学生徐潇涵，2020年、2021年两度参加鄂州市疫情防控工作，以实际行动践行了当代青年"请党放心，强国有我"的庄严承诺；2019级计算机专业高欣怡刻苦学习，积极参加各项专业技能比赛，获得全国计算机素养大赛冠军……我手上关于2022届毕业生学子的故事很多，不能一一列举，你们的收获与成绩都将化为母校夜空中一颗颗闪亮的星，汇集成为值得母校骄傲和自豪的强大力量！我要为你们点赞，我为你们感到骄傲！

离别之时，同学们有"心有戚戚焉"的酸楚，更有"聚是一团火，散是满天星"的豪迈。因此，今天毕业典礼的仪式感在你们青春生活中非常重要，对学校也很重要，没有毕业典礼就如同儿女成婚没有宴席一样，不算圆满。由于疫情原因，我们只能邀请少量毕业生来到现场，我们也欢迎线上的毕业生及往届没有参加毕业典礼的毕业生申请参加今年以后任何一届毕业典礼。今年我们举办这场线下毕业典礼，打造专属于你们的"荣耀时刻"和"青春盛典"，还为大家赠送了一份薄礼，写上了老师的临别赠言。离别之际，作为师长，我想送给你们几句话共勉：

一是坚定理想信念。要想去更远的地方，要想获得更大的成功，要想赢得更多的尊重，理想和信念就是我们高扬的翅膀，是我们每个人心中的"诗和远方"。一个人的志向越远大，对历史使命认识越深刻，社会责任感也就越强烈，也越能准确把握人生的坐标和航向。身处伟大的时代，更要有时代的担当和责任。行进在新百年新征程中，你们的奋斗是时代强音不可缺少的音符。有风有雨是常态，风雨无阻是心态，风雨兼程是状态。纵观古今，任何一个成功的人物，都必须具有坚定的信念和坚强的意志。20年前，杰出校友李书福在读书时就立志要造中国老百姓开得起的小车，并矢志不渝地实施自己的造车梦，从武汉毕业不久，就进入汽车行业。如今，他带领的吉利控股集团快速发展，先后收购了沃尔沃等世界品牌汽车公司，连续10年位列《财富》世界500强。现在集团业务覆盖乘用车、商用车、出行服务、数字科技、金融服务等业务，在全球拥有逾12万名员工，是一家立足中国、面向世界的全球创新型科技集团。李书福的追梦历程中，遇到的困难是可想而知的，但是振兴民族汽车的信念一直没有动摇。

习近平总书记指出："坚定理想信念是终身课题，需要常修常炼，要信一辈子、守一辈子。"选择了工匠人生的你们，就要把专注刻进你的生命里，时刻保持积极进取的心态和精益求精的匠心。拥有才华、热情和青春的你们，要将自己的宏伟抱负投身到祖国发展的大事业中去，勇担时代重任，锲而不舍地努力，成为追梦前行的"真心英雄"，立志为"中国制造"成为"中国精造"贡献力量。

二是坚持终身学习。没有高强的本领，担当重任、实现梦想就是一句空话。毕业不是学习的终结，而是新的学习的开始，在社会的大课堂里，你们将进入更为艰难的社会考场，将会面对更为艰涩的生活考验。所以，你们要迅速适应社会生活，融入集体，快速成长，这就需要不断"充电"，既读有字书，又读无字书，向社会大课堂学习。随着移动互联网、大数据、人工智能、元宇宙等新一代信息技术的竞相涌现，人类的生产生活和学习方式正在发生深刻变革，不学习就会被淘汰，要坚持时时学习、处处学习的习惯，持续增加应对变局、开拓新局的知识储备，努力成为引领自主学习、终身学习的先锋典范。

三是增强职业自信。每一个学生身上都有自己的闪光点，高职学生人人有特点、人人有优长、人人皆可成才。你抬头微笑，生活就会对您微笑。一个人唯有自信了，才能做好每一件事。长江职业学院毕业生一贯是满怀信心向未来，走出了一大批优秀毕业生，"企业家摇篮"的美誉响彻大江南北。当前，我国职业教育正处在提质培优、增值赋能的机遇期，新职业教育法的颁布拉开了新一轮职业教育改革创新发展的序幕，也为高职学生规划了美好的未来。职教本科、研究生，将来大家晋升的通道更通畅；未来，社会也会更加重视、尊重职业教育，大家工作环境会更好。希望大家具备舍我其谁的精神，积极响应时代号召，敢为天下先，以斗志昂扬的姿态迎接各种挑战。

四是拥抱健康人生。健康是对个人、家庭、事业最大的财富，没有了健康，一切都等于零。没有健康的身体，一个人即使拥有再多，也是枉然。大家朝气蓬勃，好像早晨八九点的太阳，作为实现中国梦的中坚力量，学习固然重要，但必须有一个强健的体魄作保障。大学毕业后，没有了篮球、健美操等体育课，但每天要多参加体育活动，锻炼体魄、磨炼精神。不仅要磨炼体力、耐力、爆发力等体质指标，更要培育热爱生活、阳光向上的心理状态。希望大家每天健康快乐，为祖国至少健康工作 50 年。

泰戈尔说过，无论黄昏把树的影子拉得多长，也离不开树的根。无论你走得多远，都走不出我的心。长江职业学院永远是你们的根、你们的家，永远会牵挂你们、祝福你们。山遥路远，折柳相送；离歌未央，慷慨壮行。祝愿你们把本领实践在祖国大地上，一路高歌、一路辉煌！按照习近平总书记的要求，"不负韶华，不负时代，不负人民，在青春的赛道上奋力奔跑，争取跑出当代青年的最好成绩"。

（作者系长江职业学院院长）

我想用一句诗与你们告别："须知少时凌云志，曾许人间第一流。"希望你们在未来的征途中，不忘来路，不改初心，千帆历尽，各自精彩；祝愿你们在未来的生活里，万事胜意，前程似锦，鲜衣怒马，一路繁花，归来仍是少年！

逐梦青春正当时
不负韶华向未来

邓曦东

峡江荡漾，新帆临航；芳华六月，骊歌渐响。今天我们欢聚于此，共同见证和分享你们毕业的兴奋和喜悦，为你们开启未来追梦之路饯行。

数载朝夕，一朝别离；3年时光，白驹过隙。时间虽静默不语，却总奔腾不息，感觉才刚相逢初见，转眼又要整理行装。3年前，你们青春萌动，怀揣梦想；3年后，你们羽翼丰满，扬帆起航。回望你们在三峡职业技术学院里的点点滴滴，青春肆意飞扬在风雨操场，热爱经久不息在学子苑旁，回忆是教室里一汪书海，是图书馆里一盏星灯，是香樟路上一蓑烟雨，也是青春夜市上一缕柔光，学校记录着你们的青春，你们也见证了学校的成长。

3年里，你们与祖国同频共振，与时代同声相应。我们共同经历了全民战"疫"，深刻理解了"苟利国家生死以，岂因祸福避趋之"的时代意义；我们共同见证了祖国70华诞的荣光时刻，更加坚定了"青年责任我担当，我与祖国共成长"的理想信念；我们共同致敬了中国共产党的百年光辉历程，不断厚植了"伟业千秋志，荡胸生豪情"的炽热情怀。

3 年里，你们与学校携手奋进，让实力不断跃升。学校在 2019 年被教育部认定为全国优质专科高等职业院校，在 2021 年被湖北省确立为"双高"（高水平高职院校和高水平专业群）建设单位。入选了全国高职院校创新创业 100 强首批院校，荣登全国高职院校学生发展指数、教师发展指数优秀院校百强榜，目前在全国 1486 所高职高专院校中最好排名第 127 位。成绩的取得，离不开你们齐心奋斗、奉献青春，离不开一代代"三职人"筚路蓝缕、栉风沐雨，母校不辜负每一颗奋进向上的初心，用厚重的办学积淀，在改革中阔步，在发展中奋进，不断展现新作为、不断开创新局面。

　　3 年里，你们与同学齐心筑梦，让自己成长成才。你们在学生技能大赛上捷报频传，在服务师生中展现担当，在志愿服务中奉献自我，在创新创业中增长智慧。技能大赛成绩斐然已成为学校一张亮丽的名片，也是学校的"金字招牌"，国潮游园会也让学校成为"别人家的学校"，旅游与教育学院的徐朗琳同学创办的"约咖"冲调出了学校最好喝的咖啡。每一次尝试都激荡人心，每一次成功都饱含热泪，承载的是梦想，收获的是希望，大家同心同向，实现彼此的成就成长，正因为有你们，学校才布满熠熠星光。

　　浮云一别，流水十年；斗转星移，岁月缱绻。离别之际，感想万千，纵使千言万语，也不及纸短情长，当你们站在新的人生起点，眺望前方、迈上征程之际，我只想把 3 个祝愿寄予你们，轻装上阵，去奔赴下一个山海。

　　一是希望你们心怀天下、行稳致远，不负家国。当前，世界百年未有之大变局加速演进，中华民族伟大复兴战略全局进入关键时期，机遇与挑战并存，压力和信心同在。青年的命运，从来都同时代紧密相连，无数的事实告诉我们，只有与国家同呼吸，与民族共命运，个人的理想才会被赋予伟大的时代意义。宜昌是伟大爱国诗人屈原的故乡，你们学在宜昌，不仅要掌握服务社会、建设祖国的技术技能，更要去传承和发扬屈原爱国情怀，志存高远、胸怀天下。党的二十大即将召开，这是党和国家政治生活中的一件大事，你们既置身在时代的洪流里奔涌，又踏在发展的巨浪上楫桨，你们生逢其时，更是责任在肩，希望你们始终立足两个大局，心怀"国之大者"，牢记"请党放心，强国有我"的铮铮誓言，厚植爱国情怀，坚定个人理想，走好不负于自己的长征之路，答好无愧于时代的青春答卷。不忘初心，厚积薄发，行稳致远，将自己的梦想和价值与中国梦、强国梦同频共振，努力成为合格的社会主义建设者和接班人。

二是希望你们接续奋进、担当善为，不负时代。一代人有一代人的使命，一代人有一代人的担当，回望百年来的风雨兼程，从嘉兴红船到巍巍巨轮，从星星之火到燎原之势，勇担大任，既是觉醒年代的振臂疾呼，也是革命年代的身先士卒，是脱贫攻坚的摸爬滚打，是疫情防控的披甲出征，是冬奥赛场的奋勇争先，更是平凡岗位上的矢志奋斗。时代各有不同，青春一脉相承，同学们，你们是实现第一个百年目标的见证者，更是实现第二个百年目标的奋进者，作为00后的你们，到21世纪中叶，你们风华正茂，奋斗正当其时。"奋斗是青春最亮丽的底色""自信人生二百年，会当水击三千里"。民族复兴的使命要靠奋斗来实现，人生理想的风帆要靠奋斗来扬起。希望未来作为校友的你们，始终同母校一起保持奋进的姿态，少一些"躺平"，多一点奋斗，扎根社会中每一个平凡的岗位，用自己的苦干实干做出不凡的成就，让青春在实现中华民族伟大复兴的中国梦中绽放异彩。

三是希望你们始终向上、逐梦青春，不负韶华。罗曼·罗兰说，世界上只有一种英雄主义，就是看清生活的真相之后依然热爱生活。就像同学们调侃的那样，"青春有几许，疫情占三年"，你们等到了春暖花开，却因为疫情封校，没了机会面朝大海。未来的生活也是如此，不会总是一帆风顺。生活的诸多不确定性，正是生活的美丽所在。哪怕未来可能不尽如人意，我依然希望你们遇到困难不畏惧、面对挫折不妥协，学会在纷扰的琐事中找准定位，在嘈杂的声音中辨析主流，树立终身学习的主动意识，锻造精益求精的工匠精神，要有"择一事终一生"的执着与坚持，也要有"干一行爱一行"的执着与忠诚，要保持"干一行钻一行"的精益和专注，立志成为大国工匠、能工巧匠。始终向上，做自己的孤勇者，有一分热，发一分光，不必等候炬火，你们便是生活最璀璨的亮光。

乘风好去，长空万里，但看山河，天地正宽。3年倏忽而过，有相遇，必定就有分别，未来不管你们飞得多远，母校都会为你们驻足，为你们鼓劲，期盼着你们的归来，常回母校看看，风里雨里，我们在三峡职业技术学院等你！

最后，我想用一句诗与你们告别："须知少时凌云志，曾许人间第一流。"希望你们在未来的征途中，不忘来路，不改初心，千帆历尽，各自精彩；祝愿你们在未来的生活里，万事胜意，前程似锦，鲜衣怒马，一路繁花，归来仍是少年！

（作者系三峡职业技术学院院长）

奋斗是青春最亮丽的底色。希望你们胸中有丘壑、眼里存山河，以青春之我续写青春之华章，不负时代，不负人民，在激扬青春向未来的不懈奋斗中唱响"强国有我"最强音！

激扬青春向未来

冯志明

数载寒窗终有报，春风得意马蹄疾。今天，我们相聚云端，举行一场别开生面的毕业典礼，为2022届毕业生温暖送行。

星霜荏苒，韶华飞逝。求学期间，你们躬逢盛世，见证了中华人民共和国成立70周年、脱贫攻坚全面胜利、中国共产党建党100周年、北京冬奥成功举办等国家的高光时刻；你们与校俱荣，亲历学校获评"全国供销合作社示范性高职院校""江苏省中国特色高水平高职学校培育单位""江苏省文明校园"等突出成就的取得；你们潜心求学，5000多人次荣获省、市、校各级荣誉和各类奖项，74名同学光荣地加入了中国共产党；你们也负重前行，参与了抗击新冠肺炎疫情的历史大考，留下了众志成城的特殊青春印记。在这里，我代表学校为你们在校园疫情防控中的出色表现点赞，对你们为学校改革发展的积极贡献表示感谢！

全面建设社会主义现代化国家的新征程已经开启，你们作为肩负民族复兴重任的一代青年，在这一重要的历史节点投身强国伟业，临别之际，作为师长，我提几点希望，与大家共勉。

一要胸怀天下，争当志存高远的追梦人。你们是国家的希望、民族的未来，希望你们心怀"国之大者"，树立远大志向，确立与国家发展、社会建设和最广大人民利益同频共振的崇高理想，努力成长为伟大理想的追梦人、伟大事业的生力军。

二要脚踏实地，争当实干笃行的奋楫者。你们正值风华正茂的人生大好年华，即将成为社会的中流砥柱，希望你们踔厉奋发、学以致用，主动投身经济发展主战场、乡村振兴第一线、疫情防控最前沿，在社会最需要的地方挥洒青春汗水、绽放绚丽之花。

三要无惧风雨，争当劈波斩浪的弄潮儿。你们在与时代共成长、与祖国共奋进的征程中，既会收获成功和喜悦，也会面临困难和压力。希望你们正确对待一时的成败得失，处优而不养尊，受挫而不短志，始终紧跟时代的步伐，瞄准人生的方向，披荆斩棘、勇往直前，开辟出一条属于自己的灿烂征途。

奋斗是青春最亮丽的底色。希望你们胸中有丘壑、眼里存山河，以青春之我续写青春之华章，不负时代，不负人民，在激扬青春向未来的不懈奋斗中唱响"强国有我"最强音！

最后，祝福同学们前程似锦、一路芳华！也祝各位老师、家长、朋友身体健康、万事如意！

（作者系江苏商贸职业学院院长）

拼搏的人，一直在路上。愿你们带着青春的骄傲一路繁花似锦，点燃梦想的力量奔赴星辰大海，怀揣"强国有我"的信念书写璀璨华章！

在青春赛道上跑出加速度

杨光军

7月校园，夏花绚烂；草木蓊郁，骊歌唱响。又是一年毕业季，又到学子行远时。今天，我们以毕业之名、赴青春之约，线下线上同步举行滨州职业学院2022年毕业典礼，道别过去，告白自己，致敬未来。

光阴荏苒，时光飞逝。还记得3年前，在2019年开学典礼上，我对大家提出了3点希望，希望你们都要有报国之志、感恩之心、逐梦之翼，不负3年美好时光，写好大学青春履历。春华秋实，寒来暑往，琴湖岸畔，范公园内，教学楼中，行知广场、实训车间，都留下了你们潜心求学、精勤不倦的身影，印刻着你们挥洒汗水、追求超越的足迹。

3年来，在你们的积极参与下，我们共同见证了学校高质量发展的精彩华章。2019年，学校先后入围全国200所优质高职院校、全国56所"中国特色高水平高职学校建设单位"，实现了里程碑式的历史性突破。2020年，学校"十三五"规划圆满收官，春季学期复学人数全省高校第一，我们在疫情防控和事业发展的大战大考中彰显出学校担当。2021年，我们隆重庆祝党的百年华诞，共同祝福建校65周年暨合院20周年，全面擘画"十四五"发展蓝图，全省高职院校年度考核跻身前三，滨州市直事业单位年度考核名列榜首。今年，我们经受住了远胜于以往的最为严峻、最为直接的疫情冲击考验，封校防疫、线上教学有序推进，"双高"建设、职业技术大学创建迈出坚实步伐……感谢你们！滨州职业学院因你们而更加精彩！

3年来，你们在拼搏进取、砥砺奋斗中，收获了青春绽放的异彩和成长成才的喜悦。19828团支部入选全国高校活力团支部，迷彩聚沙暑期社会实践团队入选全国优秀社会实践团队，冯兴康同学荣获2020年度"中国大学生自强之星"称号，刘立伟同学被评为山东省抗击疫情优秀志愿者，39名同学获全国、全省职业院校技能大赛奖项，528名同学考取"1+X"等级证书，858名同学获国家、省奖学金、励志奖学金，425名同学光荣加入中国共产党，504名同学被评为省级优秀毕业生，504名同学投笔从戎应征入伍，你们用自己的努力谱就了技能成才的青春篇章。在"史上最难就业季"，1691名同学专升本继续深造，6431名同学选择在鲁就业，293名同学选择自己创业，不同的选择、一样的奋进，你们以实际行动展现着技能报国的奋斗姿态。今天，在这里无法一一列举你们的优秀。祝贺你们！你们因奋斗而更加出彩！

青年勇毅则国家坚忍，青年奋发则国家进步。今年五四青年节前夕，习近平总书记寄语全国广大青年："牢记党的教诲，立志民族复兴，不负韶华，不负时代，不负人民，在青春的赛道上奋力奔跑，争取跑出当代青年的最好成绩！"当前，我国进入了全面建设社会主义现代化国家、向第二个百年奋斗目标进军的新征程，我国经济进入从高速增长转向高质量发展的新阶段，迫切需要更多知识型、技能型、创新型劳动者，迫切需要一大批大国工匠、能工巧匠，为同学们创造更加出彩的人生提供了广阔舞台。

临别之际，我代表学校和老师们再嘱托大家几句话。

第一句话，刚上路别迷路。没有哪一代人的青春是容易的。战火动荡、物质匮乏是老一辈年轻时的艰辛，物质充裕、选择多元是你们这一代人的现实。我们每一个人都是特定时代洪流中的一分子。当前，世纪疫情叠加百年变局，世界、国家和个人都在承受着巨大考验。青年学子面临人生中诸多重大抉择，以及工作学习生活多重压力，有的很容易产生迷茫困惑。方向比努力更重要。青春最好的样子是什么？答案千万条，但其中最重要的一条，就是在祖国最需要的地方扎根，为人民所共有的梦想奋斗。

当然，成功的道路并非坦途，面对初入社会的"迷茫期"，希望你们志存高远、登高望远，以更宽广的视野去审视时代，以更纵深的视角去思考人生，厚植家国情怀，践行忧乐精神，自觉把自身价值与国家需要、人民需求相连，自觉把弘扬传承劳模精神、工匠精神、劳动精神与矢志不渝的家国情怀相融，坚定走好技能成才、技能报国之路，为时代发展注入澎湃青春动力；希望同学们在社会大熔炉的锤炼中，更加注重道德品行修养、人格良知修炼，牢固树立正确的人生观、价值观，努力做一个诚实、守信、友善、宽容、感恩的人，做一个自立、自强、自信、自尊、自爱的人，在浩瀚的人生大海中心有灯塔、永不迷航。

第二句话，强硬件靠心件。人生要成功，硬件是基础，软件是重点，心件是关键。"心件"这一概念是香港城市大学校长郭位教授以"硬件""软件"类比而来，强调的是一种心态，一种专业精神和文化，一种行为习惯和思维模式，一种需要学习、沉淀的气质。对大家来说，硬件就是健康身体、强健体魄，软件就是过硬本领、精湛技艺，而心件则是精于一技、专于一业的执着心态、极致匠心。在我们走访企业的过程中，我校学子勤奋、进取、奉献、创新的姿态，赢得了用人单位的高度赞誉和社会的广泛认可，为学校积淀了良好的口碑和声誉。希望你们今后无论从事什么工作，都要坚守精益求精的工匠精神，以"技近乎道"的忘我境界，用心工作、专心做事，磨砺成为手里有绝活、心中有创意、肩上有责任的能工巧匠、大国工匠，以"技高行天下""能强走世界"；希望你们勇于推陈出新、守正创新，以"知者创物"的创新精神，求是求深、求新求异，砥砺成为所在领域的领跑者、引领者，努力成为新兴技术、创新产业、新型业态的创新者、开拓者。

第三句话，善蓄力练定力。当前，人工智能时代加速到来、迅猛发展，现有工作场景、用工需求正在发生革命性的变化，同时新行业、新职业、新工种不断涌现。一项全球评估显示，到2030年30%的工作活动可以实现自动化；2020年人社部发布的《新职业在线学习平台发展报告》显示，未来5年，新职业人才缺口近千万。终身学习已成为每一个人适应时代极速变革的必然选择，作为新时代青年，更应该始终保持对新领域、新事物的好奇心和求知欲，厚植终身学习的意识，养成超前学习的习惯，及时跟进知识更新，持续精进技能素养，从理念到实践、从态度到行为、从内在到外在，全面提升与时代契合、同机器竞争、和物人互联的新能力，在人生不同阶段不断实现自我超越。请同学们铭记：不管再忙再累，也要持之以恒提升自己；一旦你停止进步，就将被滚滚向前的时代洪流所抛弃。

人生如登山，高处有无限风光，但身旁也有万丈深渊。希望同学们今后无论遇到多么艰厄的困境，面对多么巨大的诱惑，都要牢记有规矩、守底线、不侥幸，都要坚守做人的道德底线、做事的规则红线；无论身居何位、处于何境，都要善纳谏言、从善如流、团结合作、见贤思齐，以自己的人格魅力营造良好的工作环境。请同学们牢记：做人要清清白白，做事要干干净净，处世要明明白白；人生走到最后，能够真正拥有的才是自己的！

最后一句话，求长度守温度。"熬最长的夜、敷最贵的面膜、喝最烈的酒、放最多的枸杞"，这种"朋克养生法"在当今一些年轻人中非常流行，但这绝不是"年轻就是本钱"的正确诠释。身心健康是同学们未来人生道路行稳致远的基础保障，失去了健康，奋斗和幸福都无从谈起。刚刚走出校门的你们，可能会遇到"五加二""白加黑"的加班加点，可能没有时间运动锻炼，也可能因为焦虑而失眠。但身体、心灵是最忠诚的朋友，当你不在意它们的存在时，说明一切机能都正常，但当你感受到它们存在时，或许就不是好消息了。请同学们善待自己的身体，三餐有序、食饮有节，工作休息劳逸结合，坚持适度体育锻炼，保持良好健康状态，努力延长生命的长度；同时，一定要守护好自己的灵魂，积极向上、温暖有爱，常怀诚挚善良，常思自身不足，培养积极健康的生活情趣、个人爱好，繁忙的工作之余可以读书写作、抚琴泼墨，读一点"无用之书"，做一点"无聊之事"，丰富自己的人生，充盈自己的灵魂，始终保持健康平和的精神状态，享受有温度的人生。

"绿我涓滴，会它千顷澄碧。"人生不允许打草稿，岁月买不上返程票。今天这场典礼，是你们人生起航的新起点，请同学们时刻铭记校训"责任"，用信仰、情怀、本领和智慧擦亮学校符号，向时代、向祖国、向母校、向自己交出优异答卷。学子是远行的航船，母校是温馨的港湾。母校永远是你们的坚强后盾，愿与你们共同分享喜悦、分担忧愁，随时期盼着你们常回家看看。

拼搏的人，一直在路上。愿你们带着青春的骄傲一路繁花似锦，点燃梦想的力量奔赴星辰大海，怀揣"强国有我"的信念书写璀璨华章！

祝一帆风顺、梦想成真！

（作者系滨州职业学院党委书记）

第四章

奋斗

你们要在自己所选择的正确道路上一路前行；要"心里有光、肩上有责、手中有艺、脚下有劲"，都能成为"新时代的能工巧匠、大国工匠"；要立足岗位，开拓创新，像一只"等风来不如追风去"的"雨燕"，在时代的洪流浪涛中匠心筑梦、励志笃行。

奋斗新时代 一起向未来

卢坤建

匆匆 3 年，转瞬而过。蓦然回首，已是骊歌声声。今天，一个令人难忘的日子，我们欢聚一堂，共同见证 8000 余名同学毕业的美好时刻。同学们顺利完成学业，即将离开 3 年来风雨相伴的校园，踏上人生新征程。

过去 3 年，你们在疫情防控中成长，在艰苦淬炼中担当。被疫情偷走的大学时光里，一些美好的憧憬被搁浅，准备好的出行计划被推迟，让大学生活留下些许遗憾，但这又何尝不是收获成长的良机？无数挺身而出、冲锋抗疫一线、守护校园平安的志愿者，每一位不做"局外人"、为抗疫增添力量的同学，用实际行动诠释了责任与担当。经历了这场疫情，手机绿码、口罩勒痕都成了大家的生命印记，抗击疫情的不懈精神也会写就华丽的人生篇章。

大学 3 年，疫情 3 年。不少同学会说自己是"史上最惨大学生"，但我想说，"最清晰的脚印往往印在最泥泞的路上"。同学们是首批从大学校园毕业的 00 后，在常态化的疫情防控中，你们卸下了娇气、少不更事的标签，让大家看到了坚决听党指挥、服从安排的 00 后，看到了积极乐观、主动担当的 00 后。疫情是危机，更是契机。在抗击疫情过程中形成的伟大抗疫精神，恰恰是中国精神的生动诠释，也是同学们砥砺前行、不可多得的精神食粮。

过去 3 年，同学们参与并见证了学校蒸蒸日上的发展历程。近年来，学校积极推进内涵式建设与发展，特色优势持续彰显，综合实力与核心竞争力大幅提升。2019 年我校成为省直属唯一的"双高计划"建设单位，2020 年在三大高职综合竞争力排行榜均居全国前十，2021 年，在现有三大有影响力的高职排行榜中均居全国前四。今年开始，学校正积极准备进一步提升办学层次，我们的同学们将越来越受到企业欢迎！

习近平总书记指出："职业教育前途广阔、大有可为。"自 2019 年颁布《国家职业教育改革实施方案》以来，职业教育面貌发生了格局性变化，止步于专科层次的"天花板"正被打破。今年 4 月，国家颁布了新修订的职业教育法，为具有不同禀赋的学生提供了更多成才可能。在这个中央重视、产业需要、社会期盼的好时代，能力才是"硬通货"。愿我们的学子们，人人努力成才、人人皆可成才、人人尽展其才！

过去 3 年，同学们经历了自我蜕变，成就了更好的自己。在各类技能竞技场上，同学们尽显工匠风采。3 年里，我校实现了中国国际"互联网 +"创新创业大赛金奖的零突破；获得第十七届"挑战杯"全国专项赛"优秀组织奖"；在第十六届"挑战杯"广东大学生课外学术科技作品竞赛中捧得"优胜杯"，特等奖数量全省高职第一、总分排名全省高职第一。这其中，都有大家奋力拼搏的身影。是一届届学子的努力，成就了今天的学校。

"青春孕育无限希望，青年创造美好明天。"感谢你们把最美好的青春年华留在了学校。大家生逢其时、重任在肩，施展才干的舞台无比广阔，实现梦想的前景无比光明！青春，因奉献而厚重，因奋斗而精彩。希望你们每个人都心怀"国之大者"，把"小我"的理想追求融入民族复兴的"大我"事业中，去祖国和人民最需要你的地方建功立业！

"才始送春归，又送君归去。"在同学们即将奔赴下一个战场，踏上新的征程时，我既满怀牵挂又充满期许。惜别之际，有 4 句话送给大家：

第一句，"先天下之忧而忧，后天下之乐而乐"。胸怀天下，矢志报国，成为堪当民族复兴大任的时代新人。家国情怀是中华民族 5000 年历史积淀的生命自觉，是个人与国家紧密结合的鲜明底色。人是文化的人、社会的人，其个体之间，必然要结成发展共同体、利益共同体、生命共同体，集体利益、社会利益、国家利益永远高于并制约着个人利益。心怀"国之大者"，为国分忧、为国解难、为国尽责，就是要在实现集体利益、社会利益、国家利益的奉献中体现个人利益。中国梦是民族的梦，也是每个中国人的梦。作为新时代的中国青年，志存高远方能九天揽月，胸怀天下方能大展宏图。

同学们是幸运的。你们正处世界百年未有之大变局，遇上了一个伟大的时代。国际格局和国际体系正在发生深刻变革，中国落后挨打、历尽屈辱的近代史已经告诉我们，唯有迎难而上、持续快速发展，中华民族才能实现伟大复兴。这离不开在座每一位同学的努力和坚持。在这个大有可为的时代，同学们都是主角，都有一份责任与担当，都要在实现民族复兴的时代航程中踔厉奋发、勇毅前行，用亮丽绚烂的青春，在伟大时代的壮丽史册中写下光辉的诗篇。

第二句，"人生万事须自为，跬步江山即寥廓"。脚踏实地、实干力行，成为专注求精的能工巧匠。青年时期，是奠定人生之路的黄金时期，既要仰望星空心怀梦想，又要脚踏实地实干力行。

匠心需要专注、坚持和敬畏。任何人的职场生涯都是从0到1的"修炼"，"不积跬步，无以至千里；不积小流，无以成江河"。当别人浅尝辄止时，你要尽己所能，全力以赴，坚持"没有最好，只有更好"的价值追求。"蚓无爪牙之利，筋骨之强，上食埃土，下饮黄泉，用心一也；蟹六跪而二螯，非蛇鳝之穴无可寄托者，用心躁也"正是专注的真实写照。把平凡的工作当作一种修行，坚守寂寞，方能找到人生芳华。成功没有捷径。对职业心存敬畏，"日日行，不怕千万里；常常做，不怕千万事"。脚踏实地、求真务实，肯吃苦、能吃苦，想干事、肯干事，必将有成。

第三句，"沉舟侧畔千帆过，病树前头万木春"。探索创新、勇立潮头，成为奋楫笃行的弄潮儿。百年变局的浩荡大势正奔腾而来，一切"你以为的"颠覆性改变只是刚刚开始。只有那些能够把握变与不变、具有强烈创新精神的时代先锋，才能擘画出人生最美丽的风景。创新从来不是易事，只有向难而行、知难而行、愈难愈行，才能迸发出脱颖而出的核心竞争力量。

大学阶段的学习，你们初步建立了一定的专业知识体系，但从"学懂"到"学通"，3年还远远不够。要做善于学习的人，要做终身学习的人，要在学习中运用，要在运用中学习，锻炼创新思维、激发创新潜能，让自己成为善学、善思、善用、善创的强者！

第四句，"有花堪折直须折，莫待无花空折枝"。珍惜时光、拒绝"躺平"，成为努力奔跑的追梦人。人生应该有梦。没有梦想的人生是流浪，拥有梦想的人生才是航行。即将走出大学校园的你们，飞扬的青春充满着蓬勃的朝气，散发着无穷的魅力，都应该努力奔跑，做一个追梦人。正如路遥在《平凡的世界》中所说的，生活不能等待别人来安排，要自己去争取和奋斗；而不论其结果是喜是悲，但可以慰藉的是，你总不枉在这世界上活了一场。请相信：静心沉潜、久久为功、必有回响！

在看似"躺平"的背后，我知道，其实，大家都在拼命努力，都想着："一定要悄悄地努力，然后惊艳所有人。"生活不止眼前的苟且，还有诗和远方。工作不止996，还有不限量的白云和月光。低头奋斗的路上也不要忘记欣赏沿途的风景，再累也不要透支健康，再忙也不要忽略家人。同学们，人生是一场跋涉，任他水宕云起，暮去朝来，也不能忘了来路和归途。你们要在自己所选择的正确道路上一路前行；要"心里有光、肩上有责、手中有艺、脚下有劲"，都能成为"新时代的能工巧匠、大国工匠"；要立足岗位，开拓创新，像一只"等风来不如追风去"的"雨燕"，在时代的洪流浪涛中匠心筑梦、励志笃行。

终将逝去的是大学的时光，永不消逝的是奋斗的青春。大家就要离开学校了。毕业并不意味着结束，而是人生阶段另一个起点。到更高、更远的地方追逐自己的梦想吧！记住毕业证上的印章，你就会找到回家的路！

衷心祝福同学们幸福平安，前程似锦，未来可期！欢迎同学们常回来看看！

（作者系广东轻工职业技术学院院长）

在拼搏中锻炼自己的体魄，磨炼自己的心性，提升自己的能力，只有坚忍不拔才能不负韶华，不负时代，不负人民，坚持坚持再坚持，坚持就是胜利，坚持就是成功。

拼搏争先　以技立业

焦胜军

今天是中国共产党建党 101 周年，香港回归祖国 25 周年纪念日，在这个特别的日子里，我们怀着无比喜悦的心情，欢聚在这里，为陕西铁路工程职业技术学院 6583 名 2022 届毕业生举行毕业典礼。

过去的 3 年，全校师生员工齐心协力、锐意进取，实现了事业发展和疫情防控的双胜利，取得了令人欣喜的成绩。从 2014 年建成国家骨干校，到 2019 年国家优质校，教学诊改示范全国，然后弯道超车、昂首挺进 56 所国家"双高"校建设单位，跻身全国 1480 余所高职院校第一方阵。近日，又以第三位次入选省级"双高"A 档建设院校。我们构建了以高速铁道和城市轨道 2 个国家级高水平专业群为引领，辐射带动铁道机车等 5 个专业群协调发展的建设格局，实现了从专业建设向专业群建设的转变。今年，学校领导班子第五次获全省高校考核优秀等次，第四次获"全省高校先进校级党委""陕西省先进集体"等荣誉称号。同学们亲历学校的发展变化，正是你们秉承"德修身　技立业"的校训，锤炼品格，提升素质，勤练技能，在校园里，处处留下了你们洋溢青春的身影，让陕西铁路工程职业技术学院充满生机活力、精彩不断！

过去的 3 年，校园里的一草一木见证了你们的学业辉煌与青春风采。你们在创新创业、数学建模、技能比武等各类竞赛中成绩优异；你们在羽毛球、乒乓球、篮球等体育比赛中斩金夺银；你们当中涌现了一批学霸宿舍，也诞生了许多红遍学校的男神和女神。你们中有 26 人获得国家奖学金，627 人获得国家励志奖学金，813 人光荣地加入了中国共产党，533 名同学考入陕西理工大学等院校继续深造。你们在放飞人生梦想的 3 年时光里，不仅传承了"吃苦奉献，拼搏争先"的学院精神，更展示了我校学子的多才多艺和蓬勃朝气，学校因你们而精彩与自豪。

佩剑未妥，转眼江湖！毕业典礼过后，同学们将告别母校，告别熟悉的校园，告别还没有装上空调的教室和宿舍，告别相互"嫌弃"而又不离不弃的室友同窗，告别一天到晚在你耳边絮絮叨叨、总是"重要的事情说 3 遍"的老师 辅导员、班主任。临别之际，作为你们的师长、你们的朋友，我想对你们再叮嘱一次：

一是拼搏争先，磨炼心性。从学校到职场，同学们请牢记"吃苦奉献，拼搏争先"的学院精神，拼搏精神的两大来源就是苦难和成功！没有苦难就没有坚忍，没有积聚；没有成功就没有激情，没有尊严。苦难是人生的一笔宝贵财富，吃苦的意义不是物质的缺乏，也不是受苦的能力，吃苦的本质是长时间为了一件事聚焦的能力，以及在为了做好工作长时间聚焦的过程中，所放弃的娱乐生活，所放弃的无效社交，所放弃的无意义的消费生活，还有在这个过程中所忍受的不被理解和孤独，吃苦是一种自控能力、自制能力和坚持能力。

你们现在所拥有的最大财富就是你们的青春年华，但这个财富会在平平淡淡中不断离你而去，所以，请同学们不要惧怕艰苦的工作环境，不要抱怨繁重的任务和工作，因为，成功就孕育在这些流失的财富之中，孕育在你的努力之中。在拼搏中锻炼自己的体魄，磨炼自己的心性，提升自己的能力，只有坚忍不拔才能不负韶华，不负时代，不负人民，坚持坚持再坚持，坚持就是胜利，坚持就是成功。

二是锤炼本领，以技立业。我们所处的时代是一个劳动光荣、技能宝贵、创造伟大的时代，这既为同学们施展才华提供了广阔舞台，也对大家的能力素质提出了更高要求。你们的学长学姐中已有数以千计的行业能手：今年五一劳动节，2008届道桥与建筑学院毕业生、西北电建一公司项目管理事业部总经理王兵飞被授予"陕西省劳动模范"称号；1990届毕业生王树旺等4名校友被授予"中国中铁劳动模范"称号。2008届测量专业毕业生、中铁上海局七公司人力资源部部长温妮妮，被中国中铁授予"先进女职工"称号，被陕西省授予"建设系统优秀女职工干部"称号。陕西省举办9届高校大学毕业生建功立业先进事迹报告会，我校先后有8名优秀毕业生入选报告团成员。你们的学长学姐们都是潜心扎根基层，在一线岗位把每一件事情做到极致，做到完美无缺，用平凡铸就着非凡的典型代表。我衷心地希望你们像他们一样，弘扬工匠精神，坚守本职，精益求精，追求卓越，拥有同样出彩的人生。

三是心存感恩，行稳致远。不管时间间隔多久，同学们都不要忘记家长的养育之恩，把你的第一份收入与他们分享；不要忘记同学之间的纯真友谊，把你的奋斗和激情与他们分享；当然也不要忘记母校、老师的培养教育之情，把你的困难和成功与他们分享。今天你以学校为荣，明天母校以你为荣。作为老师，我真诚地希望你们在人生的道路上一步一个脚印，向着自己的目标坚定地走稳、走好。在前行的道路上心怀感恩，善待自己，善待他人，积极工作，快乐生活。

聚散有时，情谊难忘！学校为每一位同学准备了学校专属毕业礼——蓝田玉印章。它凝聚着学校精神，寄托着学校希望，在未来的道路上，让学校精神陪伴你们一起面对生活中的酸甜苦辣咸。

祝同学们工作顺利！前程似锦！人生美好！！

（作者系陕西铁路工程职业技术学院院长）

未来已来，路在脚下，向过去致敬，为未来壮行。希望同学们坚守奋斗创造幸福理念，不负青春，不负未来，在拼搏中成就出彩人生，在奋进中赢得美好未来！

奋斗本身就是幸福

张连城

韶华似水，岁月如歌。今天，我们在这里云端相会，隆重举行北京经济管理职业学院 2022 届毕业典礼，与圆满完成学业的 1073 名同学，共同分享收获的喜悦，憧憬美好的未来。

求学的 3 年时光，你们和祖国同行，感受时代脉搏，与学校共进，书写精彩画卷。有幸见证中华人民共和国成立 70 周年、中国共产党建党 100 周年、北京举办冬奥盛会成为全球首座双奥之城的喜悦和荣光，彰显志愿者风采；也亲历了百年未遇、突如其来、时而反弹的新冠肺炎疫情，打卡扫码、在线学习、核酸检测和封闭管理，成为你们特殊的人生经历！你们当中有 70 人光荣加入中国共产党、有 183 人次荣获了职业技能竞赛、创新创业大赛奖项，有 930 人次获得各类奖学金，有 1124 人次考取了各类职业技能证书，有 54 人被评为北京市优秀毕业生，有 269 人被评为学校优秀毕业生。

3 年时光，如白驹过隙，指尖倏越。同学们在茁壮成长的同时，也见证了学校取得跨越式发展进步最显著的 3 年，我们一起奋斗、共同发展，成为彼此生命中重要节点的见证者。让我们一起热烈地鼓掌，为自己喝彩，你们的大学 3 年过得充实而精彩!

回想学校 43 年的发展历程,一代又一代"经管院人"砥砺前行、接续奋斗,留下了"奋斗幸福"精神财富。同学们与青春共舞,与奋斗同行,在这里求学的这些历久弥新的美好记忆,是一种文化的馈赠,更是学校在你们心灵深处烙下的"经管院印记"。

在离别之际,作为师长,衷心希望同学们用奋斗创造属于你们时代新人的真正幸福,提出 3 点期望与同学们和全体教师共勉。

一是奋斗创造幸福:坚定理想,矢志信念,做志存高远的时代追梦人。习近平总书记指出,"实现中国梦是一场历史接力赛,当代青年要在实现民族复兴的赛道上奋勇争先。"同学们身处非比寻常、波澜壮阔的伟大新时代,又是觉醒的"强国一代",当然要坚定不移听党话、跟党走,"为实现中华民族伟大复兴的中国梦而奋斗……做新时代的奋斗者"。"要立志报效祖国、服务人民,这是大德,养大德者方可成大业。"希望大家都能把成就和未来书写在技能报国的人生格言中、书写在不负时代的人生征程上,把好人生的"方向盘",心怀"国之大者",筑牢信仰之基,树立远大理想,把个人的小我融入祖国的大我、人民的大我之中,与时代同步伐、与人民共命运,努力成为有志气、有骨气、有底气的有为青年,肩负起时代赋予的光荣使命。要细心观察、思考、规划,一步一个脚印扎实执行,认真做好每一件事情,把"大志向"与"小幸福"落实到岗位上,把责任与担当分解到每一天、办好每件事、站好每班岗,在服务社会中收获满满的幸福。我相信,做新时代的追梦人,"新时代"必将成为你们人生成长成才过程中最显著的标识,"中国梦"必将成为你们人生价值实现的最强动力,在民族复兴的新征程中,你们一定能谱写无愧于新时代的精彩,铸就属于自己的青春荣耀。

二是奋斗创造幸福:广博知识、精湛技能,做孜孜不倦的终身学习者。毕业,是大学生活的句号,却并非学习的休止符。新时代数字技术带来了信息爆炸、知识激增、技术迭代。一次"充电"终身"放电"的时期已一去不复返,我们进入了终身学习的时代。每个人的世界都是以学习为半径的圆,半径越大,拥有的世界就越宽广。同学们离开校园,走入社会,要永远让学习真正内化为自己生活的一部分，从学习中不断地检视内心修养，增强运用知识的能力，掌握迭代更新的知识与技能，用技术手段为自己持续赋能。现代职业教育培养的是高素质技术技能人才、能工巧匠、大国工匠，成功的培养不会因阶段性的毕业而终止，而是融入受教育者血脉成为一种意识、品格、精神和追求，希望广大经管学子都养成了这种优秀的习惯，在职业道路上专心专注、心无旁骛钻研技能，以滴水穿石的韧劲磨炼技能，将在学校获得的知识、技能和信心运用到工作中，时刻保持积极进取的心态和精益求精的匠心，不断提高与时代发展和事业要求相适应的素质和能力，磨炼技能，做有本领的人，实现敬业、精业、乐业的统一。用实实在在的业绩向党和国家、向社会和人民、向家庭和亲人，交上一份满意答卷。

三是奋斗创造幸福：积极进取，自信担当，做不骄不馁的坚定拼搏者。正如习近平总书记所说，"伟大梦想，不是等得来喊得来的，而是拼出来干出来的""梦在前方，路在脚下，自胜者强，自强者胜"。每个人都有自己的梦想，都走在为未来而奋斗的道路上。这条道路一定会有风景，也一定会有困境；一定会有希望，也一定会有失望，泪水或许会浸湿你们的脸，茫然惆怅或许会迷失你们的心。但是，无论今后的人生境遇怎么样，路都在同学们的脚下，就看你们有没有"踏平坎坷成大道，斗罢艰险又出发"的勇气和意志了。

每个人都有人生出彩的机会。学校"对学生最好、最负责任"的育人理念中蕴含的不是淘汰，而是成全；不是放任，是负责；是激发每个学生的自信、自强与自尊。每个从经管院走出的学子都要以不断尝试、不断挑战、不断突破的姿态，用坚持成就梦想。"追求进步，是青年最宝贵的特质"，说的是"人生万事须自为，跬步江山即寥廓"的奋进姿态，也是"事不避难者进，志不求易者成"的攻坚劲头。自信自强者坚信坚持就是胜利、坚持才能胜利。每天坚持不退步，每天争取一点新进步，终能迎来新气象、造就新局面。《礼记·大学》中"苟日新，日日新，又日新"有及时反省、不断革新之意，更有不断进步挑战自我的期许，"是故君子无所不用其极"，也就是品德高尚的人无处不追求完善，要不断奋斗、接续奋斗、团结奋斗，以奋斗创造幸福。

从今天起，你们将从"经管院学生"转变为"经管院校友"，改变的只是称呼，不变的却是永恒的挚爱、情感和念想。"2019—2022"，对他人来说，可能只是普通的数字，对你们来说却是永远刻在骨子里的芳华岁月；"北京经济管理职业学院"，对他人而言，也可能只是普通的汉字，对你们来说却是永远印在心底里的珍贵记忆，学校永远是你们的家，永远是你们坚强的后盾。

每一代人都有自己的际遇和担当。2022届毕业生因为这场疫情近3年的相伴而让大学时光非比寻常，也因为抗疫这样深刻的毕业洗礼，让你们的青春内涵更加丰富。作为"抗疫的一代"，充满挑战和机遇的人生道路正在脚下延伸，相信你们会更加从容应对挑战，演绎广阔精彩的青春。

未来已来，路在脚下，向过去致敬，为未来壮行。希望同学们坚守奋斗创造幸福理念，不负青春，不负未来，在拼搏中成就出彩人生，在奋进中赢得美好未来！

（作者系北京经济管理职业学院党委书记）

让我们再添一把火，再加一把劲，以实干为舟，以奋斗做桨，不驰于空想，不骛于虚声，一个战役接着一个战役打，一座堡垒接着一座堡垒攻。

踔厉奋发　不负"荆"朝

周　文

"闲云潭影日悠悠，物换星移几度秋？"

当火热的荆州再次迎来漫长的雨季，2019 年夏日的来信到这里也将迎来结局。在这封时间的长信里，我们见证春秋冬夏四季交替更选 3 次，白天黑夜斗转星移千百个来回，这每一个数字满含着的都是时光赐予我们的回忆。

大学的事情有很多，半数忘却，半数释怀。

三省湖旁、芙蓉溪畔的荆州职业技术学院生活是包括首届 251 名"一村多"学员在内的 5858 名毕业生的学海，也是线上线下老师们的历练。祝贺同学们健康平安，祝贺同学们顺利毕业！

这 3 年，其实我们走得都很艰辛、都很刚毅、都很执着。

2019 年岁末，面对突如其来的新冠肺炎疫情，我们开启了人生中第一次网课纪元；而后面对反复不定的疫情形势，大家也有过焦虑与彷徨，我们最终克服了紧急停课、居家健康监测等困难；最是难忘："一村多"党员团队高举 178 面党旗，战斗在乡村防疫一线，千里驰援西安展现"一村多"学员的大爱担当。

"风起于青萍之末，浪成于微澜之间。"

这 3 年，9+1 工程竣工，6+2 工程接续开工，体育馆、学术报告厅、大学生活动中心成为荆州大学城新地标；这 3 年，学校博学公寓党支部成为全国样板党支部，急救护理课程与团队成为全国课程思政示范课程与团队；这 3 年，学校历年均是全省征兵先进单位，建成全省首个高职示范征兵工作站；这 3 年，学校进入省优质高职，立项建设省高水平高职；这三年，60 名同学荣获国家奖学金、540 名同学光荣加入中国共产党；这 3 年，我们可爱的"一村多"学员中同样涌现出"全国大学生自强之星"朱正飞、挺身救人的"荆州好人"彭龙、入选"长江学子"的余秀珠、"荆州最美退役军人"刘洋等众多榜样。

"羡子年少正得路，有如扶桑初日升。"

这 3 年，我们共同庆祝了伟大的中国共产党百年华诞，共同回顾了中国共产主义青年团的百年奋进路，下半年我们也即将迎来党的二十大。到 2035 年我国实现社会主义现代化的宏伟目标之时，同学们正是而立之年，你们生逢其时，成长的征程上充满了机遇与挑战，征途漫漫，你们责任在肩。

"欲事立，须是心立。"只有当几回"热锅上的蚂蚁"，才可能日后"举重若轻、闲庭信步"。倘若只想越过年头"门槛"，镀完金后走人，就失去了"补课"的价值。你们要坚信：弦歌不辍，乐调才会优美；箭在弦上，遇敌才能制胜。

成就归于过去，梦想属于未来。

愿你们涵养 "花繁柳密处拨得开" "风狂雨急时立得定"的静心，"咬定青山不放松"的信仰，"乱花纷飞不迷眼"的理智，"功成不必在我"的境界，"让他三尺又何妨"的胸襟。

愿你们恒定"仰不愧于天，俯不怍于人"的坦荡，"清风两袖朝天去，不带江南一寸棉"的干净；有"若济巨川，用汝作舟楫"的担当；要有"捐躯赴国难，视死忽如归"的格局；有"共融相戚，血脉相承"的归属和认同。

愿你们常怀"苍龙日暮还行雨，老树春深更着花"的初心，"事辍者无功，耕怠者无获""不菑微茫，造炬成阳"，扎根基层、建功立业。

愿你们保持"锄一害而众苗成，刑一恶而万民悦"的正气，"自信人生二百年，会当水击三千里"的底气，"勤种今年竹，收获明年笋"。

历史照亮未来，征程未有穷期。

这是一个波澜壮阔的时代，涓涓细流汇成江河向着大海涌流；这也是一个伟大的时代，唯有奋斗方能留下深深印记。聚浩荡而击中流，集百川而惠苍生，兴甘霖而润万物，固堤坝而安黎明。

让我们再添一把火，再加一把劲，以实干为舟，以奋斗做桨，不驰于空想，不骛于虚声，一个战役接着一个战役打，一座堡垒接着一座堡垒攻。

你们的青春，我们曾参与过；你们的成长，我们给过肩膀和怀抱。我坚信：未来已来，"一村多"的学员一定能够带领乡亲们开创共同富裕的美好生活；所有毕业生，永远都是荆州职业技术学院的牵挂、希望与骄傲。

祝愿各位同学：踔厉奋发、不负"荆"朝！

（作者系荆州职业技术学院院长）

时代不负奋斗者，砥砺奋进正当时，希望同学们在今后的人生路程中，奋斗不止、拼搏不息，奋斗才能成就梦想，奋斗才能创造美好未来。

奋斗成就梦想

苏海勇

仲夏的校园，生机盎然，百花争艳。6月是满载收获的季节，也是让人依依惜别的日子。收获，是因为你们学有所成，即将奔赴实现人生梦想的广阔天地；惜别，意味着纵有千般不舍，也即将踏上征途。

这几天，我看到一批又一批同学在校园里合影留念，大家用一张张照片定格今天、憧憬明天。看着你们青春洋溢、意气风发的笑脸，我由衷地感到欣慰，对大家的未来充满信心、满怀期望。

同学们充满蓬勃朝气，正值美好的青春年华，3年来，日照职业技术学院记录了你们奋斗的身姿和成长的足迹。我们这一届学生经历了太多不易，也收获了累累硕果。3年的大学生涯，两年半的时间是在抗击新冠肺炎疫情中度过的，大家一边抗击疫情，一边勤学苦练。有的同学在社团活动中脱颖而出，有的同学在技能大赛中拔得头筹，有的同学在运动会上夺取佳绩，有的同学考入理想的本科院校继续深造，有的同学光荣入伍报效祖国，有的同学找到了能够施展才华的工作岗位……抗击疫情中你们多了一分责任和自律，茁壮成长中你们都变得更加成熟和优秀。我相信，学校有你，曾是校园亮丽的风景，也将是你们最美的记忆。

在同学们收获成长和快乐的这 3 年，学校也在深耕职教、砥砺前行。学校入选中国特色高水平高职学校 30 强，昂首阔步跻身高职院校第一方阵；学校成为全国优质高职院校，办学声誉得到社会各界广泛认可；山东省教育厅、日照市人民政府签订合作备忘录，共建日照职业技术学院，学校发展迎来历史新机遇；日照市委、市政府划拨 1000 亩土地建设学校新校区，申本工作厉兵秣马、蓄势待发，学校发展前景更加光明广阔。学校发展日新月异，你们都是见证者，也是参与者、受益者和贡献者。

花开无语，芳华烁烁。校园里的白玉兰盈润饱满、亭亭玉立，一朵朵鲜花洁白无瑕、清香远溢。这些玉兰花见证了同学们成长的足迹，也在用清香为大家送去无声的祝福。我们这一届同学是幸运的，也是幸福的，沐浴着中国特色社会主义新时代的阳光，享受着改革开放 40 多年带来的发展红利，见证了全面建成小康社会的辉煌成就，聆听了习近平总书记在庆祝中华人民共和国成立 70 周年、中国共产党建党 100 周年、中国共产主义青年团建团100 周年大会上的重要讲话，我们深切地感受到，国家实力更加强大，人民生活更加富裕。站在全面建成社会主义现代化强国的第二个百年奋斗目标的新征程新起点上，我们必将为实现中华民族伟大复兴的目标贡献青春力量。

"行百里者半九十"，越接近成功就越艰难，越接近目标越要不懈奋斗。当今世界正经历百年未有之大变局，新冠肺炎疫情全球大流行又使这个大变局加速变化，国际经济、科技、文化、安全和政治等格局都在发生深刻调整，中华民族伟大复兴面临着机遇和挑战。今天，你们即将毕业步入社会，我希望你们接过"复兴中华"的接力棒，踏上建设社会主义现代化强国的新征程，以"请党放心"的青春誓言、"强国有我"的理想信念照亮前行之路、叩开幸福之门，以梦为马，不负韶华，做一个怀揣梦想、连接地气、勇于奋斗的人，踔厉奋发、笃行不怠，赢得一个美好的青春，赢得一个无悔的人生，奏响属于你们这一代青年人的时代最强音。

在这里，作为毕业赠言，我有 3 句话送给大家。

第一句话：人生因为梦想而美丽，生活因为梦想而精彩，希望同学们做一个怀揣梦想的人。

一是要以中国梦引领人生梦。一代人有一代人的历史际遇，一代人有一代人的时代使命。中国共产党 100 年来奋斗、牺牲就是为了实现中华民族伟大复兴，中国梦是民族的梦，也是每个中国人的梦。作为担负中华民族伟大复兴使命的一代，社会在赋予你们期望的同时，时代重任也已经历史性地落在了你们的肩上。当代青年实现梦想的前景无比光明，希望同学们紧跟时代发展的主旋律，与祖国同呼吸、共命运，在实现民族复兴的赛道上奋勇争先，在建设社会主义现代化强国的广阔舞台上施展才干。

二是要永葆家国情怀。诗人艾青有句名言："为什么我的眼里常含泪水，因为我对这土地爱得深沉。"有国才有家，家国情怀是中华民族生生不息的文化基因，也是中华民族伟大复兴的内生动力。今天，我们生活在和平年代，但更应该铭记历史、居安思危，和平来之不易，战争从未远离，今天和平发展的环境是无数仁人志士用生命和鲜血换来的。我们要珍惜这来之不易的和平发展环境，将家国情怀深深植根于我们的灵魂之中，内化于心、外化于行，铭刻于骨、融化于血。不论今后在什么工作岗位，都要发扬爱国精神，自觉地把个人的前途命运与国家、民族、社会紧紧地融合在一起，立足本职、恪尽职守、勇于奉献，为国家和民族的发展贡献力量。

三是要早立志、立大志。人无志不立。踏入社会走上工作岗位，实现梦想和成功的关键就在于是否有志向、是否有大志。没有志向的人就像没有航线的船在海中漂泊，只能随波逐流、随风飘逝；而那些带着梦想、带着责任和使命而活着的人，总是朝着灯塔的方向航行，终会到达成功的彼岸。北宋文学家苏东坡说："古之成大事者，不惟有超世之才，亦必有坚忍不拔之志。"立志非为一时，实为人生一世。希望同学们早日确定自己的人生志向，树立奋斗目标，并向着既定目标勇毅前行、不懈奋进。

第二句话，"九层之台，起于垒土"，希望同学们做一个接地气的人。

一是要打好基础、增强素质。所谓"基础不牢，地动山摇"，高楼大厦都要从地基建起，没有牢固的基础，哪有耸立的高楼。青年时代是最有闯劲、最有创新思想的时代，你们身上蕴含着改造客观世界、推动社会进步的无穷力量，想要筑好高台，建起高楼，必须从第一块砖开始垒起，只有日积月累、慎终如始，才能建起常人不可企及的"高楼"，到达别人无法到达的高度。希望同学们在今后的人生道路上稳扎稳打，不断增强自身的道德素质、知识素质、能力素质、心理素质和身体素质，不断加强自我修养，一步一个脚印，脚踏实地，走好人生的每一步。

二是要心境平和、虚怀若谷。离开校园，同学们要独立生活，同时也会受到各方面的诱惑，工作、求学、持家等各方面会带来更大压力。大家一定要学会调整心态，飞扬浮躁是做人最大的忌讳，只有保持平和的心境，才能正确看待得失进退，才有底气赢得更大发展。"满招损，谦受益"，此乃天道。只有虚怀若谷、海纳百川，才会赢得别人的认可和尊重，也才会为自己赢得一片更加广阔的天地。

三是要勤学苦练、技能加持。"纸上得来终觉浅，绝知此事要躬行。"学校的办学理念是"理论与实践并重、技术与人文融通"，这一理念生动诠释了职业教育的办学特征，作为高职学子，必须将实践和理论放在同等重要的位置，"曲不离口，拳不离手"，终生不忘磨砺技能，努力成长为大国工匠。校园里的孔子像、鲁班锁、"向阳红"科考船发动机等一系列职业元素展示载体，在潜移默化中培养了同学们的职业意识、职业精神，点燃了同学们的技能梦想。高职学子有自身的特点，既不能好高骛远，更不能妄自菲薄，我们都有一技之长，只要大家勤学苦练突出专业特色，精益求精弘扬工匠精神，我相信，同学们在各自的岗位上一定能够实现自己的梦想。

第三句话："天行健，君子以自强不息。"希望同学们做一个勇于奋斗的人。

一是要做好不懈奋斗的准备。奋斗是青春最亮丽的底色，行动是青年最有效的磨砺。什么东西都可以低估，但唯独不能低估青春的能量；青年时期的积累与沉淀，往往影响着一个人一生的发展。青春是用来奋斗的，新时代是奋斗者的时代，更为青年提供了干事创业、成长成才的广阔舞台。希望同学们做到刀在石上磨、人在事上练，厚积薄发、久久为功，在不懈奋斗中书写无愧于时代的业绩。

二是要争做"实干家"。"临渊羡鱼，不如退而结网。"对同学们来说，舞台再大，自己不上台永远是观众；平台再好，自己不参与永远是局外人。你们都处于最好的青春年华，决不能自甘平庸、安于现状；绝不能踟蹰不前、不思进取。空谈误国，实干兴邦。希望同学们不忘初心、牢记使命，激扬青春、崇尚奋斗，勇担时代重任，勇担家庭责任，坚定不移听党话、跟党走，在实干奉献中实现个人价值，努力成长为堪当民族复兴重任的时代新人，努力成为一个对社会、对国家、对家庭有用的人。

三是要勇于面对困难和挫折。"不经一番寒彻骨，怎得梅花扑鼻香。"梦想的实现总是要付出艰辛的努力，总是要在曲折反复中向前进。"艰难困苦，玉汝于成。""天将降大任于斯人也，必先苦其心志，劳其筋骨，饿其体肤，空乏其身，行拂乱其所为，所以动心忍性，曾益其所不能"，这就是人才成长的规律。希望同学们做足思想准备，清醒地认识到梦想与现实之间的距离，涵养克难勇气，敢于战胜挫折，满怀"虽九死其犹未悔"的壮志豪情，永远不惧风雨，始终保持奋进姿态。

青春孕育无限希望，青年创造美好明天。实现梦想是一场漫长而艰难的跋涉，追逐梦想的过程必定是辛苦的。时代不负奋斗者，砥砺奋进正当时，希望同学们在今后的人生路程中，奋斗不止、拼搏不息，奋斗才能成就梦想，奋斗才能创造美好未来。

衷心祝愿 2022 届毕业生逐梦圆梦，前程似锦！

（作者系日照职业技术学院院长）

前路山高水远，我希望你们能察势而明、因势而谋、乘势而上，心怀"国之大者"、情系四海苍生，以坚定果敢的魄力、义无反顾的决心在人生的跑道上奋力奔跑，把握当下、不负韶华，勇做时代的弄潮儿，成就更完美的自己。

踔厉奔跑　不负韶华

梁国钱

"六月荷花香满湖，红衣绿扇映清波。"在这个夏花烂漫、流金铄石的季节，我们满怀收获的欣喜与离别的思绪相聚在这里，隆重举行 2022 届毕业典礼，共同见证浙江同济科技职业技术学院 3065 名同科学子圆满完成学业，开启人生新的征程！

细数往日晨夕，一幕幕珍贵的回忆，渲染了如水年华。3 年前，同学们带着青涩和憧憬走进同科校园时，我希望你们能从这里出发，读懂家国情怀，扛起时代责任，实现青春梦想，不断超越自我，成就精彩人生。3 年来，我们共同见证了伟大祖国全面建成小康社会，实现第一个百年奋斗目标；共同为纪念中华人民共和国成立 70 周年、中国共产党建党 100 周年、中国共产主义青年团成立 100 周年引吭高歌；共同经历了疫情"大考"，感受着中国人守望相助的力量，这独特的印记必将使你们更成熟、更强大，你们投身于疫情防控、复工复产的身影亦似凛冬迎寒的蜡梅、如 3 月向阳的迎春，年轻的肩膀扛起的是描摹着火红底色的使命担当。

天下大势，浩浩汤汤，经历皆是有幸。希望你们记住，融入浩荡历史的生命将永不凋谢，投身伟大事业的个人将被永远铭记，你们要学会在历练中成长，让青春在为祖国、为人民、为人类的不懈奋斗中绽放出绚丽之花。

你们在校的3年里，浙江同济科技职业技术学院于高歌猛进中领略以梦为马、跨越山河，在爱与责任中收获点滴成海、星光满天。我们在不确定中坚守初心，在变化中守正创新，在变革中追求崭新，完成了一次又一次突破自我的华丽飞跃！而你们，正是见证、推动学校成长发展的参与者和建设者，学校的每一项成绩都离不开你们的支持和理解。在此，我代表学校向你们表示衷心的感谢！

自强成就卓越，创新塑造未来。3年的大学生活，伴随着太多振奋、喜悦，也有忧伤和迷茫，作为校长、你们的"大朋友"，我感受着你们的兴奋与焦虑，唯用一笺墨香，寄语不舍与希冀，愿与你们一同向阳而立、逐光而行。"自古青年多才俊"，你们品学兼优，多才多艺，热心公益，积极创业……熠熠生辉，将担当与勇气、感动与温情写满校园，成为学校最珍贵的记忆和永远的骄傲！

"昔时年少恐别早，望穿秋水，留恋离人俏。"离别在即，等待你们的是一卷全新的人生篇章，是一个充满挑战和变化的未来，是一个承载希望和梦想的未来。前路山高水远，我希望你们能察势而明、因势而谋、乘势而上，心怀"国之大者"、情系四海苍生，以坚定果敢的魄力、义无反顾的决心在人生的跑道上奋力奔跑，把握当下、不负韶华，勇做时代的弄潮儿，成就更完美的自己。

——有理想地奔跑，热爱祖国、勇担使命。古有东汉班超弃笔从戎，实现万里封侯；今有鲁迅先生弃医从文，执笔救国赎心。在人生的选择中，树立崇高的理想信念，将决定你奋力奔跑的方向。作为青年一代，你们的雄心壮志应该同国家繁荣发展紧密相连，奋楫新时代的浪潮，运幄正确的人生航向，在民族复兴的道路上用汗水、智慧和热血镌刻下属于青春的刻度，谱写出一曲曲壮美的芳华之歌。革命先驱李大钊同志说过，青年应"本其理性，加以努力，进前而勿顾后，背黑暗而向光明，为世界进文明，为人类造幸福"。作为新时代青年的你们，身逢中华民族复兴的关键时期，既面临着难得的建功立业的人生际遇，也面临着"天将降大任于斯人"的时代使命。希望同学们秉持爱国奉献的价值追求，树立为祖国和人民永久奋斗、赤诚奉献的坚定理想，把"小我"融入"大我"，常怀爱国之情，砥砺强国之志、实践报国之行，更好地实现人生价值和远大抱负。

——有自信地奔跑，求真务实、勤学不辍。青春，象征着朝气和自信，尽管我比你们年长许多，但我仍然保持着和同学们一样的青春，因为青春不仅仅代表年龄，更代表心境。抹杀青春的毒药正是自卑，在人生的奔跑中，没有自信，必然未战先怯、不战而屈，而提升自信的法宝唯有刻苦学习。"吾生也有涯，而知也无涯"，当今世界正经历着百年未有之大变局，科技发展日新月异，只有不断学习、求知，才是一个人最大的底气。希望同学们始终秉持"厚德、笃学、修能"的校训精神，勇敢地站在人生的跑道上，自信地奔跑；始终坚信知识和技能的力量，在终身学习中不断更新自我、完善自我、成就自我；始终保持乐观豁达的心态，充满热忱地拥抱生活，不惧风雨奔赴未来的无限可能！

——有毅力地奔跑，永葆初心、执着无畏。走出校门，你们将邂逅人生的各种机缘，也将独自面对生活的现实，能否恪守初心、坚忍不弃，决定着你们能否跑到最后。执着之路注定道阻且长，既不会是一马平川，也不会是平淡无奇。有时，你们会进入"无人区"，在充满未知的"孤岛"上迎接挑战；有时，你们会遭遇挫折甚至失败，恐惧、无助、疲惫、失落都会伴随……纵使人生千回百转，请相信，只要初心不变、胸怀大义，必将穿越风雨，遇见绚丽的彩虹！所谓的坚毅，不仅需要"十年磨一剑"的踏实与刻苦，更需要执着无畏的胆识和勇气，希望你们从生活中学会危中择"机"，化被动为主动，砥砺担当意识，做一个有"高度"的人；磨砺坚毅品质，做一个有"深度"的人；涵养大爱情怀，做一个有"温度"的人。希望你们始终保持积极向上、顽强拼搏的人生态度，守护好内心的本真和善良，好好生活、好好锻炼，昂首阔步走出自己不一样的锦绣人生！

"君行吾为发浩歌，鲲鹏击浪从兹始"，青春的你们天生轻盈，生而有翼，迎着阳光展翅高飞吧！我相信你们，一定能够在人生最美好的年华，纵情飞跃、开拓万里征程!

毕业的骊歌已悄然响起,不诉离殇,只言珍重。无论你们飞得多高、走得多远,母校永远是你们的坚强后盾和精神家园!希望你们一如既往地关心支持母校的发展。未来,待你们重返母校,对话青春时的自己:"若是初心未改,多应此意须同!"

祝贺你们顺利毕业,祝愿你们前程似锦、梦想成真!

(作者系浙江同济科技职业技术学院院长)

无论身处何地，从事什么工作，都应当树立远大理想，争做强国有我的"大国工匠"和德智体美劳全面发展的时代新人，不断通过学习、实践增长技能才干，在促进区域经济社会高质量发展、推动人民生活幸福的伟大事业中贡献青春，实现个人价值。

拼搏奋斗　筑梦前行

武斌儒

今天，是一个值得大家铭记的日子，我们在这里为将走出校门踏入社会的贵州轻工职业技术学院4882名2022届毕业生送行。

毕业是离别的时刻，也是踏上人生新征程的开始。近段时间以来，同学们以各种形式拍照留念，用各种方式表达对母校、对师长、对同学深深的眷恋，竭尽所能想把大学时光装进行囊中，留在记忆里，把一切美好随身带走，这成为6月校园一道道亮丽耀眼的风景线。

3年前，同学们满怀希望，意气风发地从四面八方相聚于贵州轻工职业技术学院。3年来，学校聚力"双高建设"、聚焦"提质培优"、全力申报"职业本科"和推动新校区建设，学校第二次党代会提出了坚持立德树人"一个根本"，实施治理体系和治理能力提升、高水平师资队伍建设、高水平人才培养的"三大计划"，推动提升内部质量保障能力打造"质量轻工"、提升办学层次和产教融合水平打造"技高轻工"、提升科学研究和社会服务能力打造"大地轻工"、提升校园数字化水平打造"数字轻工"、提升国际化办学水平打造"开放轻工"、提升校园文化品质打造"美丽轻工"、提升师生获得感幸福感打造"幸福轻工"的"七大提升"，奋力打造高等职业教育"贵州轻工"品牌的远景目标。

3年来，贵州轻工职业技术学院办学得到了教育部，省委、省政府及社会各界的充分肯定。学院集体或个人获得国家级奖励表彰28项、省级奖励表彰173项，国家级新闻媒体宣传报道25次、省级新闻媒体宣传报道128次，这些成绩的取得，是我们全体师生共同努力的结果。

3年来，同学们在"明德修身，精技立业"的校训、"艰苦奋斗，自强不息"的精神和"文化浸润技术，理想托起技能"的理念熏陶下成长，校园处处留下了同学们挥洒汗水的青春足迹，处处回荡着同学们的欢声笑语，珍藏着满满的青春记忆。这里有来自经济管理系财务管理班的王倩、艺术设计系室内艺术设计班的张金龙、轻工化工系药品生产技术班的王青等104名同学被评为全省优秀大学毕业生；有文化与旅游系旅游管理2班的李秀娜、怀卡托国际学院中外室内设计班的杨光亮、建筑工程系建筑工程技术班的刘峰等17名同学获得国家奖学金，机电工程系工业机器人1班的姜瑞阳、信息工程系大数据技术与应用班的龙海云、经济管理系财务管理班的舒伯龙等494名同学获得国家励志奖学金；有参与志愿服务助力乡村振兴来自艺术设计系广告设计与制作1班的韦永康同学；有在学校顶岗实习、支持母校建设发展，来自文化与旅游系旅游管理3班的董秋红、机电与工程系汽车检测与维修技术班的朱枝祥、艺术设计系室内艺术设计班的张方浪等同学……太多太多，不胜枚举，同学们的精彩与成功值得认真书写与珍藏。

尤其是新冠肺炎疫情在全球的暴发，给同学们的大学生活带来了不同程度的冲击和挑战。在这个特殊时期，同学们以较强的大局意识和疫情防控责任意识，以各种方式全力支持配合学校的疫情防控工作，校园里的一草一木、一楼一宇都见证了我们共克时艰，携手奋进的朝朝暮暮。

今天，同学们学业有成，满载而归，即将奔赴梦的远方，作为院长，我有些许临别赠言与大家分享。

一是做一个有理想追求的人。在庆祝中国共产党成立100周年大会上，习近平总书记强调："新时代的中国青年要以实现中华民族伟大复兴为己任，增强做中国人的志气、骨气、底气，不负时代，不负韶华，不负党和人民的殷切期望！"作为刚刚大学毕业踏入社会的青年，无论身处何地，从事什么工作，都应当树立远大理想，争做强国有我的"大国工匠"和德智体美劳全面发展的时代新人，不断通过学习、实践增长技能才干，在促进区域经济社会高质量发展、推动人民生活幸福的伟大事业中贡献青春，实现个人价值。

二是做一个有宏大格局的人。俗话说"站得高才能看得远"，在人生发展的道路上，离不开长远且可行的规划目标，唯有以目标为导向才能激励自己奋力前行。又说"人生不如意事十之八九，真正有格局的人，既能享受最好的，也能承受最坏的"。在未来的工作和学习生活中，都会不同程度地遇到各种各样的困难、挫折与考验，面对这些问题，我们应有更多的理解与包容、坚忍与执着，做一个理想远大、心胸开阔、从容淡定、游刃有余的人。

三是做一个有乐观自强的人。有这样一句话："人，可以被打败，但不可以被打倒。"我们每天都会面对无数种可能，自信的人必定更有可能更容易接近成功。

习近平总书记指出，加快发展职业教育，让每个人都有人生出彩机会；李克强总理也强调，职业教育大有可为，也应当大有作为。这些都体现了党和国家对培养职业技术技能人才的高度重视，体现了高素质技术技能人才在经济社会发展中的特殊重要作用。你们刚走出校门，既不能有"我大学毕业，英雄豪杰舍我其谁"的狂妄自大，也不能有"我只是高职毕业生，还能有什么用"的妄自菲薄，应该以谦逊平和的心态客观分析、科学评价自我，在求职与就业中充分展现职业技术技能人才在围绕"四新"主攻"四化"，建设"技能贵州"助力"乡村振兴"工作中的特殊优势。

四是做一个有道德良知的人。在我们的教育工作中，也许还存在对同学们的关心帮助不够、教学质量有待提高、报修处理不及时、学习生活环境有待改善等诸多离同学们的期望有差距的地方，虽然我们一直在努力一直在加强，但是今天，作为院长的我，不得不向同学们说声"抱歉"，即将离开母校的你们只能带着一点点"缺陷美"离开了，但是我们会继续努力，让类似的不完美尽量少一些，让继续留在学校学习的学弟学妹们体验更加舒适些。

经历过高等教育的同学们，你们具备了这个学历层次要求的道德标准和职业技能，即将奔赴工作岗位追求更好发展的你们，无论从事什么行业什么岗位，都应谨记"善良、正直、诚实、守信"是我们做人做事的基本准则，我们要以精益求精的精神对待每一项工作，以"人无我有，人有我优，人优我特"的高标准树立个人品牌，抢抓发展机遇，占领发展制高点，助力实现人生更美好的未来。

五是做一个有情怀担当的人。"十年树木，百年树人"，同学们成长成才不易，在你们的成长发展过程中，时时处处都体现着党和国家的关心重视，方方面面都伴随着母校老师的辛勤培育和谆谆教诲，点点滴滴都凝结着父母亲人的期盼和汗水，无论将来身在何方，都请以一颗感恩的心忠诚于党报效祖国，立志做一个对国家、对社会有用且敢于担当的人，常回家看看，经常关注支持母校的建设发展，今天你们以母校为荣，将来母校将以你们为荣！

鹏程九万里，惜在离别时。今天是一个眷恋不舍的日子，同学们一定要记住，贵州轻工职业技术学院永远是你们的家，欢迎随时回家！

（作者系贵州轻工职业技术学院院长）

时光匆匆，转眼就要说"再见"了。希望你们能热情拥抱这个美好的时代，"心中有阳光，脚下有力量"，在人生路上昂首向前。

青春正当时　拼搏向未来

苏士利

时光荏苒，又逢盛夏！今天，我们相聚在这里，共同见证苏州农业职业技术学院 2022 届学生毕业离校的重要时刻。

过去 3 年，你们用灿烂的青春、奋斗的足迹留下了独一无二的学校记忆。

这 3 年，你们德技并修，佳绩频出。在各项职业技能比赛中参赛率达90%，参赛人数达 3792 人次，荣获省级及以上奖项 19 项，其中药品生物技术专业 19-1 班刘青青、食品质量与安全专业 19-1 班李伟洁在全国职业院校技能大赛中荣获一等奖。商务英语专业 19-2 班的张丽志存高远，踔厉奋发，荣获国家级荣誉与奖项 6 项、省级荣誉与奖项 16 项，喜获省大学生年度人物提名奖。

这 3 年，你们身体力行，知农崇农。积极参加暑期"三下乡"社会实践活动，走进田间地头，探寻现代农业发展之路。生态农业专业 19-1 班陈浩勤学笃实，知行合一，走进江西省梅湖村开展家禽生态养殖技术指导。现代农业专业 19-1 班龚邹怡在校期间就明确了自己的职业目标，成为一名农技员，致力于水稻良种推广，守好农业中国"芯"。物联网应用技术专业 19-2

班的蒋婷婷同学刻苦钻研，不断提高专业技能、打磨自身本领，研究开发出VR导游系统，还成为"新农电商直播达人"。

这3年，你们拼搏奋斗，匠心筑梦。风景园林设计专业19-4班马晓丹等同学展现了园林学子创新的设计理念和扎实的技能功底，勇夺"园林景观设计与施工"省赛一等奖；五年一贯制会计专业17-4班的00后"绣娘"吴珺瑶热爱苏绣技艺并执着于匠心的传承，个人代表作获得第十五届国际文化博览交易会中国工艺美术文化创意"金奖"，是最年轻的获奖者。

这3年，你们也见证了苏州农业职业技术学院日新月异的成长。学校入选国家优质专科高等职业院校、国家"双高计划"建设单位、全国乡村振兴人才培养优质校、全国示范性职业教育集团（联盟）培育单位，获评全国高职院校服务贡献典型学校、学生发展指数100所优秀院校、教师发展指数100所优秀院校。2019年度、2021年度两次荣获省属高校（高职一类）年度综合考核"第一等次"。

这些荣誉的取得，离不开各位同学的积极追求和共同努力，是你们用拼搏和奋斗助推了学校的快速发展。在此，我代表学校向你们表示衷心的感谢。

今天，你们即将走出学校，去追逐心中的梦想和远方。作为校长，我的心情和大家一样激动。在临别之际，我想跟同学们分享3个"势"，分别是时势、趋势、大势，与同学们共勉。

一是认清时势，坚定信心，以积极乐观的心态迎接挑战。《孟子》云："虽有智慧，不如乘势。"观察形势、认清时势，是成功的前提。今天的中国正在日益走近世界舞台中央："一带一路"的深入推进让中国梦与世界梦相互激荡；"九章二号"和"祖冲之二号"近期双双问世；"祝融"探火、"羲和"逐日、"天和"遨游星辰，神舟十二号、十三号乘组圆满完成飞行任务，把中国人的家园拓展至浩瀚星空……不胜枚举的伟大成就，让强大而自信的中国在世界舞台发挥着越来越重要的作用。你们有幸站在这新的历史起点上，迎来实现中华民族伟大复兴的光明前景，更要坚定信心、奋力拼搏，不负时代、不负韶华、不负党和人民的殷切希望。

近两年，突如其来的新冠肺炎疫情使得全世界的经济形势发生了新的变化，也让我们的发展环境充满了不确定因素。今年，全国大学应届毕业生数量突破了1000万，创下历史新高，同学们面临的就业形势较为严峻。为缓解就业压力，国家、省市部门、学校各层级多措并举打通"就业路"，为大家拓渠道优服务护航就业。暑期期间，学校还将持续开展就业指导工作，确保"毕业离校不散场，就业服务不间断"。希望你们既要认清严峻的就业形势，增强紧迫感，也要认清党和国家为大家创造出的"利我"时势，增强自信心，树立正确的就业观和择业观，注重心智锤炼、乘势而上，积极乐观地应对毕业就业季，成功步入能施展自身才华的职业岗位。

二是把握趋势，锻造匠心，以执着专注的状态干事创业。当今世界，综合国力的竞争归根到底是人才的竞争、劳动者素质的竞争。这些年来，中国制造、中国创造、中国建造共同发力，不断改变着中国的面貌。从"嫦娥"奔月到"祝融"探火，从"北斗"组网到"奋斗者"深潜，从港珠澳大桥飞架三地到北京大兴国际机场凤凰展翅……这些科技成就、大国重器、超级工程都离不开大国工匠执着专注、精益求精的实干，刻印能工巧匠一丝不苟、追求卓越的身影。去年，习近平总书记对职教工作做出重要指示，强调"加快构建现代职业教育体系，培养更多高素质技术技能人才、能工巧匠、大国工匠"。今年4月，第十三届全国人大常委会修订通过了《中华人民共和国职业教育法》，首次在法律层面明确了职业教育与普通教育具有同等重要地位，为加快构建现代职业教育体系进一步指明了方向，你们未来的路将会更加广阔。我相信，求学3年，你们在老师的帮助和指导下，刻苦磨炼技能本领，积极参加技能大赛，已经成长为一名合格的新时代的高技能人才。希望在今后的工作和生活中，大家能坚持弘扬"执着专注、精益求精、一丝不苟、追求卓越"的工匠精神，锻造匠心、守正创新，做新时代的奋进者、开拓者、奉献者。

三是要成就大势，践行初心，以奋斗拼搏的姿态逐梦前行。"谋大事者必先观大势。"在历史机遇和时代"大势"面前，只有将个人理想追求融入党和国家的事业中，青春才能绽放出最璀璨的光芒。明天，你们即将走上新的征途，也必将面临新的挑战。希望你们赓续学校的光荣传统，践行"勤勉崇农，实干创新"的学校精神，坚守学农爱农初心，胸怀"志在四方"抱负，真正"到基层去，到祖国和人民最需要的地方去"，把自己的人生理想融入国家和民族的事业中，一步一个脚印朝着梦想前行，去寻找生活中的"人间值得"。在当今这个知识、信息、技术呈爆炸式增长和更新的时代，保持学习也是我们坚守初心的一种方式，"读万卷书"是学习，"做万件事"更是学习，你们即将奔赴的工作岗位是你们新的课堂，与你们朝夕相处的同事是你们新的老师，希望你们继续保持精研苦学的品质，遨游知识海洋向书本学，深入田间地头向实践学，真正做到"学思践悟"，成就大业。

时光匆匆，转眼就要说"再见"了。希望你们能热情拥抱这个美好的时代，"心中有阳光，脚下有力量"，在人生路上昂首向前。无论将来你们身在何方，母校永远是你们可以停靠的港湾。

祝大家平安顺遂、前程似锦。

（作者系苏州农业职业技术学院院长）

希望你们努力生长，不断奋进，在未来的某一天，我们再相聚时，你们依旧像现在这样朝气蓬勃、雄心万丈，希望你们的征途中永远有大海的波澜壮阔和天空的群星闪耀，希望你们历尽千帆，归来仍是少年！

奋斗正青春　一起向未来

冯　锋

"和风吹绿野，梅雨洒芳田。"又是一年6月时，物长盈满，虫鸟和鸣；又逢一年毕业季，仲夏将至，未来已来。此时的校园里，林花初谢，绿水深深，枇杷满树，凌霄怒放。回首过去3年，难忘的时光如花飘过，你们的青春已经留下最美好的印记；展望远方未来，绚烂的回忆如水流过，你们的青春将会谱写最华美的诗篇。

从去年开始，淮安市委、市政府为建设淮安、留住人才，专门为我们在淮大学生定制了专属的集体毕业典礼和开学典礼。今年的5·20，淮安市大学生集体毕业典礼原定在我校举行的，我们前期已经做了大量精心的准备工作，后来由于疫情原因，改在淮安市电视台演播大厅线上云举行。淮安市市委副书记、市长史志军向驻淮高校毕业生们发出了5·20的真情告白，诚挚邀请学子们能够既做遇见淮安的有缘人，也做圆梦淮安的合伙人。

为给毕业生们一个专属的圆满的毕业仪式，今天，我校精心为2022届学子打造了这场仪式感满满的毕业典礼。这是同学们人生道路上告别过去、迎接未来的重要里程碑，更是一次终生难忘的集体生日。在我们这一届毕业生里，有因在雪山顶上励志求学而获得广泛关注的"雪山女孩"——健康学院的斯朗巴珍；有获得职业规划大赛特等奖的"小天才"——药学院的王静怡；有获得"互联网＋"创新创业大赛一等奖的"小状元"——制药学院的孙嘉怡；有两次获得"互联网＋"创新创业大赛二等奖，来自食品学院的"小标兵"——罗烽；有在江苏省职业院校技能大赛上斩获一等奖的"小能手"——信息工程学院的郝蕴和药学院的罗九思、马佳乐；有获得全国职业院校在校生创意西点技术大赛特等奖的酒店学院的"小师傅"——朱琳；有获得国家奖学金、江苏省英语词汇大赛特等奖等各项荣誉的"小达人"——制药学院的张祥；有参与疫情防控工作，多次被评为优秀青年志愿者的食品学院的李孟……在此，我谨代表学校向圆满完成学业的毕业生们致以最美好的祝福！向春风化雨、桃李芬芳的老师们致以最衷心的感谢！

新冠肺炎疫情进入第三年，我们每个人的生活都发生了不小的改变，你们的大学生活更是与学长、学姐们不同：你们错失了说走就走的旅行，却得到了逆行抗疫这难能可贵的人生经历；你们错失了和朋友们"约饭""探店"的快乐，却得到了每晚在宿舍花样打卡"比心"、报团取暖的温暖。漫漫星河，人生路远，偏离了"普通平凡"生活轨道的你们，却早早地磨炼出不平凡的耐心、更成熟的心智和更坚忍的毅力。

"古之立大事者，不惟有超世之才，亦必有坚忍不拔之志。"你们在疫情中度过了难忘的大学时光，也在疫情的肆虐中磨砺了坚忍不拔的意志。"唯其磨砺，始得玉成。"我相信，经过这几年的学习和磨炼，未来的你们定将成为社会的栋梁。你们是可爱的、可信的、可贵的、可为的，你们有着自己的际遇和机缘，时代的责任属于你们，时代的荣光也属于你们。在你们踌躇满志，踏上崭新征程之际，我想寄予同学们3点希望，与你们共勉：

一是坚守初心，信念不动摇。你们处于一个伟大的时代，今年2月，冬奥会和冬残奥会在北京成功举办，00后小将谷爱凌、苏翊鸣勇争金牌，展现了我国的"体育力量"。去年12月，"神州十三号"航天员翟志刚、王亚平曾先后出舱、遨游太空，今年4月成功着陆。就在上周日，"神州十四号"也成功发射，充分展现了我国的"航空力量"。一代人有一代人的长征，一代人有一代人的坚守，时代赋予了你们更加光荣而艰巨的使命。你们将和我们的祖国一起踏上建成社会主义现代化强国的"长征之路"。你们在风雨里成长，在磨砺中坚强。今后的你们要以"小小的年纪"书写"大大的担当"，要将我们学校始终提倡的诚信、良心的校园文化厚植于我们的血脉之中，让追求卓越的工匠精神贯穿我们未来事业的始终，将自己的小我融入祖国的大我、人民的大我之中，让信仰之光照亮你们的前行之路。

二是志存高远，勤学不懈怠。毕业并不是学习的结束，而是崭新的开始。你们中的不少同学即将开始本科阶段的学习，一些同学还会追求更高的学习目标。而大家都将融入社会这所大学校，开始人生这门永无止步的学习课。在万物互联和人工智能的时代，坚持终身学习是必需的能力和素养。近年来，健康中国建设逐步推进，大健康产业领域的发展日新月异，新冠肺炎疫情的突袭都给我们带来了新的机遇和挑战，全方位、全周期维护和保障人民健康是实现"两个一百年"奋斗目标和中华民族伟大复兴中国梦的坚实基础，在这个"大有可为"的新时代，你们必须"大有作为"，你们手中的"毕业证书"，只是一张"通行证"，广阔的社会才是人生出彩的大舞台。只有不断学习，你们才能不断突破自我、提升自我，才能使自己的人生不断迈上新的台阶。"少而好学，如日出之阳。"你们是初升的太阳，希望你们将学习作为一生的事业去努力，作为一生的责任去践行，作为一生的追求去热爱，用青春之笔、奋进之笔、梦想之笔写好自己的人生故事。

三是勇毅前行，青春不畏难。同学们，青春是最富梦想、最有活力的年华，你们不仅是"日出之阳"，你们还是"卧龙凤雏"。你们是春天运河边含苞待放的花朵，是夏天阳光下苍翠欲滴的绿叶，是秋天冷雨中奋发生长的硕果，是冬天寒风中养精蓄锐的枝条。你们的名字是"正青春"，你们的特征是"不畏难"。无奋斗，不青春。当下，全球面临着疫情时代的大考，我校学生也在这场"考试"中彰显了责任担当和青春力量。疫情防控期间，我校学生心怀"国之大者"，服从大局，全校上下同仇敌忾，织密织牢校园防控网络。3月，在我校开展的全员核酸中，我校护理学院"南丁格尔志愿服务队"的同学们主动承担了混检辅助工作，用行动诠释了我校青年的精神风貌，我们之所以觉得岁月静好，是因为有人在默默为我们负重前行。同学们，在时代的洪流中，你们要让奋斗成为青春的底色，让勇敢拨动青春的旋律，让挑战渲染青春的辉煌，不负韶华，不负时代，不负人民，在青春的赛道上奋力奔跑，争取跑出当代青年的最好成绩。

秋日相遇是良辰，夏日离别也是佳期。在这个时节，北方麦黄，迎风摇曳，江南连雨，滋养万物。而你们，就在这生机勃勃的时候，走出校园、奔向未来。相聚有时、离别有时，再会亦有时。希望你们努力生长，不断奋进，在未来的某一天，我们再相聚时，你们依旧像现在这样朝气蓬勃、雄心万丈，希望你们的征途中永远有大海的波澜壮阔和天空的群星闪耀，希望你们历尽千帆，归来仍是少年！

祝愿生逢盛世、使命在肩的你们在广阔的天地间踏歌而行，乘风破浪，星辰大海，扬帆远航，让我们一起向未来！

（作者系江苏食品药品职业技术学院院长）

今天的你们即将背上行囊，奔赴干事创业的主战场，要树立人生自信、职业自信、技能自信，要努力成为新时代国家高质量发展新征程上的开拓者、奋进者，在平凡岗位上做出不平凡的业绩，在实干中不断提升自己的精神境界……

青春奋力正当时

王官成

今天我们以"现场＋云端"的方式相聚一堂，隆重举行 2022 届毕业典礼暨毕业欢送会。

回望过去的 3 年，是你们人生长河中，最弥足珍贵的 3 年！你们先后亲历中华人民共和国成立 70 周年、中国共产党成立 100 周年和中国共青团成立 100 周年，在大学生涯中，能经历 3 个重大历史节点，是人生难得之幸事。我们当感恩生逢伟大时代、身在强大祖国。

回望过去的 3 年，是你们弘扬劳动光荣、技能宝贵、创造伟大时代风尚的 3 年！你们在理实一体化的课堂上、在技能大赛的赛场上，认真学习、刻苦钻研，从而拥有了可以安身立命的"一技之长"，高质量的就业或"专升本"让你们实现人生"逆袭"。

回望过去的 3 年，是你们积极践行"顶天立地"的学校精神的 3 年！你们在新冠肺炎疫情防控的志愿服务中，在助力脱贫攻坚、赓续乡村振兴的主战场上，勇敢逆行、沉在基层，充分展现了我校学子敢于担当、勇于作为的时代风采。

回望过去的 3 年，是你们积极投身新冠肺炎疫情防控的 3 年！你们积极响应党和国家号召，团结一心共克时艰，加强自我健康管理、积极配合线上教学，充分展现了我校学子讲政治、顾大局的时代担当。

回望过去的 3 年，是你们德技双修、工学结合实现全面发展的 3 年！你们在学习知识和技能的同时，积极融入社团，将汗水与激情洒在运动场，养成了善于团结、坚持锻炼的好习惯，与朝夕相处的老师、同学们结下了永不褪色的母校情、师生情、同窗情。

回望过去的 3 年，更是大家共同努力推动学校高质量发展的 3 年！你们在技能大赛、创新创业大赛等方面不断实现一个又一个的突破，助力学校成功获批国家级"双高计划"建设单位（B 档），学校发展迈上了新台阶，充分体现了学校与同学们荣辱与共、和谐共生的良性关系。

实践和实绩都充分证明，你们不愧为优秀的"重工人"，不愧为优秀的时代青年。这是你们青春最美，也是最应该有的模样！在此，我向为追逐梦想而付出努力的你们点赞，向为展现青年担当而不懈奋斗的你们喝彩，向为学校发展做出重要贡献的你们表示感谢。

一代人有一代人的际遇，你们生逢盛世，是第二个百年奋斗目标的追梦人、逐梦人，生逢其时、重任在肩！离别之际，我提 4 点希望与同学们共勉：

一是要忠心为国。有国才有家。习近平总书记在共青团成立 100 周年庆祝大会上强调："实现中国梦是一场历史接力赛，当代青年要在实现民族复兴的赛道上奋勇争先。"在实现中华民族伟大复兴中国梦的新征程上，同学们要坚持以习近平新时代中国特色社会主义思想为指导，牢记"国之大者"，以国家富强、人民幸福为己任，胸怀理想、志存高远，积极投身中国特色社会主义伟大实践，并为之终生奋斗。

二是要踏实为人。为人是为事和为业的根基。同学们当树立正确的价值观，养成良好的行为习惯，要努力成为有品德之人、有品质之人、有品位之人。同学要立大德、守公德、严私德，更要讲家庭美德和职业道德。要不断提升自己的道德品质、生活品质、工作品质和健康品质。更要追求健康向上的有品位生活，积极践行树立一个职业理想、学好一门职业知识、练好一种职业技能、涵养一种艺术品质、热爱一项体育运动的"五个一"理念，切实为重庆"推动高质量发展、创造高品质生活"贡献你们的智慧和力量。

三是要用心为事。为事是为人和为业的关键。同学们要做到知行合一，因为"知"是基础、是前提，"行"是重点、是关键，必须以"知"促"行"、以"行"促"知"，从而切实掌握为事之术、培养为事之能、遵循为事之道。新时代，新征程，当有所新作为，同学们要勇立潮头、敢为人先，争做时代闯将、强国先锋，要积极弘扬劳模精神、劳动精神、工匠精神，撸起袖子加油干，努力成为行家里手、能工巧匠、大国工匠，以敢闯敢干、引领风尚的精神风貌，坚定不移地为党和国家的事业、为集体的事业、为自己的事业奋勇拼搏，拼到"感动自己"。

四是要积极为业。为业是为人和为事的目标。同学们当科学做好职业生涯规划，以时不我待的昂扬姿态，做好人生"多选题"，学会先立业、后乐业、勇创业。习近平总书记指出"青年犹如大地上茁壮成长的小树，总有一天会长成参天大树，撑起一片天"。今天的你们即将背上行囊，奔赴干事创业的主战场，要树立人生自信、职业自信、技能自信，要努力成为新时代国家高质量发展新征程上的开拓者、奋进者，在平凡岗位上做出不平凡的业绩，在实干中不断提升自己的精神境界，为实现第二个百年奋斗目标、实现中华民族伟大复兴的中国梦而不懈奋斗。

时代各有不同，青春却一脉相承，青春奋力正当时！母校永远都是你们的精神家园和坚强后盾。愿你们前程似锦！生活美满幸福！祝福你们人生出彩、人人出彩！

（作者系重庆工业职业技术学院党委书记）

希望同学们从踏出校门的那一刻起，带上师长嘱托、美好祝愿，在新的人生征程上且行且修炼，不断遇见更强大、更美好的自己，成就属于自己的精彩人生！

追梦奋进新时代
书写青春新画卷

吴有富

今天，在美丽的鲲鹏山下我们欢聚一堂，举行 2022 届毕业典礼，见证你们付出的辛勤与汗水，分享你们收获的成功和喜悦。

身处这个伟大的时代，注定你们的人生不平凡。

3 年来，我们共同目睹了中国共产党成立 100 周年盛大庆典的恢宏时刻，见证了第一个百年奋斗目标实现和全面小康社会的建成，经历并见证了全国上下抗击新冠肺炎疫情的伟大壮举，你们是这些国事、大事的见证者、亲历者，是伟大中国梦的逐梦者、实践者，也是贵州交通职业技术学院事业发展的参与者、建设者。

3 年来，你们与学校并肩前行、同向进步。2019 年你们进校，恰在那年，学校成功入选全国 56 所之一、贵州目前唯一的"中国特色高水平高职学校"建设单位，你们与学校一道坚持在国家"中特高"建设的道路上奋勇前行，共取得国家级 132 项、省级 584 项荣誉和成果，师生发展等各方面水平显著改善和提升，成为贵州职教的办学样板、改革标杆。一是在师生发展上，教师获省部级以上奖励 167 项，4 个团队获评国家级教师教学团队；《人民日报》用 4 个整版刊登了 100 名优秀大学生代表，其中贵州 6 名，我校占 2 名。二是在学生培养上，推进"1+X"试点，1887 名学生获证，实现"课证融通"；同学们积极参与课题研究，申报专利等 89 项；用人单位对学生认可度高，"吃得苦、下得去、用得上、干得好"的品质被广泛认可。三是在参赛成果上，2017 年至 2021 年，学生竞赛获奖全国总排名第 20 位，2020 年更是攀升至全国第 11 位。你们进校后，代表学校参加技能大赛、数学建模大赛、"双创"大赛等各类竞赛获国家级奖项 61 项、省级奖项 400 余项，创造了历史最好成绩。今年迎来了"双高"中期绩效评价，在学院全体师生的共同努力下，55 项任务 200 个指标完成度达 98.8%。我们做到了其利断金。

3 年来，在人生中重要的时期，你们不断拼搏奋斗，将自身的成长融入学校的事业发展，我们共同经历了许多，一起书写了难忘的交院故事，满满的都是回忆。你们携着家人的嘱托、怀揣着求知的渴望，走过五湖四海相聚萃湖湖畔，欢呼雀跃的身影还历历在目。如果说这 3 年和以往最大的不同，应该就是新冠肺炎疫情给大家带来学习和生活的巨大变化，居家网课、宿舍网课、校园封闭管理、一次又一次的核酸检测，还有大家在实习就业时的各种焦虑，都是前所未有的经历。你们在图书馆、教室、实训室努力学习文化知识、苦练技术技能，在"乐跑"任务的要求下，跑遍了校园的每一条路、每一个操场，在足球场、篮球场、科普馆、文化馆留下了成长成熟的记忆，为的是让心中的种子破土成长、向阳而生，让生活更加充实，未来更加灿烂。你们勤奋刻苦、锐意进取，在各方面都取得了长足进步。洗去了 3 年前的青涩和稚嫩，收获了今天的自信、睿智和意气风发。从你们的精气神中，我能感受到你们平和而喜悦、萌动而阳光。学校为你们搭载了成长的舞台，你们为学校增添了青春的力量。同学们实现了大学生活目标！

经过 3 年的沉淀、奋斗，我们一起实现了一个又一个突破，在这样一个特殊的时刻，你们肩负着更多的义务和责任。借此机会，我给你们上最后一堂课，课程名称是"追梦奋进新时代　书写青春新画卷"。为了达成你们的新目标，向同学们提 3 点要求、6 点希望：

一是要继续学习，树立终身学习理念。人生的黄金时期在青年，青年人选择了学习，就是选择了进步。习近平总书记指出："学习是立身做人的永恒主题，也是报国为民的重要基础。"学习是一辈子的事情，只有在学习中不断感悟人生、提升境界，才会使自己变得更加充实、更加睿智。作为新时代青年，你们要矢志追求更有高度、更有境界、更有品位的人生，把学习作为一种责任、一种爱好、一种健康的生活方式；要始终保持积极学习、不懈探索的心态，做砥砺奋进的"交院人"。

二是要不断修炼，弘扬贵州交通精神。艰难困苦，玉汝以成。希望同学们积极弘扬"逢山开路、遇水架桥"的贵州交通精神，秉承"山硬没有骨头硬，岭高不如志气高"的交通锐气，不畏艰苦、迎难而上，以知识、毅力和情操，塑造自己、完善自己，艰苦奋斗，自强不息。"青春由磨砺而出彩，人生因奋斗而升华。"作为新时代大学生，你们要在未来的工作、生活中不畏艰难，始终保持克服艰难险阻、顽强拼搏的驱动力，用汗水浇灌梦想，像"劲竹"一般"千磨万击还坚劲"，不负民族和国家的重托，在实现中华民族伟大复兴中国梦的新长征路上谱写青春之歌。

三是要向善而行，争做向上好青年。向上向善，这是所有美好生命、美好事物的品格和追求。作为当代青年，你们要保持一颗平和的心态，乐于助人，不急功近利，成长为更好的自己。心怀善良能温暖世界，让世界充满生生不息的力量，心怀善良也终将被这个世界温暖相待。我期望你们永远做一个善良的人，向阳而生，不畏岁月风雨；逐光而行，不惧人生霜雪。

亲爱的同学们，在你们即将挥手告别母校，踏上人生崭新征程之际，作为院长和师长，我想送上最真挚的嘱托：

一是希望大家树立理想，助力人生出彩。理想是人生航程的灯塔，是人生奋斗的目标，指引着人生前进的方向。作为当代大学生，既要肩负历史使命、时代使命，更要结合自身实际，树立理想，甘愿为实现理想尽最大努力而奋斗，在新的历史时期有所作为，成就不一样的出彩人生。

二是希望大家爱护家庭，秉承正确家庭观。家是社会生活的基本单位，是组成国家集体的最小细胞。每个小家庭的成员，都要深刻认识自己的责任，不断强化家庭责任意识、责任感，爱自己的父母、家人，爱自己的家庭，做有情怀、有亲情的家庭成员。

三是希望大家改变就业观，坚持从基层做起。2022 年高校毕业人数超过千万，同比去年增长 10%，无论是数量还是增量都达到了历史新巅峰。作为新时代大学生，你们要认清当前严峻的就业形势，调整好心态，及时把握、珍惜就业的机会；在选择单位和具体工作时，量力而行，切记好高骛远；坚持从基层做起，从最基本的工作做起，走适合自己发展的道路，不盲目跟风，要深深筑牢生存之根！

四是希望大家敢于担当，坚定正确立场。担当是一种责任，也是一种勇气。离开校园，你们即将投身到社会各个岗位和职业，在未来的工作和生活中，你们要始终保持清醒的头脑，有敢于担当的勇气和魄力。在大是大非面前，要保持理性、冷静观察、明辨是非，始终坚定正确的立场。

五是希望大家不惧困难，勇于克服困难。"害怕攀登高峰的人，永远在山下徘徊。"每个人，都必须历经许多困难，最终才能走向成功，而这些困难，正是成长中的淬炼。困难，只是一项挑战，挑战你的毅力及耐力，若不能在困难中突破，那么就不能从容应对接踵而来的考验。你们要脚踏实地，遇到困难不要惧怕，要有足够的勇气、信心和毅力，相信所有的困难总能克服，勇于攀登人生中的"高峰"，在克服重重困难中实现华丽转身。

六是希望大家常回校看看，常怀眷恋之情。"知行合一、德技双馨"是学校的校训，是我们的人生信条和共同追求。学子之于母校，就好比游子之于故乡，总是怀着深深的眷念之情。希望同学们常挂怀自己的母校，怀念母校的老师，关注和助力学校的建设和发展。在未来的时光里，要常回来，我们叙叙师生情，讲讲你们的生活故事，分享你们的精彩。

送君千里，终须一别。希望同学们从踏出校门的那一刻起，带上师长嘱托、美好祝愿，在新的人生征程上且行且修炼，不断遇见更强大、更美好的自己，成就属于自己的精彩人生！

（作者系贵州交通职业技术学院院长）

当前，我国正处于"两个一百年"奋斗目标的历史交汇期，也是大有可为的历史机遇期。希望你们始终牢记习近平总书记的殷殷嘱托，传承航空报国精神，贡献强国青年力量，在矢志奋斗中谱写新时代的青春之歌，走好新时代的长征路。

踔厉青春　大任始承

刘建超

绿杨芳草长亭路，青袍此去亦如鹏，仲夏别意浓。今天，我们隆重集会，举行毕业典礼，这标志着 3972 名 2022 届的毕业生终于"修成正果"，顺利完成大学学业，即将告别熟悉的大学校园，从这里踏上人生新的起点，开启人生新的航程。

有人说，择一所大学，就是择一种人生。谢谢你们信任、选择成都航空职业技术学院，把最好的年华留在了这里，成就了今天的你，也成就了今天的学校。

回首求学 3 年，我们一起与时代同行，见证了党和国家一个个历史性时刻。中华人民共和国成立 70 周年，在阅兵盛典中，我们一起目睹了新中国波澜壮阔的大美诗篇；疫情防控阻击战打响，在逆行的背影中，我们一起感受了祖国"胸怀天下"的大国担当；中国共产党成立 100 周年，在青年学生"请党放心，强国有我"的铮铮誓言中，我们解锁了百年大党风华正茂的"青春密码"；举世瞩目的北京冬奥会成功举办，北京成为奥运会历史上第一个既举办过夏季奥运会又举办过冬季奥运会的城市，我们一起感受了中华民族伟大复兴的光明未来。

回首求学 3 年，我们一起与学校共进，见证了成都航空职业技术学院发展史上一次次耀眼的进步。学校从同向而行建成国家优质高职院校，成功申报国家"双高计划"建设单位，顺利完成"十四五"期间建设职教本科规划，到四川省教学成果奖取得历史性突破；从国家级"课程思政"示范课申报成功，获批四川省"三全育人"试点院校，到取得"全国高校黄大年式教师团队"荣誉；从作为唯一同时与航空工业集团和中国航发集团签约的高职院校不断深化校企合作，成为国家首批示范职教集团大力推动产教融合发展，到首个海外分校——加蓬分校正式落成，学校立足新发展阶段，贯彻新发展理念，一手抓防疫"不松懈"，一手促发展"不打烊"，确保学校高质量创新发展，为学子成长"保驾""不停歇"，为学子成才"护航""不停步"。

令人倍感骄傲的是，在首届全国职业技能大赛中，"全国技术能手"梁镖载誉而归；在四川省"贡嘎杯"青少年校园足球联赛中，学校 5 战全胜，问鼎冠军；在第十届全国大学生机械创新设计大赛中，学校 8 个参赛项目全部获奖，硕果累累。

今天的学校，传承"三线建设"时期立足西南地区，建强航空国防事业的荣光，对接"航空事业是顶天立地、利国惠民的大事业"的国家需求，坚持"服务航空、服务国防、服务区域经济"的办学定位，正朝着"建设国内一流、国际有影响、航空特色鲜明的高职院校"的宏伟目标昂扬奋进！我相信，在不久的将来，每一位学子都将为母校感到更加骄傲和自豪！

光阴荏苒，岁月如梭，1029 天的成都航空职业技术学院求学时光，你们以年华做笔、以汗水为墨，在成航立奋发初心、逐灿烂韶华，留下了最美好的青春回忆。无论是龙泉山麓，还是经开区畔，学校的每一个角落都留下了你们特有的"成航"印记：

犹记得半亩方池里的荷花满塘，校友树林里的银杏黄叶，操场旁边的芙蓉花朵，成航东路的紫叶李果；犹记得宿舍里网线连接的"吃鸡"情谊，尚学楼座位承载的苦辣酸甜，笃行楼转角燃烧的激情岁月，成航路尽头许下的爱情誓言；犹记得同学们的才艺化作文体馆的盛会，理想中的蓝图化作航空馆的拼搏，课堂上的知识化作实训场的汗水。你们在学校留下的点点滴滴都将成为无悔的青春记忆。

阔别今天，成都航空职业技术学院的那些人、那些事终将远去。"要求不要太高"的专业课老师，"老妈子一般唠叨"的辅导员，"动不动就扣我卫生分"的宿管阿姨，"各种查验才让出校"的门卫大叔，还有可以一起对"波音737事故"深入讨论、深刻共鸣的同窗伙伴。再次回味，是否满心暖意？或许，母校曾有让你们感到不满意的地方，校长信箱的来信、跳蚤群的吐槽，我知道，那都是来自同学们的爱与期待，在"一校两区"的建设中，我们正在努力解决好学校快速发展带来的诸多问题，不断推动学校全面"提档升级"。

迎接明天，成都航空职业技术学院能带走的是不灭的烙印与永恒的梦想。学校LOGO，不仅有"追求卓越 航空报国"的学校精神，也有"勤奋、严谨、活泼、文明"的学校校训，学校赋予你们的使命情怀和精神品质，将会助力你们更加从容地应对充满挑战的未来。航空梦想，既是鹰隼直冲蓝天，望见白云，也是战机遨游长空，梦见星辰，梦想给予你们的力量与勇气，将会在你身处逆境与险运时，促使你保持心灵的崇高。

今年，你们"有点难"，迎来了"史上最难就业季"，高校毕业生首次突破千万大关，受疫情影响，岗位提供又处于不断缩减状态。然而，你们又何其有幸，习近平总书记本月来四川视察时强调，党中央高度重视高校毕业生就业，要进一步挖掘岗位资源，做实做细就业指导服务。把习近平总书记的深切关怀转化为做好各项工作的实际行动，"我们一直在路上"。学校领导带队访企业、拓岗位、促就业，在形势严峻的情况下，学校依然保持了较高的就业率和喜人的就业质量。

机会来之不易，祖国需要你们。希望你们敢于直面"内卷"的社会，拒绝"躺平"，不要"emo"，告别"摆烂"。当前，我国正处于"两个一百年"奋斗目标的历史交汇期，也是大有可为的历史机遇期。希望你们始终牢记习近平总书记的殷殷嘱托，传承航空报国精神，贡献强国青年力量，在矢志奋斗中谱写新时代的青春之歌，走好新时代的长征路。

在这里，我再提3点希望，与你们共勉。

一是希望同学们以赤子之心担使命，树立远大理想。

"功崇唯志，业广唯勤。"理想指引人生方向，信念领航事业发展。希望你们树立为共产主义远大理想而奋斗的信念和信心，让追求个人成长与实现企业发展同频共振，将追求个人价值与实现社会价值紧密结合，把追求个人梦想与实现伟大中国梦紧密联系在一起。今天，你们处在中华民族发展的最好时期，既面临难得的建功立业的人生际遇，也面临"天将降大任于斯人"的时代使命。你们是实现"两个一百年"奋斗目标和中华民族伟大复兴的见证者、参与者、贡献者、建设者，与时代主题同心同向，与时代发展同步同伐，强化责任担当，实现伟大梦想，是你们作为新时代青年的时代选择。希望同学们树立远大理想，放眼世界，胸怀祖国，将国家富强、民族振兴、人民幸福作为奋斗目标，攻坚克难、迎难而上、唯实唯先、善作善成。

二是希望同学们以卓越之姿致青春，修炼成事心境。

"以心制境，万事可成。"回顾历史，纵览三国，我愿在此时与同学们共品"逆境不屈、顺境不傲、闲境不怠"的英雄智慧，以赠同学们追求卓越人生的三重境界。命运让刘备屡战屡败，他却屡败屡战，终从一无所有到三分天下。刘备深谙，放弃只有一种结果，而不放弃却一切皆有可能。曹操在北方大片江山尽握其手，百官纷纷劝其称帝时，只说了一句："是儿欲踞吾著炉火上邪！"意为这是想把我放在火炉上烤啊。失意时不迷茫，是一种魄力，得意时不忘形，更是一种智慧。刘备与曹操对峙时，孙权虽偏安一隅，却没有趁机享乐，他平定山越，跨海东征，东吴日益强大，在三国鼎立之势中稳住了脚跟。闲时不怠，方能用时不慌。曾国藩曾说："真正的智者，不以境役心，而是以心制境。"此去山高水长，希望你们熬得过低谷，经得起高光，耐得住寂寞，方能穿过风雨见彩虹。

三是希望同学们以热爱之名赴山海，弘扬伟大精神。

"人无精神则不立，国无精神则不强。"实现中华民族伟大复兴是伟大而艰巨的事业，需要奋斗者以伟大精神为引擎，丰富职业知识，磨炼职业技能，才能击水中流，实现大国工匠抱负，当好新时代弄潮儿。同学们要在接续奋斗中弘扬航空报国精神，以知难而进的奋斗精神、百折不挠的创新精神、甘于平淡的奉献精神、祖国至上的拼搏精神、挑战极限的攀登精神，将"航空报国"演化成"岗位报国"，以航空英模为灯塔，用"咬定青山不放松"的韧劲，用愈挫愈奋、愈战愈勇的气魄，为中华复兴增砖添瓦、贡献力量。同学们要在砥砺前行中弘扬"工匠精神"，将中华民族能工巧匠世代传承的执着专注、精益求精、一丝不苟、追求卓越的价值理念，贯穿新征程，以"风雨不动安如山"的定力，逢山开路、遇河架桥、坚强有力、百折不挠，在立足本职的创新创造中不断积累经验，用最大的热情，为实现中国梦激发更大活力。

今天，我们就要说"再见"了。

"青山一道同云雨，明月何曾是两乡。"从此以后，你对成都航空职业技术学院的称谓，就由"学校"转变为"母校"。母校是什么？母校是你吐槽1000甚至10000遍，也容不得别人说一处不是的地方。请记住：母校是你永远的家。

天涯海角若彼邻，一片"冰心"在成航。从此以后，母校对你的称谓，就由"学生"转变为"校友"。校友是什么？校友犹如一张张流动的亮丽名片，在以航空国防事业为主的祖国各行各业熠熠发光，也将成为激励成航人见贤思齐的楷模和标杆。请记住：校友是母校永远的牵挂！

有人说，这世间唯有一种爱，是以分离为目的，那就是父母对孩子的爱。我想说，成都航空职业技术学院对同学们的爱也是一样。成航路的厚重，成航湖的温情，不舍得你们离开，但更期盼你们扬帆远航。大任始承家国天下，踔厉奋发逐梦青春，希望你们把学校的精神价值转化为前进动力，在创造事业中成就美好人生。

青春无问西东，奋斗自成芳华。愿你们以梦为马，仗剑天涯，重整行装再出发！

（作者系成都航空职业技术学院院长）

踔厉奋发新时代，勇毅前行向未来。希望你们心怀"国之大者"，在青春的赛道上奋力奔跑，争取跑出当代青年的最好成绩！

踔厉奋发新时代
勇毅前行向未来

葛　亮

6 月校园，杨柳依依。又是一年毕业季，又是师生惜别时。今天，我们在这里举行毕业典礼，共同见证 2022 届 4729 名毕业生顺利完成学业，踏上新征程。

生活总是需要有些仪式感的。毕业季是收获的日子，没有毕业典礼的毕业季，多少都会给我们留下些许遗憾。3 年来，学校全体师生齐心协力、同心抗疫。广大教职员工以校为家，住办公室、睡行军床；全体同学识大体、顾大局，闻令而动，听令而行。大家勠力同心、守望相助、履艰克疫，实现了学校疫情"零感染"，才有了今天这场特殊的毕业典礼。我们通过线上线下的方式，让更多的毕业生以及家长、亲友相聚云端，为你们送上离别前的祝福，共同与这段美好的青春时光做一场郑重的告别。

时代发展，日新月异。3 年来，我们共同经历了许多重大的时刻，我们与祖国同心，共同迎来了党的百年华诞，见证了全面建成小康社会，实现第一个百年奋斗目标的历史成就；我们与社会同向，主动服务农业农村现代化高质量发展和乡村振兴战略，在三尺讲台、在乡村农家、在田间地头、在牛羊圈舍、在企业社区……全体师生在默默奉献的坚守中，收获了砥砺前行的硕果；我们与母校同行，亲历了学院昂首迈入全国"双高"校建设行列，全力以赴申办本科层次职业学校的新跨越。在飞逝的时光里，我们看到的、感悟到的，是坚忍不拔、躬耕不辍的新疆农业职业技术学院。

寒来暑往，四序迁流。3 年来，我们共同分享了很多欢乐与荣光。教学楼里、绿茵场上、立德树下、嘉禾园内，处处都留下了你们青春绽放的绚丽光彩：你们在教室、实训基地专心致志、夯实专业；你们在绿茵场上激情飞扬、勇夺佳绩；你们在"互联网+"、挑战杯、技能大赛中高擎奖杯、逐梦创新；你们响应祖国号召，积极参军入伍，将青春热血挥洒在祖国和人民最需要的地方。你们的青春故事，你们的荣誉梦想，都已收藏在学校的时光备忘录里，成为母校永远珍藏的回忆！

对母校来说，你们的毕业就像是孩子的远行。今天，是你们人生新的起点，大家即将奔赴又一个青春赛场，开始精彩的职场之旅。当你们迈出那熟悉的学校大门时，将承载母校更多的期待、牵挂和托付！在临别之际，作为大家的师长和朋友，我想再叮嘱几句。

希望你们坚定信念，不忘"强国有我"的铮铮誓言。100 年前，一群和你们一样朝气蓬勃的青年，把为中国人民谋幸福、为中华民族谋复兴作为初心和使命，在一艘小小的红船上开启了中国共产党的跨世纪航程；100 年来，在中国革命、建设、改革和发展的进程中，一代代青年勇于担当、接续奋斗，始终是践行初心和使命的先锋力量。如今，我们欣逢"两个一百年"交汇的伟大时代，"神州"飞天、"北斗"组网、"玉兔"探月、"天问"启程……这些宇宙级别的中国式浪漫一步步照进现实的背后，都离不开当代青年学子们坚持不懈的奋斗。习近平总书记在庆祝中国共产党成立 100 周年大会上强调，"未来属于青年，希望寄予青年"。首都学生代表在大会上发出了"请党放心，强国有我"的铮铮誓言。作为职业教育培养出的高素质技术技能人才，你们肩负着全面建成社会主义现代化强国的时代使命，更要珍惜这个成就梦想的新时代，职业教育大有可为，也必将大有作为，你们要将个人理想、前途、命运与民族复兴伟业、国家昌盛繁荣和社会长治久安紧密相连，以"经世济民，福泽万邦"的家国情怀，以"功成不必在我"的博大胸怀，以"功成必定有我"的使命担当，到国家和人民最需要的地方去，到巩固脱贫攻坚和推进乡村振兴一线去，立志成为未来的能工巧匠、大国工匠，不负韶华、不负时代、不负人民。

希望你们砥砺前行，不忘艰苦奋斗的学校精神。一切伟大成就，都是接续奋斗、实干笃行的结果，国家如此，学校如此，个人也是如此。新疆农业职业技术学院从一所地区级的中专学校发展到全国首批、新疆首所国家示范性高职院校，再到全国"双高"校，实现了一个又一个辉煌。64年的办学实践，展现了一代代"农职人"艰苦创业的奋斗历程，可以说，"艰苦奋斗"始终是农职精神的精髓，是学校发展的强大动力。希望你们赓续农职人的光荣传统，用智慧和勤劳践行"农职精神"，把青春资本转化为奋斗资源，永担时代赋予的重任，在知行合一中主动作为，在人生最好的年华里奋进新征程，让奋斗成为青春最亮丽的底色，在实现国家富强、民族复兴的历史进程中书写出彩人生。

希望你们积极乐观，不忘青云之志。这两年，经过这场抗疫大考，封校、网课、云招聘伴随着我们的学习和生活成为"新常态"，也带给我们更多的思考和感悟。欣慰的是，同学们在封校期间能够用平和理性的心态面对疫情带来的种种变化，顺利完成学业，给大学生活画上了圆满的句号。明天，你们即将走上新的征途，也必将面临新的挑战和成长，今后，哪怕你们身处困境，也要记得仰望天空，看看满天星辰，保持"乱云飞渡仍从容"的乐观和"敢教日月换新天"的豪情，去寻找生活中的"人间值得"。同时，更要脚踏实地，走好人生旅途，拒绝"躺平人生"，不做"佛系青年"，练就战风险、迎挑战、抗打压、克难关的志气、勇气、骨气、底气。我相信，你们一定会闯出自己的一片天地！

千叮万嘱说不完牵挂与不舍，万语千言道不尽期盼与祝福。临别前，大家再去看看那迎风盛开的丁香花、硕果满枝的海棠林、银白夺目的白蜡树、翠色依旧的樟子松……它们仿佛也在诉说着对你们的依依不舍，不管你们走得多远，离开多久，母校都将在这里为你们深情守望，为你们加油鼓劲，欢迎你们常回家看看！

踔厉奋发新时代，勇毅前行向未来。希望你们心怀"国之大者"，在青春的赛道上奋力奔跑，争取跑出当代青年的最好成绩！祝愿大家此去繁花似锦，鹏程万里，归来仍是少年！

（作者系新疆农业职业技术学院党委书记）

第五章

梦想

愿你们，带着诗意奔向远方！勇立潮头扬帆起航！青春因砥砺而闪亮，平凡因奋斗而卓越，让我们一起向未来！

砥砺前行　一起向未来

陈鸿俊

　　孟夏之日，万物并秀。今天我们欢聚一堂，在这里隆重举行湖南工艺美术职业学院 2022 届毕业典礼，欢送来自全国各地的 3165 名学子。

　　时光太瘦，指缝太宽。3 年前，初见时是丹桂飘香的 9 月，在这里你们度过了一生中最难忘的青春岁月；现如今，离别时是郁郁葱葱的初夏，在青春的纪念册里留下难以割舍的成长印记。

　　匆匆数载，青春无悔。同学们以年华做笔、以汗水为墨，在特色校园立奋进初心、逐灿烂韶华，在抗疫斗争中经受了考验、在奋进新时代学习中收获了成长。

　　过去 3 年，我们一起见证了国家的伟大成就：迎接"神州十三号"的顺利返航，自豪中国航天的"完美成功"；纪念五四运动 100 周年，回眸青年一代的壮丽史诗；经历新冠肺炎疫情反复，感受强国有我的最美强音；传唱《我和我的祖国》，齐声喝彩祖国母亲的举世成就；重温小小红船发展为巍巍巨轮，见证中国共产党成立百年征程。

　　过去 3 年，我们一起见证了学校的跨越式发展：湖南湘绣产业科教园（长沙基地）竣工投入使用，学校改革发展稳步推进；成功入选国家"双高"计划高水平专业群建设单位（A 档），开启学校发展新局面；获评全国普通高校创新创业典型经验高校 50 强，立项为中华优秀传统文化传承基地、高等职业院校服务贡献 50 强，取得省级"三全育人"综合改革示范校等标志性成果 50 余项，学校知名度、美誉度和影响力不断提升，步入高质量发展的快车道。目前学校正在为积极升格本科层次职业学校不懈努力。

过去 3 年，我们一起见证了同学们的别样精彩：在中华人民共和国第一届职业技能大赛上，我校 9 名选手取得了 1 个铜奖、5 个优胜奖的好成绩；董青和陶源进入第四十六届世界技能大赛国家集训队为湖南省争得了荣誉；学校女子足球队勇夺全国青少年校园足球联赛比赛第九名、全省青少年校园足球联赛冠军。2019 级同学们在各级各类赛事中贡献了专业技能，展示了亮丽风采，你们不畏强手、敢打敢拼，为学校争得了奖项和荣誉，以实际行动阐释了我校学子的奋斗历程和责任担当。

三载春秋，转瞬即逝，蓦然回首，历历在目。习近平总书记指出，"时间之河川流不息，每一代青年都有自己的际遇和机缘"。你们是最特殊的一届学生，今年是新冠肺炎疫情席卷全球的第三个年头，你们经历了居家上网课、在校封闭式管理；你们面临着全球经济复苏乏力、大国博弈加深、国际安全局势恶化、地区冲突加剧、国际秩序调整加速的复杂国际形势，这一切给你们的就业、创业带来一定压力。今年我们"梦想绽放"毕业设计开放展示周的主题是"砥砺"，"砥"指细腻的磨刀石，"砺"指粗糙的磨刀石。于设计与工艺而言，就是要精雕细琢，不断打磨，使一件件作品独具匠心。于青年成长而言，就是要经历磨炼，克服困难，不惧千难万险朝着梦想不懈奋斗。

又是一年繁花似锦，栀子飘香；又是一年青春荡漾，毕业时光。毕业是一道风景线，也是一道分割线；是一段故事的结束，更是一段成长的开始。临别之际，作为师长，有几句肺腑之言与最青春、最亮丽、最牵挂的你们交流。

一是在砥砺中让青春放光。曾经有人认为，00 后是娇滴滴的，然而当新冠肺炎疫情突如其来、脱贫攻坚激战正酣、"神舟十三号"发射返回等一个个困难、考验来袭，我们青年一代不怕苦、不畏难，用臂膀扛起如山的责任，接过民族复兴的接力棒，展现出青春激昂的风采；我们青年一代用行动证明，新时代的中国青年是好样的，是堪当大任的。我们青年一代生逢盛世，肩负重任，应珍惜韶华、不负青春，在担当中历练、在尽责中成长，让青春梦想在新时代改革开放中绽放，让人生在实现中国梦的奋进追逐中发热发光。

二是在砥砺中让艺术生辉。习近平总书记在庆祝中国共产主义青年团成立100周年大会上的讲话中说："青年是常为新的，最具创新热情，最具创新动力。"我们青年一代作为社会上最富活力、最具创造性的群体，应走在创新创造前列；我们青年一代创新就是要善于把弘扬优秀传统文化和发展当代艺术有机统一起来，在继承中发展，在发展中继承。我们青年一代扬帆远航，追求完美，应打破定式，出奇制胜，秉承"致用致美"校训理念，让艺术设计在新时代中国特色社会主义的伟大实践中熠熠生辉。

三是在砥砺中让情感升华。孙中山先生说，"做人最大的事情，就是要知道怎么爱国"。站在"两个一百年"的历史交汇点，我们青年一代爱国就是要志存高远，勇敢肩负起时代赋予的重任；我们青年一代爱国就是要砥砺前行，早日成长为支撑中国制造、创意中国的"能工巧匠、大国工匠"。我们青年一代沐浴党恩，勇担使命，应不懈奋斗、不辱使命，感党恩、听党话、跟党走，让爱国之情在新时代建功立业中升华，为祖国的繁荣昌盛和民族兴旺发达做出应有的贡献。

今天以后，同学们将由学生变为校友、学校成为母校，改变的是称呼，不变的是情感。在这里——湖南工艺美术职业学院的弘美楼、尚美楼、逸美楼、龙泉湖、会龙山、创业街、拙艺坊、陶艺馆、艺术工厂、长沙基地……处处都留下了你们的青春印记，几多美好。请记住，无论你们身处何方，母校永远是你们的精神港湾，会龙山永远是你们的精神家园；当你们累了、倦了，母校的怀抱永远为你们敞开。

此时于我们，是离别、是不舍、是惦念；此时于你们，是收获、是希望、是起航。未来发展中，学校的自信，就在你们坚定前行的步伐里；学校的担当，就在你们爱国报国的奉献里；学校的荣光，就在你们成长进步的捷报里。

愿你们，带着诗意奔向远方！勇立潮头扬帆起航！青春因砥砺而闪亮，平凡因奋斗而卓越，让我们一起向未来！

祝同学们鹏程万里，前程似锦，一帆风顺，平安幸福！

（作者系湖南工艺美术职业学院院长）

一入"东职门"，一生"东职人"。愿你们永远珍藏大学生活的难忘时光，珍惜彼此结下的深情厚谊，用青春的激情、执着的信念、过硬的本领，开创更加绚丽的人生。

筑梦有痕　逐梦飞翔

贺定修

又是一年凤凰花开，毕业季如约而至。六月的校园，阳光和煦，花香满园。今天，我们相聚在此，为2022年毕业的同学们举行隆重的毕业典礼。

3年前，你们不约而同从四面八方而来，选择在东莞职业技术学院展开青春的画卷。今天，你们即将奔赴远方，开启人生的下一段征程。你们总感叹，青春才几年，疫情占3年。但是回望走过的路，我们可以欣喜地发现，同学们已在不经意中成长，而且远比想象中坚强。

三载光阴，你们筑梦有痕，在学校绽放青春活力。教学楼、实训室、图书馆，处处投映着你们潜心向学、追求真知的身影；田径场、体育馆、篮球场，处处留下了你们挥洒汗水、拼搏奋进的足迹；宿舍、食堂、春晖桥，处处镌刻着你们热爱生活、互助有爱的印记。或许，你曾经在空旷的教室反复演练竞选的讲稿；或许，你曾经在图书馆为专升本复习至夜深；或许，你曾经为了不上课迟到，把闹钟设置了两三个；又或许，你曾经为了一片绚丽的晚霞，在桥上驻足了很长时间……在这里，你们发现了青春的美好，从而创造了美好的青春。

三载光阴，你们逐梦飞翔，为自己赢得勋章荣誉。新生军训、灯塔工程、

"三下乡"等课外实践磨炼了你们的坚强意志；国家奖学金、三好学生、优秀毕业生等评先、评优实现了你们的"王者荣耀"；挑战杯、技能竞赛、体育竞技等各类赛事见证了你们的"高光时刻"；2019年莞马、2020年华为开发者大会、新冠肺炎疫情防控等志愿活动彰显了你们的"奉献之美"；应征入伍、投身西部、返乡创业等无悔选择印证了你们的初心誓言……是你们，用实际行动传承着学校精神，用昂扬斗志放飞了青春梦想。

三载光阴，你们追梦不息，见证了学校的快速发展。在全校师生的共同努力下，学校在2019年成功入选全国197所、全省14所国家"双高计划"建设单位，实现了3年一大步、9年三大步的跨越式发展，迈进了全国高职院校第一方阵。"创新强校工程"位列全省第12名，全国高职院校排名第78位。与此同时，学校的环境也越来越好，新落成的学生公寓、宽敞明亮的学校书吧、菜品丰富的智慧餐厅、绿色便民的共享单车，都有你们的建言献策。这些成果的取得，离不开你们的参与和付出，感谢同学们在这片热土上孜孜以求、努力拼搏，共同绘就了东莞职业技术学院追求卓越的崭新画卷。

青春的赛道上，有阳光也有风雨，重要的是你们有乘风破浪的勇气。刚入学不久，同学们就碰上了百年不遇的新冠肺炎疫情，但我很欣慰地看到，在疫情防控这场战斗中，你们识大体、顾大局，闻令而动，听令而行，努力克服疫情给学习和生活带来的不便，全力配合学校防控要求，用实际行动回应每一位教职员工和后勤安保人员的付出，共同守护了校园的平安。

今天，你们就要毕业了，不再有"早八晚八"的课程提醒，默认的"大学路3号"收件地址也将从列表中移去，宿管阿姨不再对你的晚归登记，班群里的"收到回复"就此成为回忆……毕业，并不是终点，而是同学们下一段旅程的起点。临别之际，作为师长，我还有3点嘱托。

一是希望同学们心怀"国之大者"，将家国情怀融入青春理想的底色。100年来，中国共产党高举马克思主义旗帜，带领亿万中国人民在社会主义的道路上取得一个又一个"当惊世界殊"的成绩。知史爱党、知史爱国，以史为镜、以史明志。希望同学们从党的奋斗历程和伟大成就中，感悟真理和实践的力量，坚定信仰、信念和信心，始终听党话、跟党走。当下，我们正处在一个大有可为的新时代，在全面建设社会主义现代化国家的新征程上，希望同学们听从时代的呼唤，永葆初心、勇担使命，在新时代、新天地中尽情地施展抱负、建功立业。

二是希望同学们始终敢想敢拼，以逐梦奋斗描绘青春绚丽的色彩。你们正处于青春无限、朝气蓬勃的美好年华，"躺平"和"摆烂"治愈不了"内卷"，别在最好的年纪蹉跎了时光，辜负了岁月。这是属于奋斗者的新时代，人人都有追梦的权利。要奋斗，就要做坐言起行的行动者；敢拼搏，就要做逐梦赛道的孤勇者。离开学校，步入社会，意味着你们需要承担更多的责任，对自己负责，是独善其身；对家庭负责，是相亲相爱；对社会负责，是胸怀天下。成功或许是别人眼中的"大富大贵"，也或许是默默无闻的甘于平凡，谁说站在光里的才算英雄。不管怎样，我们都应该挺起脊梁，努力工作，追逐梦想。

三是希望同学们保持勤学苦练，用真才实干加码青春搏击的能量。今天你们圆满完成了学业任务，明天或走向社会，或继续深造，请大家记住："人生道路千万条，实干第一条！"一张毕业证书只能代表学业期满、成绩合格。跃入浪潮滚滚的时代洪流，成为一朵奔涌的浪花，你们仍然需要不断地学习和历练，把内功练好。学习是一辈子的事，大家正处于学习的黄金时期，要对自己"狠"一点，把多读书、勤学习当成一种习惯，积极做"有内涵"的新时代青年；要对自己"好"一点，把常运动、练身体作为一种生活方式，为人生航程提供稳定的"续航力"。

一入"东职门"，一生"东职人"。愿你们永远珍藏大学生活的难忘时光，珍惜彼此结下的深情厚谊，用青春的激情、执着的信念、过硬的本领，开创更加绚丽的人生。

愿追光的你们，眼眸有星辰，心中有山海，前程似锦，未来可期！

（作者系东莞职业技术学院院长）

> "躺平"并不是追梦的姿态，奋斗和拼搏才是青春的"打开方式"。你们是让母校骄傲的"后浪"，更是勇往直前、开拓创新中奔涌成磅礴的"巨浪"，去广阔天地里施展所学的才能，去拥抱真正属于你们的新时代。

逐梦征程　成就自己

严世清

6月的阳光热烈，转眼就到了毕业季，栀子花开，既是挥手告别时，也是扬帆起航时。你们即将走出青葱校园，无论是步入职场，还是继续深造，都是在全新的征途上启程。在这特殊的"云端"毕业季，我代表全校师生员工，向你们致以最热烈的祝贺和最诚挚的祝福。

若水河畔的一花一木、一景一物，都承载着你们的青春记忆。在这 3 年大学光阴里，我们一起见证了你们学到硬核的技能和本领，发掘了自己热爱的领域；见证了你们遇到暖心的老师和同学，收获了宝贵的成长和蜕变；见证了学校建设江苏省中国特色高水平高职学校所取得的各项突破；见证了国家第一个百年奋斗目标的实现。你们还经受住了疫情这场"大考"，对责任和担当有了更多的感悟和思考，在困难和磨炼中解锁了"柳暗花明又一村"。

"百舸争流，奋楫者先；千帆竞发，勇进者胜。"你们是最朝气蓬勃的一代，更是肩负国家重任的一代，处在最好的时代、最美的年华，"躺平"并不是追梦的姿态，奋斗和拼搏才是青春的"打开方式"。你们是让母校骄傲的"后浪"，更是勇往直前、开拓创新中奔涌成磅礴的"巨浪"，去广阔天地里施展所学的才能，去拥抱真正属于你们的新时代。

离别在即，你们是母校永远的牵挂，母校的大门将一直为你们敞开，欢迎你们常回"家"看看，母校的"朋友圈"也时刻期待着你们的佳音。希望你们能在今后的学习生活中，将大学时光的点点滴滴珍藏心中，也将"顺进化之理，应未来之需"的校训融入心中，这是我们共同的精神纽带；也希望你们信心满满地踏上逐梦征程，成就自己的"C 位"舞台，前行的路越走越宽、越走越远，实现自己的远大前程。

衷心祝愿你们平安健康、前程似锦！

（作者系苏州工业园区服务外包职业学院党委书记、院长）

愿你们走出校门，依然踌躇满志，勇当"数化万物"时代的"弄潮儿"。愿你们继续发扬"明德、敬业、尚智、敏行"的校训精神，热爱国家和社会，热爱自己的职业和岗位！

数领未来　梦想启航

陈玉欢

今天，我们齐聚一堂，满怀喜悦，共同见证2022届学生毕业。

3年来，广东邮电职业技术学院始终坚守为党育人、为国育才的初心使命，落实立德树人根本任务，建设江门校区、改善办学条件、提高教师能力，将每一位同学的能力培养和身心发展放在首位，积极融入数字中国、网络强国建设，培养数字化时代的高技术技能人才。在严谨充实的课堂教学之余，老师们带领你们参加各类主题活动和校内外技能竞赛，在美心中心、大礼堂、比赛场等舞台上展示你们的才华，收获了累累佳绩。如今，你们学有所成，志存高远，展现出令人惊叹的进步，我的内心由衷欢喜。

今年是5G应用规模化发展的关键之年，以5G为代表的新一代信息通信技术正驱动着数字经济迅猛发展。在庆祝中国共产主义青年团成立100周年大会上，习近平总书记指出："青春孕育无限希望，青年创造美好明天。一个民族只有寄望青春、永葆青春，才能兴旺发达。"生逢盛世，身处数字化转型浪潮，你们拥有畅游云端、智联万物、虚实融合的行业发展环境和发展机会，你们施展才干的舞台无比广阔，实现梦想的前景无比光明，在前进的道路上，有 5 点希望与你们共勉。

一是青年者，立于大志。100 多年前，中国青年的觉醒，点燃了中华民族伟大复兴的希望之光。当今世界正经历百年未有之大变局，我国正处于实现中华民族伟大复兴的关键时期。希望你们保持青年人的热血与激情，把握数字经济新趋势，坚定崇高的理想信念和爱国情怀，拥有大局意识和全局观念，不怕困难、勇挑重担、甘于奉献，用知识推动国家建设。

二是青年者，明于品德。无规矩不成方圆，有敬畏方知行止。善，是中华民族宝贵的精神财富，是促进社会发展进步的重要精神力量。希望同学们善学善思善为，常怀感恩之心，艰苦朴素、与人为善、热爱集体，坚守忠诚干净底线，以宽容、豁达之心看待世界，做一个心怀温暖、明朗向善、行稳致远的人。

三是青年者，敬于事业。"打铁还需自身硬"，唯有练就真才实干，才能在数字经济和实体经济融合发展的战场上牢牢扎根。希望你们始终保有青年人的好奇心，赓续创新奋斗的精神血脉，爱岗敬业，以一颗精益求精的"匠心"向深处挖掘，开拓新思路，打造新亮点，提升新技能，争做行业和时代的佼佼者。

四是青年者，尚于智慧。"活到老，学到老"，知识是每个人毕生不懈的追求。走进社会，就走进了更加丰富多元的课堂，只有持续"充电"才能突破重重关卡。希望你们秉承谦虚好学的态度，向书本、向旁人、向世界汲取知识，把握数字技术创新应用，成为博闻强识的"弄潮儿"。

五是青年者，敏于实践。奋斗是青春最亮丽的底色，每一个领域都是成就人生价值的舞台。希望你们带着"初生牛犊不怕虎"的精神，带着"海阔凭鱼跃"的勇气，抓住新一轮科技革命和产业变革的先机，从点滴小事做起，顺境不骄、逆境不馁，在披荆斩棘中扬起理想的风帆，收获属于自己的精彩人生。

"鲜衣怒马少年时，不负韶华行且知。"你们即将开启新的旅程，我们唯有祝福和守望。中山大道西 191 号永远是你们的家，母校永远是你们的后方。愿你们走出校门，依然踌躇满志，勇当"数化万物"时代的"弄潮儿"。

愿你们继续发扬"明德、敬业、尚智、敏行"的校训精神，热爱国家和社会，热爱自己的职业和岗位！有更多让老师骄傲的故事被传唱，有更多让母校荣耀的时刻被点亮！

绵绵之力，无悔岁月；拳拳情意，终有一别。此去鹏程万里，愿你们常传佳音！常回来看看！再次祝全体 2022 届毕业生毕业快乐！祝愿每一位同学平安健康、前程似锦、万事胜意！

（作者系广东邮电职业技术学院党委书记、院长）

如果说汕头职业技术学院是一个平静的港湾的话，从今天开始，你将扬帆起航，驶向波澜壮阔的海洋，驶向成功的彼岸。

扬帆起航　驶向彼岸

吴　萍

今天，我们怀着无比喜悦的心情，在这里隆重举行汕头职业技术学院2022届毕业生线下和线上同步直播的毕业典礼，热烈欢送完成学业、顺利毕业、开启人生新篇章的3716位毕业生。

3年前，你们满怀期望和憧憬，从四面八方来到这里。3年来，美丽的校园里处处留下你们青春焕发的身影！3年的倾心浇灌，3年的朝夕相处，也留下了你们弥足珍贵的师生情、同窗情。此时此刻，分别在即，感慨万千。

你们进校不久就被新冠肺炎疫情打乱了节奏。这3年，你们上了不少网课，戴了不少口罩，测了很多次核酸，经历了不少学习、生活上的不便，但是这些不寻常的经历都将成为你们生命中特殊的、宝贵的记忆。这3年，你们亲历、见证我国包括抗疫成功在内的一个又一个举世瞩目的伟大成就和伟大传奇，见证了我国一次又一次闪耀在世界舞台中央。你们生逢其时，何其幸运！这3年，在全校师生员工的共同努力下，学校办学也取得长足进步："创新强校工程"考核连续3年持续进步，2021年度在全省高职院校中位列中上游。有机电一体化技术专业群、电子商务专业群、环境工程专业群3个专业群获得了省级高水平专业群立项；有机电一体化技术专业、建设工程管理专业 2 个专业被立项为省级二类品牌专业进行建设；有 33 个 1+X 证书制度试点专业；学校从 2021 年开始联合招收本科生，取得了学院开始招收本科生的历史性突破；学院有 2 个国家级培训基地和多个省级培训基地；有多个项目获得教育部立项；学院 2021 届毕业生就业率为 97.25%，位列全省 87 所高职院校第 20 名。学校正迈入省级"双高院校"建设行列、全面启动"升本"工作。学校的办学水平和办学能力跃上了一个新台阶。

同学们在广东乃至全国的各种竞赛赛场上表现也十分出彩。在全国大学生智能车竞赛、广东省大学生网络安全大赛等 53 类国家、省、市各级各类技能竞赛活动中展现身手，仅 2021 年获国家、省、市各种奖项 193 项，其中省级以上奖项 96 项。先后荣获广东省职业院校学生专业技能大赛计算机网络应用赛项一等奖，获第五届 OCALE 跨境电商创新创业能力大赛全国高职组别的团队"特等奖"，获联合国教科文组织的第三届"一带一路"国际大数据竞赛国际二等奖等，不胜枚举。这些奖项，既是学校的荣誉，更是你们的荣誉！你们当中预计近 500 名同学将继续深造，有 160 多名学生光荣应征入伍，学校今年的就业率截止到 6 月 25 日达到 87.65%，在全国就业形势最为严峻的今年，表现十分突出。作为你们的校长，我为每一位同学感到骄傲和自豪。

还记得，在 2019 年 9 月 18 日，在你们的开学典礼上，我为你们做了"点亮青春梦想，成就多彩人生"的主题致辞，相信同学们还记得，我把要对你们说的千言万语，浓缩为几个关键词：目标、责任、自信、磨砺、热情。从今天起，你们将离开校园，开启崭新的人生旅程。在这依依惜别之际，在你们即将开启人生新篇章之际，我想对你们说的话仍然是这五个关键词：目标、责任、自信、磨砺、热情。

第一个关键词：目标。没有目标的人生，是没有奋斗方向的人生，是随波逐流、漂浮不定的人生，也是很难有成就的人生。习近平总书记指出："青年志存高远，就能激发奋进潜力，青春岁月就不会像无舵之舟漂泊不定。"如果在大学毕业这个人生的重要节点，你没有设定你此生努力的方向，在你终其一生的时候，你一定会后悔虚度了此生。目标是你人生的灯塔，是你在"百年未有之大变局"中不变的方位。"无志者常立志，有志者立长志。"希望你们在今天走出校门之际立下你们人生的目标，确定你们人生的志向。

第二个关键词：责任。歌德曾说："责任就是对自己要求去做的事情。"当你设定了高尚的目标，就必须担负起坚实的责任。在你们刚刚踏入校园时，你们的主要责任就是学习。今天，你们奔赴祖国大地的时候，你们要勇敢担当起中华民族伟大复兴、以天下为己任的社会责任，勇敢担当起全新的元宇宙时代的家庭责任和个人责任。不要逃避而是要勇于承担责任。

第三个关键词：自信。3 年前，当你们刚刚进入校园时，我对你们说，你们能够接受高等教育，已然是同龄人中的佼佼者！今天，你们完成学业走向社会，我相信你们不仅掌握了必要的知识和技能，更重要的，你们拥有了学习新知识、掌握新技能、解决新问题的能力。拥有这样的能力，何惧千变万化的社会！你们应该保持满满的信心稳立潮头，把自己打造成大国工匠、能工巧匠，在你的领域独领风骚。

第四个关键词：磨砺。古语云："向善至美，玉汝于成。"人生要不断经受磨砺，像打磨璞玉一样磨炼自己。在通往成功的道路上，从来都不是鲜花与坦途，往往是荆棘丛生和充满险阻。同学们，时下有"躺平"一说，那是非常容易做到的事情。同学们一定读过"沉舟侧畔千帆过，病树前头万木春"。选择"躺平"的人生，必然成为"沉舟"和"病树"，成为时代的弃儿。失败、挫折、痛苦，原本是人生的常态，要以平常的心态面对。当你像张海迪说的那样"即使跌倒 100 次，也要 101 次站起来"，你离目标就更靠近了一步，你就这样一步一步走向成功。

第五个关键词：热情。热情是指对事物的强烈爱好的一种感情。我要引用托尔斯泰的话："一个人若是没有热情，他将一事无成。"希望同学们对生活充满热情，对工作充满热情，对家人充满热情，对朋友充满热情，对你的兴趣爱好充满热情，这样，你的世界将是丰富的，你的生命将是热烈而丰满的。

3 年前，我给你们画了一幅画像：你奋力划着你人生的小船，时时仰望远方的灯塔，惊涛骇浪就是你要经受的磨砺，自信就是你的底气，热情就是你的风帆！你一定会驶向成功的彼岸！今天，这幅画像同样适用。不同的是：如果说汕头职业技术学院是一个平静的港湾的话，从今天开始，你将扬帆起航，驶向波澜壮阔的海洋，驶向成功的彼岸。

汕头职业技术学院的校训"知行合一　德技双馨"早已融入你们的基因，3年"汕职生"，一生"汕职情"！从今天离开校门，你们就成为我们珍贵的校友，母校欢迎你们常回家看看！

衷心祝愿同学们一帆风顺、前程似锦！

（作者系汕头职业技术学院院长）

《左传》有言："太上有立德，其次有立功，其次有立言，虽久不废，此之谓不朽。"这是古人讲的"立德、立功、立言"。在你们即将离开校园、奔赴星辰大海之际，我用"三立"与大家共勉，希望大家把"立德、立功、立言"作为人生追求。

心怀梦想　做最好的自己

郑清春

每年的 6 月，既是收获的季节，也是离别的时候。此时此刻，看到你们在校园里、在工作岗位上、在全国各地、在各行各业展现出最美的毕业留影，我由衷地为你们感到骄傲和自豪！"艰难困苦，玉汝于成。"经过 3 年的刻苦学习，你们圆满完成大学学业，在今天即将扬帆启航，迈向人生新的征程。

3 年前，你们从五湖四海汇聚到天津职业大学，完成人生中最重要的一段学习与成长历程。3 年来，我们共同迎来职业教育"黄金发展期"。党中央、国务院召开了第一次全国职业教育大会，习近平总书记从党和国家工作全局的高度对职业教育工作做出重要指示，新职业教育法、国家"职教二十条"、"双高"计划、提质培优行动计划等政策措施相继实施，职业教育迈入了高质量发展的新阶段，成为孕育大国工匠的生机沃土。3 年来，我们共同推动学校事业迈入"大有可为实践期"。胜利召开校第五次党代会，高标准推进"双高计划"建设，高站位谋划落实"十四五"发展规划，新一轮教育教学改革得到具体实践、探索、创新。3 年来，我们共同经受住疫情"大考"。众志成城，共克时艰，学无间断，日进不已。你们将人生最美好的时光、最动人的岁月、最努力的付出定格在美丽的校园，磨炼了意志、开阔了眼界、增长了知识、增加了智慧、获得了本领，展示了"恰同学少年，风华正茂"的慷慨豪迈与硬核担当！也让我们无比坚信，2022届的你们未来可期！

作为你们的师长，这几天我总在想，怎样给你们上好毕业季的"最后一课"，为你们再充一次电、再鼓一次劲。因为，毕业并不是切断你们和母校的联结，而是要将母校涵养出的精神品质，在社会这个更大的空间里延续下去。你们幸运地身处伟大的新时代、赶上"人人皆可成才、人人尽展其才"的好时候，是时代的主角、未来的建设者、改革的生力军，这对你们既是机遇，也是挑战。《左传》有言："太上有立德，其次有立功，其次有立言，虽久不废，此之谓不朽。"这是古人讲的"立德、立功、立言"。在你们即将离开校园、奔赴星辰大海之际，我用"三立"与大家共勉，希望大家把"立德、立功、立言"作为人生追求。

一是立德。就是要树立高尚的品德，涵养高尚的品德和情操。"国无德不兴，人无德不立。"热爱祖国是每个人的立身之本、成才之基，作为新时代的新青年，你们一定要立志做大事，始终坚持爱党、爱国、爱社会主义的高度统一，把爱国情、强国志、报国行自觉融入新时代中国特色社会主义伟大事业中，贡献新力量、展现新作为、谱写新篇章！要争做新时代的先锋，"为己修身，为国修业"，充分发挥年纪轻、活力强、闯劲足、善于开拓、敢于创新、勇于争先的长处和优势，把握"此时、此地、此身"，做好"向上学"和"向下学"两篇文章，以饱满的精神面貌、昂扬的奋斗姿态，全身心地投身党和国家事业的壮丽实践，用自己的行动答好"可为有为"的答卷。

二是立功。就是要建功立业，以自觉的担当和踏实的作为，创造出无愧于时代的业绩。随着我国进入新发展阶段，产业升级和经济结构调整加快，各行各业对技术技能人才的需求越来越紧迫。你们一定要心怀"国之大者"，坚定学以报国的志向，积极适应社会，加快角色转变，将所学用于实践，在实践中磨砺本领，努力成为知识型、技能型、创新型劳动者大军中的光荣一员，努力成为社会需要的高素质技术技能人才、能工巧匠、大国工匠。在这个过程中，大家必须永远保持"干一行，爱一行，专一行"的初心，在自己的职业道路上，踏实勤奋，认真执着，潜心钻研，不断打造"匠人匠心"，在技术技能的传承创新中，拓展职业发展的宽度和高度，书写属于自己的诗和远方。

三是立言。就是要有大学问真学问，道技合一，追求卓越。"育德育能力实力新"是职大的校训。育德育能，就是要德才兼备，职业技能和职业道德并重，技高一筹、匠心独运；力实力新，就是要干净做人、踏实做事，勤思考、敢创新，通过实干苦干巧干托起梦想和人生。不驰于空想，不骛于虚声，执着坚守、勇攀高峰。实际上，我们的校训很好地诠释了"道技合一"的内涵。道技合一是新时代工匠的精神归宿。作为职大人，要想成就匠心人生，就要深刻领悟工匠的本质，把道技合一作为一种追求、一种境界，把"德"作为安身立命之本，把"技"作为毕生追求，把学校校训蕴含的学校精神、学校品格、学校力量、学校境界传承下去、发扬下去，在成就自己的同时，不断提升职大品质。

从现在开始，你们就从天津职业大学毕业了，走向更无限广阔的天地。我真诚地希望每一位同学都能在大有可为的时代书写更多"技能改变人生"的精彩故事。也希望大家永远与母校心连心，一如既往地关心母校、支持母校、帮助母校，为母校发展添砖加瓦，贡献智慧和力量！今天你们为母校而骄傲，明天母校为你们而自豪。相信我们一定会迎来更加美好的相聚！

祝贺同学们圆满完成学业！祝愿同学们一帆风顺、鹏程万里，前程似锦！让我们一起踔厉奋发、笃行不怠，以优异成绩迎接党的二十大胜利召开！

（作者系天津职业大学校长）

> 一个人的发展、一所学校的发展，必将和国家的发展同呼吸共命运。你们要顺应国家社会发展而为，不断精进，一步一步，脚踏实地，获取属于自己的人生精彩。在此依依不舍的时刻，我为你们送上"存鸿鹄之志，搏人生精彩"的寄语。

存鸿鹄之志　搏人生精彩

石　静

回望你们循着光明、向着真理昂然奔跑、激情燃烧的校园岁月，你们厚积了知识储备，奠定了技术技能，强健了自身体魄，你们在学校的每一天都是终生难忘的，你们在学校的每一天都是激情燃烧的。尤其记得，你们作为学校奋勇抗击新冠肺炎疫情的一员，与学校同向同行，积极报名参加疫情防控志愿服务，搬运防疫物资，协助维护校园秩序……我为你们在疫情大考面前表现出的勇敢和担当感到骄傲。

3年对成都纺织高等专科学校的历史是短暂的，但这3年对学校极为重要，乃至影响学校未来。这3年，我们成为全国"双高计划"建设高校，这是学校发展历史上的重大机遇，对学校未来的发展影响深远。这3年，我们正在建设邛崃产教园区，这将为学校后续发展奠定坚实基础。这3年，我们制订了学校《"十四五"事业发展规划》，明确了在"十四五"期间把学校建设成职业教育本科院校的目标。这3年，我们的人才培养取得一个又一个新突破：你们的学姐时玉凤入选第四十六届世界技能大赛时装技术项目国家集训队，是四川省第一位入选该项目国家集训队的队员；学校在2021年全国大学生数学建模大赛中，为四川省夺得唯一一项国家级一等奖；学校的5支参赛队伍在2022年"正大杯"第十二届全国大学生市场调查与分析大赛专科组总决赛中，全部获得国家一等奖；在第七届中国国际"互联网+"大赛职教赛道产业组比赛中，我校"主题民宿家"项目获得国赛银奖，这是四川省高职院校的又一新突破。除此以外，我们还有数不胜数的荣誉，在中国高等教育学会颁布的2021年全国普通高校大学生竞赛排行榜（高职组）中，学校位列四川省第二名。在此，我感谢你们为学校增光添彩！

3年，在你们的一生中虽然是短暂的，但无论你是走向工作岗位，还是进入本科院校继续求学，这3年的收获，都将是你立足社会的基础。当前，国家正处在向高质量发展转型的关键时期，要在党的领导下实现第二个百年奋斗目标，需要大量的高素质技能型人才，而学校正担负着为党育才、为国育人的重要使命。一个人的发展、一所学校的发展，必将和国家的发展同呼吸共命运。你们要顺应国家社会发展而为，不断精进，一步一步，脚踏实地，获取属于自己的人生精彩。在此依依不舍的时刻，我为你们送上"存鸿鹄之志，搏人生精彩"的寄语。

存鸿鹄之志，要有不断学习之心。学习拓宽视野，视野决定格局，格局成就人生。无论什么行业，只有善于学习，不断学习，付诸实践才能成为行业的佼佼者。你们正是青春蓬勃之时，是风华正茂之时，也是知识、技能赋能实践的关键之时，通过不断学习，有了真才实学，有了过硬的本领，才能在时代发展中搏击人生。3年校园学习汲取的知识养分，只是为你们未来的发展奠定了初步的基础；而社会更是浩瀚的书海，需要大家去努力阅读和适应。希望你们放眼长远、戒骄戒躁、不断学习，不断拓宽视野，扩大格局，获取幸福而精彩的人生。

存鸿鹄之志，要有自信之心。"未来属于青年，希望寄予青年。"习近平总书记在庆祝中国共产党成立100周年大会上发出号召："新时代的中国青年要以实现中华民族伟大复兴为己任，增强做中国人的志气、骨气、底气，不负时代，不负韶华，不负党和人民的殷切期望！"在新时代，你们不仅要有对自己的"小自信"，更要有对国家的"大自信"。自信是对自己的肯定，是对国家的肯定，是一切目标实现的源泉。当前正是中国特色社会主义蓬勃发展时期，是彰显你们才干之时，你们要有敢做敢拼的勇气，要正视自己的内心，坚定自己的自信，脚踏实地，砥砺前行。未来的旅途中，当遭遇困难和挫折时，希望你们给理想一些等待和时间，耐住寂寞，守住坚强。

存鸿鹄之志，要有感恩之心。你们要懂得感恩父母亲友，他们赋予了你们生命，给予你们人间最浓的亲情和最深的挂念。要懂得感恩老师，他们披星戴月、周末值守，传授你们知识技能，呵护你们的身心健康。要懂得感恩你们身边的每个人，那些每天与你朝夕相处的舍友、同学，那些入校时查阅证件的保安小哥，那些食堂里为你打饭的大姐，那些校园里认真清扫的保洁人员，那些宿舍里给你晚归开门的宿管阿姨。懂得感恩，你的人生之路才会越走越宽、越走越远，上天才会眷顾，好运才会来。

存鸿鹄之志，要有拼搏之心。国家的繁荣富强、社会的进步离不开一代又一代青年的奋斗。青年应当立鸿鹄之志，以努力拼搏为荣，以好逸恶劳为耻；以创新时代为荣，以"搭便车"为耻；以志存高远为荣，以得过且过为耻。立鸿鹄之志，既可扎根基层，也可服务产业高端，但均要脚踏实地、俯身拉车，不要好高骛远。"鹰击天风壮，鹏飞海浪春"，希望同学们在大有可为的新征程中热爱劳动，学习劳模精神，做到"德技双修"，早日成为技术能手、能工巧匠和大国工匠，奉献、活跃在祖国建设发展的一线，彰显你们最亮丽的青春底色和最大的社会价值。

在这里，有你们终生难忘的师生情。"饮其流者怀其源，学其成时念吾师。"老师们彻夜备课、假期辅导，身体不适还坚持工作，保证你们返校开心、舒心、暖心，确保你们顺利毕业。毕业之后，要常回家看看，看看牵挂着你们的老师。

在这里，有你们终生难忘的同学情。你们聪明、求知欲强、富有同情心，你们朝夕相伴、分享喜怒哀乐，你们把最好的年华留在了成纺，赠你们一程最美好的记忆，你们也定会许学校一生。

在这里，有你们终生难忘的校友情。有无数校友践行了"存鸿鹄之志，搏人生精彩"的寄语，他们的成功将是你们的力量源泉。今后，你们也有了新的名字——校友，学校有了新的称谓——母校。请为母校和我们留一扇望向你们的窗户，让我们能时刻关注到你们。在你们前进的路上，母校永远和你们肩并肩、心连心，分享你们的喜悦、分担你们的困难。无论身处何地，请记住，在成都犀浦有一座美丽的校园，这里曾经、现在、将来永远都是你们的家，欢迎你们常回家看看。

"大鹏一日同风起，扶摇直上九万里。"母校期待着你们志存高远，不断地拼搏奋进，在今后的岁月里创造出属于你们、属于我们、属于成纺人的精彩人生！衷心祝愿你们一生平安、一世幸福！

（作者系成都纺织高等专科学校校长）

同学们从五湖四海拥来，怀揣着最赤诚的希冀，在无锡职业技术学院书写了一段人生的精彩，跃入人海、闯往茫茫大千世界，愿胸中常怀激昂之气，努力成长为"更高质量、更加卓越、更有梦想"的一代青年。

怀揣梦想　走出精彩人生路

龚方红

仲夏六月，榴花绽红，清荷吐绿，桃李芬芳。今天我们满怀喜悦，在这里隆重举行无锡职业技术学院 2022 届毕业典礼。受疫情影响，今年的毕业典礼仍然采取线上线下相结合的方式，学校特别邀请了部分毕业生代表、教师代表、家长代表现场参加仪式，其他同学、老师、家长都可通过网络视频会议软件参加本年度的毕业典礼。

作为无锡职业技术学院历史上特别的一届毕业生，我们共同见证了中华人民共和国 70 周年华诞、中国共产党建党 100 周年，共同见证了伟大祖国全面建成小康社会，全面开启第二个一百年新征程。共同见证了学校的跨越式发展，2019 年，我校成功入选中国特色高水平学校建设单位 A 档（前十名），进入国家"双高计划"第一方阵；2020 年、2021 年、2022 年连续 3 年在江苏省普通高校高水平高职院校综合考核中获第一等次。2022 年学校获黄炎培职业教育杰出贡献奖，在高职高专院校竞争力排行榜位列全国第三。随着新职教法的颁布，在省委、省政府和市委、市政府的大力支持下，学校正大踏步向着领军全国、国际知名的智能制造特色校阔步前进。学校今日成绩的取得包含着全体职院人的辛勤和汗水，是我们共同奋斗的结果。希望走出校园的我们能继承和发扬"严谨治学、崇尚实践"的职业精神，充分展示学校学子的风采，用更好的自己成就国家、民族更好的未来。

在这难忘的3年里，我们共同面对了许多未知和挑战，全体师生众志成城抗击疫情，共同经历了许多"刻骨铭心"，相信一切困难与磨砺终将成为点亮同学们人生道路的明灯。回望在锡职求学的岁月，你们度过了芬芳的青春年华，积累了知识，收获了友谊，也见证了自己的成长。你们之中有178名同学荣获"优秀毕业生"称号，461人光荣地加入了中国共产党；国际贸易41931班黄杨同学荣获"江苏省最美职校生""江苏省优秀共青团员"称号；2019级姚建铨创新班徐燕同学荣获2020年度"中国大学生自强之星"称号，多名学子在全国职业院校技能大赛、省职业院校技能大赛中摘金夺银。我坚信，在未来的日子里实力非凡的你们仍将坚忍不拔、勇毅前行，用实际行动和优异成绩，践行时代赋予你们的职责使命，不负时代、不负韶华。

当下最热门的一个词是"卷"，激烈的内部竞争同时催生急于求成、急功近利等不良现象。"越快就一定越好吗？"答案是否定的。人生不是一场赛跑，更像是各自上路的不同的旅行，我们所要做的就是在各自的道路上悉心耕耘，静待人生花开。作为师长，希望即将走出校园的你们在人生旅程中努力涵养"志气、正气、锐气、底气"，不负母校的殷切嘱托，怀揣梦想走出精彩人生路。

第一，胸怀家国，常保昂扬之志气。"志存高远，方能行稳致远。"青年是国家建设的生力军，青年的志向关乎国家未来。今天，家国情怀更体现为一种时代责任。奋进在新时代，亟待我们激荡新气象、成就新作为，为实现中华民族伟大复兴的中国梦凝聚磅礴力量，为创建无锡职业技术大学的"锡职梦"而奋发勇为。青年强则国家强，只有青年人肩负起时代重任，我们未来的道路才会越走越宽广。"志不立，天下无可成之事。"希望同学们树立远大志向，心怀"国之大者"，要把理想抱负与国家的发展、民族的命运、社会的进步结合起来，扎根到装备制造业的第一线，增长才干，成就一番事业。

第二，端正品行，常怀浩然之正气。"德才兼备、才高行洁，才能身正令行。"我们中华民族历来重视个人品德修养,《礼记·大学》强调"修身、齐家、治国、平天下",社会主义核心价值观要求弘扬个人品德、磨砺个体品行。对个人品德的修养,足以让一个人终身受益,面对充满诱惑的大千世界,希望同学们生活中能做到严于律己、宽厚正直,发乎真心地讲道德、尊道德、守道德,从我做起、从现在做起、从小事做起,做一个品行端正的人;在工作中进一步涵养工匠精神,把"怀匠心、明匠德、守匠情"融入职业生涯规划和个人职业素养提升当中,让"尚德精技"成为每一名学子区别于其他群体的显著标志。

第三,敢为人先,常存不尽之锐气。"为者常成,行者常至",习近平总书记勉励我们"要勇于创新,深刻理解把握时代潮流和国家需要,敢为人先、敢于突破"。当今世界正经历百年未有之大变局,新一轮科技革命和产业变革深入发展,建设社会主义现代化强国、发展壮大实体经济,都离不开制造业。国家的发展过程中,新机遇与新挑战并存,未来之道路,必将风云激荡,作为新时代的青年,作为装备制造业龙头学校的毕业生,更要把握好"制造强国"战略带来的新机遇,善于从历史规律中参悟万事万物的"变"与"不变",把开拓创新的责任扛在肩上,在执着坚守、脚踏实地中培育创新思维,在千锤百炼、攻坚克难中磨砺锐气。希望同学们拿出"明知征途有艰险,越是艰险越向前"的胆识气魄,"敢啃硬骨头、敢于涉险滩"的昂扬斗志,"为有牺牲多壮志,敢教日月换新天"的奋斗精神,不怕任何艰难险阻、勇于应接任何风险,努力在自己的人生道路上开辟新天地,创造新奇迹。

第四,厚积薄发,常持前行之底气。"学习是立身做人的永恒主题。"对同学们来说,走出学校只是人生漫长学习过程中的一小步。矢志追求更有高度、更有境界、更有品位的人生,要把学习作为一种责任、一种爱好、一种健康的生活方式、一种贯穿人生旅途的生活方式,做到重学、好学、乐学。只有在学习中不断感悟人生、提升境界,才会使自己变得更加充实、更加睿智、更有底气。当前,实体产业的一线需要大量专业技术人才,无锡职业技术学院作为培育"大国工匠"的摇篮,希望同学们能弘扬工匠精神,拥有"择一事终一生"的专注、"干一行钻一行"的执着,努力将自己打造成为新时代"大国工匠"。

同学们从五湖四海拥来,怀揣着最赤诚的希冀,在无锡职业技术学院书写了一段人生的精彩,跃入人海、闯往茫茫大千世界,愿胸中常怀激昂之气,努力成长为"更高质量、更加卓越、更有梦想"的一代青年。母校是大家永远的家、坚强的后盾、温暖的港湾,母校会永远牵挂大家、支持大家、祝福大家!衷心祝愿同学们前程似锦、越来越好!

(作者系无锡职业技术学院院长)

> 站在实现"两个一百年"奋斗目标的历史交汇点上，站在实现中华民族伟大复兴的关键阶段，你们更需要永葆青春之力。

永葆青春之力　一起向未来

马　广

今天是一个值得纪念的日子。我们怀着无比喜悦的心情，在这里隆重举行义乌工商职业技术学院 2022 届毕业生毕业典礼，共同见证 3974 名同学开启新征程。

3 年弹指一挥间，马上，你们就要走出校门、展翅高飞了。这 3 年，你们和祖国共前行，和学校同奋进，领略了中华人民共和国成立 70 周年的盛况，许下了中国共产党建党 100 周年时"请党放心，强国有我"的铮铮誓言，与学校并肩走过事业发展和疫情防控"两手抓""两手赢"的风雨路，见证了学校从省"优质校"到省"双高校"的难忘时刻。这 3 年，你们用实际行动，向学校、向社会彰显了新时代青年的青春力量，这种力量成为你们生命中最亮丽的底色。

你们的青春力量，在于面对成长机遇，敢于趁势而上、奋勇前行。3 年里，全国职业教育大会召开，新职业教育法颁布，职业教育迎来发展黄金期。在新政策的引领下，在时代的春风中，你们满怀斗志、刻苦学习，在春晗楼勤学知识，在实训楼勤练技能，在校内外竞赛舞台上登顶折桂、绽放光彩，用特有的智慧与力量，充分彰显了我校学子的优秀品质。你们当中有281名同学光荣加入了中国共产党；有380多人次在省级竞赛中获奖；有119名同学获评省优秀毕业生；有39名同学换上戎装报效祖国，78名同学报名参军正等待祖国的召唤。你们生动诠释"尚德崇文　创业立身"的校训精神，用累累硕果印证了"职业教育前途广阔、大有可为"。

你们的青春力量，在于面对不确定性，勇于顺势而变、无畏向前。在校3年，你们有两年半的时间与疫情共搏，经历了疫情防控常态化下的校园管理，要坚持每天健康打卡、上课佩戴口罩，要克服专升本考试时间的调整和史上最难、竞争最激烈的就业形势……面对这些"严格""未知"和"困难"，你们主动调整心态，坚决支持学校决定，奋力抗疫，切实扛起了青年的责任与担当，筑牢了防疫的"青春堡垒"，让学校更有底气、更有信心，一次次打赢疫情防控阻击战和事业发展攻坚战。在这里，我要为你们的坚持和努力点赞！

你们的青春力量，在于面对不完美，乐于相信包容，与校同行。3年里，学校食堂饭菜有时候不是很可口，住宿环境有时候不尽如人意，实训条件还没有尽善尽美，暖心服务还可以更到位，但你们始终以赤诚的爱，关心支持着学校的事业发展。在大家的共同努力下，学校正式步入省"双高"校建设时代，获评全国高职院校服务贡献典型学校，入围全国高职院校学生发展指数100所优秀院校和教师发展指数100所优秀学校，在全国职业教育教师教学创新团队等项目上实现了多个零的突破。学校是你们乘风破浪、扬帆逐梦的港湾和灯塔，你们是学校披荆斩棘、砥砺前行的铠甲和勇气，我们相互促进、相互成就。

同学们生在21世纪初，长在新时代。新时代是追梦者的时代，也是广大青少年成就梦想的时代。今年将召开党的二十大，也是中国共产主义青年团成立100周年，百年岁月沧桑，百年风华正茂。习近平总书记说过："一个民族只有寄望青春、永葆青春，才能兴旺发达。"站在实现"两个一百年"奋斗目标的历史交汇点上，站在实现中华民族伟大复兴的关键阶段，你们更需要永葆青春之力。作为师长，我有几句话与大家共勉：

一是永葆青春之正气，坚定理想向未来。理想信念是精神之"钙"，道德是立身之根本。青年理想远大、信念坚定是一个国家、一个民族无坚不摧的前进动力。大到国家发展，小到个人际遇都将经受时代的考验，但无论身在何处、身居何职，都要始终笃定价值判断，把坚定理想信念作为一门永不结业的必修课，守青年之正气，用专业本领点燃梦想，到国家和人民最需要的地方去生根发芽、建功立业，在实现国之所需和民之所向的目标中绽放青春光彩。

二是永葆青春之朝气，力学不倦向未来。青年的蓬勃朝气来源于不断的学习与修炼。作为与新时代同向同行、共同前进的一代人，你们生逢其时、重任在肩，希望你们保持求知若渴的劲头，以时不我待、只争朝夕的学习紧迫感，立足本职工作，勤学实干，不断弥补知识弱项和技艺短板，真正将自己打造成知识型、创新型的高技术技能人才。

三是永葆青春之锐气，砥砺匠心向未来。匠心是干事创业的根基，是成就人生的金刚钻。在浮躁的社会里，坚持本心、秉承匠心，是一件困难的事情。希望同学们以"匠心"精神面对浮华，保持对行业的敬畏、对工作的执着、对岗位的尽责，持续践行劳动精神、劳模精神、工匠精神，以越挫越勇、永不服输的锐气与斗志，在"志不求易，事不避难"的挑战中丰富人生经历，创立自己的工匠事业，成就自己的未来。

"海阔凭鱼跃，天高任鸟飞"，未来属于你们。祝你们在属于自己的时代，鹏程万里，一路平安！也请你们记住，在前进的路上，母校永远关注着你们、支持着你们，永远是你们最坚强的后盾，欢迎你们常回家看看！

明年是学校办学30周年，我在这里代表学校向全体同学发出诚挚的邀请，欢迎大家回校畅叙情缘，见证学校砥砺奋进从头越，三十而立再出发！

（作者系义乌工商职业技术学院院长）

> "大鹏一日同风起，扶摇直上九万里。"同学们正处在一个大有可为的时代，未来有着无比广阔的舞台。希望你们勇担时代使命，保持奋斗底色，发扬特区精神，以清澈和纯粹，逐梦星辰大海，争做有为青年。

逐梦星辰大海　争做有为青年

王　晖

鹏城盛夏，热情似火；青春深信，生机盎然。今天，我们满怀喜悦，以现场和云端相结合的方式，举行毕业典礼，共同见证属于2022届6621名毕业生的美好时刻。

同学们，你们是深圳信息职业技术学院建校历史上最幸运、最幸福、最不平凡的一届。3年来，我们共同经历了许多重大时刻，分享了令人难忘的欢乐与荣光。你们在中华人民共和国成立70周年之际步入大学校园，我们共同欢庆祖国华诞，你们用青春告白祖国；2020年以来，我们举国同心、团结抗疫，你们挺身而出，勇于担当，经历疫情的洗礼，用实际行动发出我校学子的最强音；2021年，中国共产党百年华诞，我们见证了打赢脱贫攻坚战、实现第一个百年奋斗目标的壮举，你们用青春的力量，发出"请党放心、强国有我"的铮铮誓言。今年是母校建校20周年，作为建校20周年之际走出的毕业生，你们对母校而言，具有别样的意义与荣耀。

时光荏苒，记忆犹新。每一届毕业生都拥有难忘的青春回忆，3年来，你们用00后的智慧与力量，演绎着深圳信息职业技术学院学子不一样的青春精彩。在 2022 届毕业生中，有 1115 人获得"三好学生""优秀学生干部""优秀毕业生"等荣誉称号，获政府主办的省级以上技能大赛奖励 360 人次。你们中有 11 位同学获得 HCIE 等行业高端技能证书，有众多的广东省、深圳市技术能手、工匠之星。在校期间，你们有 687 人光荣加入中国共产党，是 2021 届的 2.4 倍。毕业去向落实率 95% 以上，位居全省前列。你们专升本录取率 76.9%，录取人数占毕业生总数的 31.6%，再创历史新高。你们不仅学业优秀，文体活动也绚丽多彩。最近"心凌"男孩、"畊宏"女孩大火，《爱你》《键子操》传遍每个角落。我想说，在我的心中，你们才是最棒的！

你们中有许多同学让我印象深刻，备感振奋。微电子学院刘付俊流同学，在校期间，坚持在学习中实践，在实践中创新，获全国行业职业技能大赛二等奖，连续获得两届世界技能大赛广东选拔赛二等奖，并入围第 47 届世界技能大赛广东省集训队，他还获得深圳市"工匠之星"职业技能竞赛第一名，被授予"深圳市技术能手"、"工匠之星"称号；软件学院吴栩枫同学，在校期间，参加了 20 多次比赛，获奖 10 余项，作为高职院校的专科生，他与众多 985、211 等名牌大学毕业生同场竞技，利用在学校期间所学的专业知识和技能，经过多轮的实战比拼，顺利拿到了华为 offer。财经学院汤明富、邬丕秀同学，是我校落实国家百万扩招计划与深圳市对口帮扶战略，从云南省定向录取的 159 名学生的优秀代表，他们选择携知识返乡，通过严格选拔和集中培训后，担任了家乡本科高校的助教，为家乡人才培养贡献了力量。

求学 3 年，也是学校各项事业开创新局、捷报频传、实现高质量快速发展的 3 年。面对激烈的竞争，学校迎难而上，以全国第 12 名的好成绩，入选全国"双高计划"，进一步确立了学校中国高职教育第一方阵的优势地位。我们坚持"面向未来、面向前沿、面向国际、面向产业"，全力推进中国特色世界一流职业院校建设。我们牵头全国 12 个省市 26 家高职院校与 10 家工业软件领域的头部企业，共同发起成立工业软件职业教育集团。我们与华为、腾讯等众多知名企业签署战略合作协议，大力提升产教融合、校企合作水平。这些高质量发展成果，凝聚着全校师生的艰辛努力，母校每一项成绩的取得，都有你们的付出和贡献，是青春洋溢的你们，为学校增添了亮丽的风景，注入了青春活力，赢得了广泛赞誉。

毕业是人生一个阶段性的句号，更是一个新征程的开始。面对广阔舞台，"是时候展现真正的实力了"。从今天起，你们将翻开逐梦旅程的崭新一页，迎接新的挑战。同学们是实现第二个百年奋斗目标的中坚力量，这也恰好是你们人生发展的黄金时期。在你们即将乘风破浪、扬帆远航之际，作为校长，我以"逐梦星辰大海 争做有为青年"为题，向你们提几点嘱托和希望。

一是希望你们拥抱伟大时代，勇担青年使命。习近平总书记指出："祖国的青年一代有理想、有追求、有担当，实现中华民族伟大复兴就有源源不断的青春力量。"未来属于青年，希望寄予青年。同学们是与新时代同向同行、共同前进的一代，你们既是伟大时代的经历者、见证者，更是助力实现中国梦的生力军、主力军。每个人的前途命运永远和国家的前途、民族的命运紧密相连。生逢盛世，肩负重任，希望同学们成为新时代的奋进者、开拓者，把人生梦想汇入时代大潮，将个人努力奋斗的"小目标"融入民族复兴的"大蓝图"，为时代奋进，为母校争光。

二是希望你们保持奋斗底色，锤炼过硬本领。流水争先，连绵不绝，奋斗不止，久久为功。人生若要焕发光彩，奋斗就是最好的磨刀石。实现目标的征程永远不是一路坦途。世界上的事情都是干出来的，没有从天而降的成功，唯有自强不息、奋斗不止，才能脱颖而出、有所作为。毕业并不意味着学习的结束，而是新的历练的开始。"花盆里长不出参天松，庭院里跑不出千里马"，只有在社会这所大熔炉里接受淬炼，汲取力量，增长本领，才能实现理想抱负。希望同学们踏入社会后，不为一时一事所惑，不为风险所惧，勇敢面对挑战，让持续奋斗成为人生远航的不竭动力，让增长本领成为青春搏击的无限能量。

三是希望你们发扬特区精神，勇于创新创造。习近平总书记在深圳经济特区建立 40 周年庆祝大会上强调，要继续发扬敢闯敢试、敢为人先、埋头苦干的特区精神。创新是民族进步的灵魂，是国家发展的不竭动力。唯有创新，才能超越；唯有超越，才能卓越。青年人就要勇于探索创新，初生牛犊不怕虎，少一些"内卷"，多一些创造。作为特区的大学生，创新意识、创新能力应该成为你们的亮丽名片。希望你们在以后的人生道路上，勇于探索、不甘平庸、锐意进取、开拓创新，做勇于创新的时代先锋，在创新创造中实现人生价值，在不断超越中引领未来。

"大鹏一日同风起，扶摇直上九万里。"同学们正处在一个大有可为的时代，未来有着无比广阔的舞台。希望你们勇担时代使命，保持奋斗底色，发扬特区精神，以清澈和纯粹，逐梦星辰大海，争做有为青年，带着母校的祝福勇敢向前，创造人生绚丽新篇章！

祝大家前程似锦，一生幸福！

（作者系深圳信息职业技术学院院长）

"登山则情满于山，观海则意溢于海。"同学们要开拓进取，热爱生活，热爱工作。"乘风破浪会有时，直挂云帆济沧海。"面对世界百年未有之大变局，越是艰险越向前，怀着中国人的志气、骨气、底气，为国家富强与民族复兴做出积极贡献。

扬帆起航向未来

瞿立新

"青青子衿，悠悠我心！"时光之河流淌同学之谊，岁月如歌吟唱师生之情。

3年来，同学们在中国抗疫斗争的伟大实践中深刻感悟中国共产党人的初心使命。你们经历了疫情大考，从最美逆行者身上汲取力量，增强了责任与担当。2019级国际经济与贸易专业的张晨翔同学，2021年暑假期间看到无锡梁溪区团委志愿者招募令后，在台风来袭的极端天气下，义无反顾跨越350公里，从浙江金华家里返回无锡，投身疫情防控一线志愿服务，累计服务时长428小时，获评"梁溪区优秀志愿者"。

3年来，同学们见证百年大党风华正茂。你们从中国共产党人的精神谱系中汲取营养和智慧，无锡市三好学生、2017级五年制学前教育专业贺舜阳同学，发挥音乐特长，创作《逐疫令》一曲，被国内各大音乐媒体评为"中国抗疫金曲"。身为新东林诗社社长，带领团队创作2首诗参加"中国当代诗歌大展"，单日点击量高达21043次。

3年来，同学们秉承弘毅校训——"身体力行、谨小慎微、刻苦诚笃、黜华崇实"，弘毅之光照亮前行之路，2019级旅游管理专业李冰喆同学，克服新冠肺炎疫情影响，坚持8个月的备赛训练，勇夺江苏省职业院校技能大赛导游服务赛项一等奖。

今天，党的生日，人民的节日，我们相聚在荷花池畔，共享2022届2932名毕业生的高光时刻。"接天莲叶无穷碧，映日荷花别样红。"这是同学们开启新征程的新图景。

今天，同学们意气风发再出发。站在"两个一百年"奋斗目标的历史交汇点上，大家要进一步坚定理想信念。"以青春之我，创建青春之家庭，青春之国家，青春之民族，青春之人类，青春之地球，青春之宇宙，资以乐其无涯之生。"1916年，时年27岁的革命先驱李大钊先生的志向，激励新时代的同学们践行"请党放心，强国有我"的誓言。

今天，同学们扬帆起航向未来。"登山则情满于山，观海则意溢于海。"同学们要开拓进取，热爱生活，热爱工作。"乘风破浪会有时，直挂云帆济沧海。"面对世界百年未有之大变局，越是艰险越向前，怀着中国人的志气、骨气、底气，为国家富强与民族复兴做出积极贡献。

今天，同学们匠心筑梦正当时！Master skills, change the world，"一技之长，能动天下"。我们要走技能成才、技能报国之路。

"红日升在东方，其大道满霞光"，同学们与新时代同向同行，共同前进。期待你们成就出彩人生，明天母校以你们为荣！

（作者系无锡城市职业技术学院院长）

> 临别之际，作为院长，最想以"德业并进、自强不息"这一校训与大家共勉，希望你们"立德""立业""立志"，带着勇气和智慧出发，以"青年必当先"的姿态，驭风逐浪，辟出一路坦途。

行则将至　未来可期

许建领

今天，我们采取线上线下结合的方式，举办 2022 届毕业典礼，送别8523 名毕业生。

流年似水，光阴荏苒，深圳职业技术学院已陪伴你们走过了人生中最宝贵的 3 年青春岁月。在这里，你们如初升朝阳，喷薄竞发，挥洒万丈光芒；如萌发春苗，拔节孕穗，向上茁壮成长；如崖际雏鹰，羽翼渐丰，振翅自由翱翔！你们在成长路途中褪去青涩与懵懂，在时代洪流中体悟"小我"与"大我"之间的紧密联动，一步步迈向更大的世界！

在校 3 年，我们的伟大祖国正经历着极不平凡的发展变化。2019 年你们入校伊始，就迎来中华人民共和国成立 70 周年的伟大时刻；2020 年，脱贫攻坚战取得决定性胜利，创造了彪炳史册的世界奇迹；2021 年，建党百年，如期实现全面建成小康社会的第一个百年奋斗目标；而即将召开的党的二十大，将为"中国号"巨轮劈波斩浪擘画新的宏伟蓝图。在《我和我的祖国》的悠扬旋律中，全体中华儿女万众同心、踔厉奋发，在实现中华民族伟大复兴的征程上更加坚定昂扬。

在校 3 年，我们的职业教育迎来了大踏步发展的新春天。习近平总书记对职业教育做出重要批示，高瞻远瞩地指出职业教育"前途广阔、大有可为"。全国职业教育大会为职业教育高质量发展指明了方向。今年 5 月 1 日开始实施的新职业教育法，以法律形式首次明确"职业教育是与普通教育具有同等重要地位的教育类型"。我们所在的城市深圳，更是被赋予"先行先试、改革创新，率先形成职业教育高质量发展格局，勇当建设中国特色世界一流职业教育开路先锋"的历史重任。东方风来满眼春，种种利好都为你们成长为新时代的能工巧匠、大国工匠打下了坚实之基。

在校 3 年，我校也交出了一份闪亮的成绩单。2019 年，学校入选"双高计划"首批 10 所高水平学校 A 档建设单位。2020 年，作为广东省高校唯一代表获评"全国文明校园"荣誉称号。学校坚持深化产教融合，携手大族激光、美团、招商局、完美世界等一流企业扩大校企合作"朋友圈"，特色产业学院总数达 14 所，2021 年，学校校企共同育人模式被国家发展和改革委员会作为"深圳先行示范经验"向全国推广。今年学校又获评为"全国党建工作示范校"；被联合国教科文组织批准设立"职业技术教育数字化"教席，为全国职业院校唯一。校园面貌也在持续更新，西丽湖校区 A、B 栋学生公寓拔地而起，留仙洞校区 G 栋学生公寓和崭新的体育场馆设施即将交付使用，深汕校区建设加快推进，学校呈现高质量发展新格局。

细数过往，最令人难忘的还是发生在你们身上的故事，最令人振奋的还是由你们创造的成绩。过去 3 年，你们中有 32 人次获得国家奖学金，24 人次获得国际竞赛奖项，54 人次获得国家级大赛奖项，413 人次获得省级大赛奖项。在 2020 年国际遗传工程机器大赛中，材料与环境工程学院团队与国内外顶级名校学生同台竞技、勇夺金奖。在华为大学生 ICT 大赛全球总决赛中，电子与通信工程学院参赛队伍获网络赛道特等奖，人工智能学院参赛队伍获云赛道一等奖。在中国国际"互联网 +"大学生创新创业大赛中，我校学子连续两届突破历史成绩，获奖总数和金奖数位列全国高职院校第一。在今年的省"挑战杯"大赛中，你们勇夺 5 金 6 银 2 铜，金奖数居全省高职第一，并列全省所有高校第四。你们传承学校"志愿者之校"的奉献精神，在文博会的展馆、火车站的大厅、深圳国际马拉松的跑道，都留下了你们身穿"红马甲"的靓丽身影。在抗击新冠肺炎疫情的斗争中，你们也敢于挺身而出，仅在今年春天深圳疫情期间，就有 548 名"深职学子"化身"大白""小蓝"，连续奋战在抗疫一线，展现了 00 后的时代担当。今天，你们已有 8075 人就业签约，35 人开始创业，64 人将出国（境）继续深造，你们已经站在新起点上，开启人生的新征程。

平心而论，你们是经历许多不同寻常的一代，是时代变局的亲历者和见证者，更将是堪当民族复兴重任的时代新人。受疫情影响，近一学年的时间你们都无法正常返校，仿佛相逢才在昨日，而今即要匆匆道离别，于是更多出了一分不舍和惦念。你们当下正处在一个前所未有、急剧变化的新时代，一个机遇与挑战并存且更为复杂的时代。"察势者智，驭势者赢。"面对世界百年未有之大变局的汹涌浪潮，大家应该有怎样的担当和作为？我想同大家分享和重温一个我们都耳熟能详却又常读常新的答案，那就是我校校训——"德业并进、自强不息"。

3 年前你们初到深圳职业技术学院时，曾在开学典礼上齐颂这 8 个字，这是学校精神的基本内涵，也是全体"深职人"共同的价值追求。临别之际，作院校长，最想以这句校训与大家共勉，希望你们"立德""立业""立志"，带着勇气和智慧出发，以"青年必当先"的姿态，驭风逐浪，辟出一路坦途。

要以立德为先，涵养优良品德。古语有云："小胜靠力，中胜靠智，大胜靠德。"做人做事，关键在于立德，而立德首先要立大德。中华人民共和国成立之初，钱学森、赵忠尧、彭恒武等一批年轻人毅然放弃国外优越的生活，冲破重重阻碍回到一穷二白的中国，成就了"两弹一星"的伟大事业。如今，"嫦娥"揽月、"北斗"指路、"祝融"探火、"羲和"逐日、"天和"升空，一代代年轻人国而忘家，将个人奋斗融入国家崛起，推动着中国航天迈向皓月星辰。这背后，支撑一切的动力，是至深至厚的家国情怀！爱国，是人世间最深层、最持久的情感，明大德、立大德，就是要始终把爱国作为第一位要求。无论身处"庙堂之高"、还是身处"江湖之远"，成为栋梁之材执掌宏图伟业，还是成为一颗永不生锈的螺丝钉奉献社会，都希望同学们厚植"国之所需、心之所系"的爱国情怀，让蓬勃青春与国家前途同频共振，与民族命运紧密相连，在向第二个百年奋斗目标迈进的新征程上更好地展示自我、成就人生。

要以立业为基，练就过硬本领。立业，不限于惊天动地的大事，平凡的岗位上依然可以建功立业。2000多年前，屠夫庖丁解牛，从"所见无非牛者"到"未曾见全牛也"，苦练3年而后游刃有余。2000多年后，深海钳工管延安，凭借高超的"手感"和"听感"，在40米深的海底完成了港珠澳大桥33节8万吨重量沉管的厘米级精确对接，赢得了中国"深海钳工第一人"的赞誉。两位匠人，在时空上相隔千年，但成功的秘诀都始于对技艺的极致追求。立业要"爱于心"。世上所有甘之如饴的坚持，都是因为热爱。要忠于自己的选择，热爱自己的事业，做到干一行爱一行。立业还要"持于恒"。认清人生坐标后，要不为私心所扰，不为名利所累，不为物欲所惑，以工匠之心追求工作极致，做到干一行精一行。立业更要"慧于行"。平凡岗位不意味着按部就班，要敢于挑战常识常规，勇于冲破桎梏瓶颈，把"闯"的精神、"创"的劲头注入立业的全程，做到干一行优一行。

要以立志为本，永葆奋进姿态。心中有方向，未来不迷茫。传播工程学院2010届校友庄蝉豪毕业时的梦想是成立一家世界500强企业，他通过10余年坚持不懈的拼搏，创立了自己的公司，以独创的"裂变式创业＋阿米巴"商业模式，成功孵化出60多家子公司，形成了完整的全产业链布局，他已经走在实现梦想的路上。从他的故事中，我们想想自己未来的路。立志，首先要谋到位，在战略思考上"扣扣子"。大变局之下，只有具备全球视野、战略眼光、大局意识，才能在新时代国家发展的大潮中锚定新航向，发现新机遇，开拓新天地。其次要学到位，在工作学习上"钉钉子"。大志非才不就，大才非学不成。要在不断学习中潜心打磨，努力涵养能为之底气、会为之能力、善为之智慧。最后要干到位，在干事创业上"担担子"。要有"想干事"的态度、"敢干事"的胆识、"会干事"的才能和"干成事"的决心，努力成为社会发展和变革中的核心参与者、推动者、引领者。

"人生万事须自为，跬步江山即寥廓。"前路虽远，行则必至！今日西丽湖畔一别，你们将奔赴下一场山海。离别之际，请牢记：不论未来的你身在何处，深圳职业技术学院永远是你们事业发展的坚强后盾，是你们心灵栖息的精神港湾！

祝愿同学们流年笑掷，未来可期！祝福大家一路平安，前程似锦！

（作者系深圳职业技术学院院长）

从今天开始，你们将从学子华丽转身为校友，纵有千般不舍，也只能深深祝福。愿你们常记此刻少年心气，无畏坦荡；愿你们的胸怀容纳更多的日月星辰，一路高歌；愿你们在拥抱未来的大道上，心向阳光。

向阳而生　逐光前行

吴宗保

年年别离，今又离别。在这个万物勃发、生机盎然的盛夏时节，我们又迎来了一个新的轮回——新一届学子互道珍重、远行起航的时刻。今天，我们在这里以线下＋线上的方式，隆重举行2022年毕业典礼，一同见证这值得铭记一生的时刻，向同学们在人生旅途中最美好的一段求学岁月道别，庆祝同学们开启人生崭新的篇章。我谨代表学院全体师生，向现场和"云端"的全体毕业生，致以诚挚的祝贺！同时，向因疫情原因未能亲临现场的2022届毕业生承诺：今后，每年的毕业典礼，学院都会预留专席，欢迎同学们重返母校共襄盛典。

岁月不居，时节如流。同学们初入校园的青涩模样仿佛还在眼前。3年来，在这特殊而又意义非凡的时光里，我们共同见证了中国共产党迎来百年华诞，在以习近平同志为核心的党中央领导下，打赢脱贫攻坚战、全面建成小康社会，胜利实现第一个百年奋斗目标的辉煌成就和伟大壮举；见证着伟大祖国奋力开启全面建设社会主义现代化国家新征程，向第二个百年奋斗目标进军的蓬勃发展和接续奋斗。生逢伟大时代，你们有着前所未有的发展机遇，是最光荣的一届毕业生。

同学们的求学岁月，也正是天津海运职业学院日新月异的大发展时期。在你们的参与下，学校坚定不移地以提高质量为核心走上内涵式发展道路，全面推进以特色优质骨干专业为龙头的专业群建设，创新打造"六精"卓越人才培养模式，成功入选天津市职业教育创优赋能高水平高职学校建设单位，知名度、美誉度持续提升；青青校园中，水上教学训练中心拔地而起，综合实训中心全力启动，智慧校园、美丽校园、平安校园、绿色校园建设使我们的校园越来越美；学校深化产教融合共建特色产业学院、校企深度合作实施共培共养，积极推进乌兹别克斯坦"鲁班工坊"建设，开办中国天津海运马来西亚国际学院，综合实力不断攀升。在学校的跨越式发展中，你们蓄满了搏浪天涯的青春力量，是最幸运的一届毕业生。

3 年的大学生活中，同学们经历了新冠肺炎疫情的考验，面对疫情的跌宕反复，你们每天坚持戴口罩、测体温，经历了不知多少次的核酸检测，保住了你们的健康绿码；你们克服疫情带来的困难，云课堂、云实训、云答辩的每一个环节都做得认真而又精彩；你们积极参与抗疫志愿服务，以"向善向上"的价值追求，展现了勇毅担当的青年力量，收获了坚忍不拔的成熟和自信，你们交出了一份出色的毕业答卷，是最不平凡的一届毕业生。

同学们与学院共同见证了许多重要时刻，经历了很多艰辛和挑战。正是这样的相依相守，让成长的旅程变得更加刻骨铭心和弥足珍贵！请允许我代表学校真诚道一声："谢谢同学们！"感谢同学们对学校的信任、理解与支持，用青春的奋斗，助力学校的发展；感谢同学们成就了这段美丽的相遇邂逅，用青春的年华绽放灼灼光芒，让天津海运职业学院熠熠生辉，永葆育人初心。你们是学校人才培养所收获的最大的财富！

时代给予你们独特的经历与体验，时代也赋予了你们不平凡的使命与责任。在你们即将开启一段更闪光的人生之际，有几点期待与大家共勉。

一是涵养家国情怀，不负韶华，以高远志向领航人生高度。"人生万事须自为，跬步江山即寥廓。"习近平总书记在庆祝中国共产主义青年团成立100 周年大会上的重要讲话中提到："千百年来，青春的力量，青春的涌动，青春的创造，始终是推动中华民族勇毅前行、屹立于世界民族之林的磅礴力量。"你们的人生黄金期与国家"两个一百年"的奋斗轨迹交织跌宕，青春逢盛世，应当不负时代重托。

希望你们能够坚定理想信念，胸怀爱国之情。努力做社会主义核心价值观最坚定的信仰者和实践者，做爱国主义精神最坚定的坚守者和弘扬者，把服务国家作为最高追求，在新征程中奋力跑好民族复兴接力棒，争做堪当民族复兴大任的新时代青年。希望你们能够坚持"胸怀大我"，厚植家国情怀。从"国之大者"中找方向，从"民之大事"中找落点，将个人奋斗的"小目标"融入党和国家的"大蓝图"，让青春在为祖国、为民族、为人民的不懈奋斗中，开"小我"之苔花，留"大我"之芳华，在各行各业发光发热，争做不负韶华、不负时代、不负人民的实干先锋。希望你们能够坚守技术报国初心，笃行强国志向。顺应社会发展和时代步伐，谋划远大而坚定的人生，把每一份工作都当成事业来完成，发扬劳模精神、工匠精神，在坚守中干出一番新作为，闯出一片新天地，争做全面发展的高素质技术技能人才和大国工匠。希望你们的一生，都能以正确价值观指导选择，矢志追求更有高度的人生，不辜负我们这个伟大时代，用青春的能动力和创造力激荡起民族复兴的澎湃春潮。

二是追求精进卓越，勇于奋斗，以高强本领铸就人生厚度。"追风赶月莫停留，平芜尽处是春山。"青春由磨砺而出彩，人生因奋斗而升华！无论时代如何发展变化，奋斗永远是开启伟大梦想之钥匙。希望你们始终珍惜时光、奋力拼搏。"青春须早为，岂能长少年"，"躺平"不是青春的底色，奋斗才是时代的主流；不要在"内卷"中耗费青春，不要在"摆烂"中虚度光阴，拒绝"躺平人生"，不做"佛系青年"，勇于跳出"舒适区"，敢冲敢闯、敢想敢干，以青春之名，潇洒挥毫，用奋斗的底色铺满人生的征程。希望你们始终勤于学习、强化本领。"积土而为山，积水而为海"，云计算、大数据、人工智能、元宇宙等新技术新模式新业态层出不穷，知识更新不断加快，我们进入了终身学习的时代，唯有下一番"心无旁骛、静谧自怡"的功夫，使自己的思想观念、思维视野、知识能力、专业技能和行为方式适应新时代新发展的需要，方能行稳致远，拥有在新的人生舞台上建功立业的底气。希望你们永远锤炼自我、追求卓越。"栉风沐雨，玉汝于成。"一个人的成长，必定是要经过淬炼，并以百炼成钢的耐心精益求精、超越自我，去经风雨、见世面、壮筋骨，然后"千锤百炼成一器"，用匠心铸就卓越。希望你们的一生，都能不驰于空想、不骛于虚声、砥砺奋进、锤炼成材，矢志追求更有厚度的人生，不辜负这段最美的青春年华，用青春的智慧和汗水拼出一个更加美好的未来。

三是永远心存美好，向阳而生，以乐观心态永葆人生温度。"轻装策马青云路，人生从此驭长风。"今天我们处于一个急剧变化的时代，毕业后，你们就要直接面对现实社会了，需要能力，更需要心态。希望你们始终心向阳光、静待美好，坚信"你若盛开，清风自来"。要以阳光的心态，去对待工作和生活中遇到的每一个人、每一件事。面对压力和焦虑，静下心、沉住气，摒弃浮躁和杂念，用日积月累的自律、滴水穿石的韧劲，去赢得厚积薄发的成功，成长为更好的自己。希望你们始终积极乐观、永不言弃，坚信"长风破浪会有时"。人生的道路都会经历困难、失败和挫折。顺境逆境都是人生的宝贵财富，你们要把挫折和困苦看作是磨炼自己成长的机会。顺境时，要保持取得胜利的耐心和再坚持一下的恒心，铆足干劲，乘势而上；逆境时，要面对暂时的挫折、困难、失意，少一些抱怨和戾气、多一些笃定和从容，要用顽强的意志、坚定的信念和攻坚克难的勇气迎难而上，战胜困难，让自己成为生活的勇者。希望你们始终怀揣热爱，无惧无畏，坚信"天生我材必有用"。青春时光因蓬勃热烈而绚丽多彩，青春时光也因无限可能而丰富多元。愿你们永远热爱生活，觉得万物可爱人间值得，把生命的温度注入生活中，拥有善良之心、保持好奇之心、常怀赤子之心，把日子过得热气腾腾、有滋有味，让生活充满烟火气息。愿你们在奔赴每一场山海中，都无畏无惧，坚信自己一定能行，把火热的激情倾注到事业中，怀揣热爱，用青春无悔去塑造无限未来，去争取美好幸福的人生。希望你们的一生，都能自信、乐观、豁达、从容，矢志追求更有温度的人生，不辜负人生美好时光，永葆豪情、满怀洒脱地去奋力追寻绚烂如花般的生活。

此时此刻，我们在庆典人生旅途中一段美好时光的"结束"，同时，也在宣告走向人生更大舞台的一次集结。从今天开始，你们将从学子华丽转身为校友，纵有千般不舍，也只能深深祝福。愿你们常记此刻少年心气，无畏坦荡；愿你们的胸怀容纳更多的日月星辰，一路高歌；愿你们在拥抱未来的大道上，心向阳光。未来的日子里，无论你们身在何处，母校将永远是你们最坚强的力量、最有力的后盾、最温暖的港湾，期待着你们常回家看看。

让我们将所有祝福、所有掌声，再次送给全体 2022 届毕业生，祝大家事业有成，一帆风顺！

（作者系天津海运职业学院院长）

> 希望同学们坚定理想信念，以时不待我的紧迫感、舍我其谁的责任感，立为国奉献之志，树为民服务之愿，在青春的赛道上奋力奔跑，争取跑出当代青年的最好成绩，为实现"两个一百年"奋斗目标和实现中华民族伟大复兴的中国梦谱写壮丽的青春之歌。

青春赛道齐奔跑
踔厉奋发向未来

张竹筠

凤凰花开，骊歌声起，青春远行。又是一年毕业季，又是一季丰收时。

岁月匆匆，往事如歌。校园里的绿杠、红木棉见证了你们的成长和学校的发展。大家从懵懂青涩的少年成长为朝气蓬勃的青年；学校也在如火如荼地进行"双高计划"建设，在"提质培优"中不断高质量发展，增城新校区即将投入使用，迎来了更好的发展机遇。

今年是中国共青团成立 100 周年，是中国青年一代又一代接续奋斗、凯歌前行的 100 年。从今天开始，你们将从校园走向社会，由富有朝气的生力军成为国家建设的主力军，在年富力强的人生阶段参与实现中华民族伟大复兴奋斗目标的伟大进程。离别之际，难言再见，我想把 3 点期望融化在深深的祝福里，希望你们带着"铁职人"的毅力和精神，在青春赛道齐奔跑，踔厉奋发向未来。

一是，以"一训三风"为指引，传承"铁职"精神。每一届学子都有铭记的独家记忆，或是红木棉盛开时的校园漫步，或是绿杠满树下的球场奔跑……蓦然回首，学校的一砖一瓦都是记忆，一草一木皆是情怀。这一切，饱含着同学们的青春热血，也凝聚着同学们的奋斗时光，在自我成长的同时，也助推了学校的发展。你们努力成为母校的荣光，母校也在努力成为你们的骄傲。我也相信，你们与母校之间的万千情结会在若干年后继续伴你成长。

星光不问赶路人，时光不负有心人。希望大家传承"勤学善思、砺能笃行"的良好学风，延续学习和思考的热情；希望大家谨记"精益求精"的优良校风，身炼绝技，胸怀匠心；希望大家发扬"创新每一天"的校训精神，勇于创新，敢于创造，努力成为新时代的能工巧匠、大国工匠。

二是以"劳模学长"为榜样，践行工匠精神。学校建校 48 年来，5 万多名校友在各自平凡的工作岗位上取得了不平凡的业绩，涌现出一批优秀的劳模学长，其中有驾驶动车 0 厘米误差停靠的王友发、有扎根铁路 20 多年的周树强、有舍身守护旅客安全的丁非……希望大家在学长们先进典型的榜样力量鼓舞下，自觉践行工匠精神、脚踏实地、爱岗敬业，耐得住寂寞、扛得住诱惑，蹲得了热灶台、坐得了冷板凳，下一番苦功夫、得一些真收获。

劳动没有高低贵贱之分，无论从事什么工作，都要干一行、爱一行，钻一行、精一行，把"专业"变成"爱好"，把"就业"上升为"精业"，在劳动中成长、在劳动中奋斗、在劳动中创造，在劳动中练就过硬本领、努力成为行家里手，绘制个人成长发展的蓝图，为实现中国梦贡献力量。

三是以"理想信念"为引领，弘扬爱国精神。今年五四前夕，习近平总书记在中国人民大学考察时，对广大青年提出殷切希望，那就是"用脚步丈量祖国大地，用眼睛发现中国精神，用耳朵倾听人民呼声，用内心感应时代脉搏，把对祖国血浓于水、与人民同呼吸共命运的情感贯穿学业全过程、融汇在事业追求中"。

"心有所信，方能行远。"每一代青年都要有自己的担当，青年一代要成长为国家和社会未来的建设者和顶梁柱，肩上承载的不只是自己的前途命运，也不只是一个家庭的未来，更重要的是对祖国前途命运的担当。希望同学们坚定理想信念，以时不待我的紧迫感、舍我其谁的责任感，立为国奉献之志，树为民服务之愿，在青春的赛道上奋力奔跑，争取跑出当代青年的最好成绩，为实现"两个一百年"奋斗目标和实现中华民族伟大复兴的中国梦谱写亮丽的青春之歌。

相聚不觉时光短，离别方知情意浓。母校永远是大家的心灵港湾，永远是大家的坚强后盾，永远是大家的精神家园！欢迎大家常回家看看！

（作者系广州铁路职业技术学院党委书记）